Solicite nosso catálogo completo, com mais de 350 títulos, onde você encontra as melhores opções do bom livro espírita: literatura infantojuvenil, contos, obras biográficas e de autoajuda, mensagens espirituais, romances palpitantes, estudos doutrinários, obras básicas de Allan Kardec, e mais os esclarecedores cursos e estudos para aplicação no centro espírita – iniciação, mediunidade, reuniões mediúnicas, oratória, desobsessão, fluidos e passes.

E caso não encontre os nossos livros na livraria de sua preferência, solicite o endereço de nosso distribuidor mais próximo de você.

*Edição e distribuição*
**EDITORA EME**
Caixa Postal 1820 – CEP 13360-000 – Capivari – SP
Telefones: (19) 3491-7000 | 3491-5449
Vivo (19) 9 9983-2575 ● | Claro (19) 9 9317-2800
vendas@editoraeme.com.br – www.editoraeme.com.br

# MÔNICA AGUIEIRAS CORTAT
### PELOS ESPÍRITOS ARIEL & TOBIAS

ROMANCE MEDIÚNICO

# NAS TRILHAS DO UMBRAL
## Tobias

Capivari-SP

© 2019 Mônica Aguieiras Cortat

Os direitos autorais desta obra foram cedidos pela autora para Centro Espírita Amor e Humildade do Apóstolo, de Florianópolis-SC.

A Editora EME mantém o Centro Espírita "Mensagem de Esperança" e patrocina, junto com outras empresas, instituições de atendimento social de Capivari-SP.

4ª reimpressão – janeiro/2025 – de 7.501 a 8.000 exemplares

CAPA | André Stenico
DIAGRAMAÇÃO | vbenatti
REVISÃO | Letícia Rodrigues de Camargo

Ficha catalográfica

Ariel e Tobias (espíritos)
    Nas trilhas do umbral – Tobias / pelos espíritos Ariel e Tobias; [psicografado por] Mônica Aguieiras Cortat – 4ª reimp. jan. 2025 – Capivari, SP: Editora EME.
    352 pág.

1ª ed. ago. 2019
ISBN 978-85-9544-121-7

1. Romance mediúnico. 2. Intercâmbio espiritual.
3. Umbral. 4. Suicídio.
I. Título.

CDD 133.9

# Sumário

Introdução ............................................................. 9
Capítulo 01 – O Vale dos Aflitos ............................ 11
Capítulo 02 – Uma questão de honra ..................... 19
Capítulo 03 – Saudades e ciúmes ........................... 35
Capítulo 04 – Reencontro ....................................... 45
Capítulo 05 – Escolhas que fazemos ...................... 57
Capítulo 06 – Olívia volta... .................................... 65
Capítulo 07 – O copo de barro e a taça de cristal ... 71
Capítulo 08 – Vidas passadas e Lourenço .............. 85
Capítulo 09 – A cura ............................................... 97
Capítulo 10 – O dom de Daniel ............................ 105
Capítulo 11 – A visita ........................................... 113
Capítulo 12 – Laços de família ............................. 119
Capítulo 13 – A quermesse ................................... 133
Capítulo 14 – Lágrimas de mãe honesta ............... 143
Capítulo 15 – A despedida .................................... 151
Capítulo 16 – Mudanças na vida de Flávia .......... 163

Capítulo 17 – Segredos de Eleotério ................................... 183
Capítulo 18 – O pedido ....................................................... 193
Capítulo 19 – Descobertas no cassino... ............................ 203
Capítulo 20 – As ilusões de Marialva ................................ 223
Capítulo 21 – O encontro das duas irmãs ........................ 243
Capítulo 22 – A história de Daniel .................................... 259
Capítulo 23 – Obsessão ....................................................... 267
Capítulo 24 – O plano ......................................................... 275
Capítulo 25 – Noite sem luar .............................................. 289
Capítulo 26 – A notícia ....................................................... 303
Capítulo 27 – A busca de Flávia ........................................ 319
Capítulo 28 – Cai o pano ..................................................... 333
Epílogo .................................................................................. 343

*Não há nada mais dispensável do que uma pessoa que faz o mal a outra pessoa.*
**Ariel**

*Às vezes, a piedade pode se tornar o nosso pior carrasco...*
**Tobias**

*Não são as "grandes" decisões que nos afetam, mas as pequenas, as que tomamos no dia a dia.*
**Ariel**

# Introdução

A GENTE MORRE E descansa... quantas vezes ouvimos isso, não é assim? Nada mais longe da verdade, e que bom que assim seja! Afinal, haveria coisa mais triste do que passar a eternidade em estado de ociosidade? O trabalho é uma bênção, que nos faz crescer, e o meu é duplamente abençoado: eu tento encaminhar, nos meus dias por aqui, aqueles que estão perdidos na escuridão, confusos e arrependidos, num território espiritual imenso, chamado de umbral.

É claro que sou pequeno e limitado, mas sou bem-intencionado e me policio para não julgar o próximo. Somos muitos os que fazemos esse trabalho que não é fácil. Quando somos chamados, nós vamos e de uma forma geral não adiantaria ir antes. De que serviria "capturar" um espírito angustiado e trazê-lo para um ambiente tão diferente dele se não é o que ele deseja? Se uma pessoa não procura por Deus verdadeiramente, não apenas por palavras, mas com sinceridade ou arrependimento verdadeiro, como encaminhá-lo para o bem e a virtude? Se na Terra há espaço para o engano e para corromper juízes, aqui não há: bem-

-vindo ao mundo onde o dinheiro não conta, onde as palavras não são vãs, pois o pensamento é devassado. Aqui estarás mais nu do que pensas!

E então, minha melhor amiga, Clara, me pede que atenda ao pedido de uma mãe, para resgatar o filho suicida do umbral, onde ele está há muitas décadas. E Clara é revestida de fé e bondade, companheira fiel de trabalho e amiga minha e de minha esposa. Sei que a busca será difícil, pois este espírito não pede para ser resgatado, não "vibra" em busca de ajuda, então, é de difícil localização. Ainda assim conseguimos a autorização de busca com o nosso superior, que se não nos dá a localização exata, nos indica a área, o que facilita bastante, pois o umbral cerca todo o globo terrestre.

Começamos então a nossa caminhada, que intuímos que será longa e complicada. Uma amiga de planos superiores (sim, também temos nossa "ajuda espiritual"), Olívia, nos acompanha, pois um tempo longo no umbral pode ser complicado e não negamos ajuda a quem vemos em necessidade.

No primeiro livro, em busca do suicida Fabrício encontramos Eulália, nesse, outras histórias serão contadas, aprendizados serão feitos, buscas realizadas.

Afinal, quem pode prever o que acontece no umbral?

**Ariel**

CAPÍTULO 01

# O Vale dos Aflitos

QUÃO VASTO É O Universo de nosso Deus? Tantas vezes vi homens pensarem saber de "tudo", que hoje eu compreendo o tamanho da ignorância deles e da minha própria. Se na Terra eu já imaginava os espaços imensos, a vastidão dos desertos e dos oceanos, a imensidão das florestas, a quantidade de coisas a serem conhecidas pelo ser humano ainda por serem descobertas, quando a ignorância, a vaidade e o medo forem postos de lado; imaginem então a vastidão de um território como este em que estávamos agora, eu e a pequena Clara, no temido umbral.

Orientado a seguir para o sul, vendo espíritos ao longe, às vezes sozinhos, às vezes em pequenos grupos de dois ou mais, oramos os dois por uma direção que nos mostrasse Fabrício, enquanto nos encaminhávamos para a colina que já não parecia tão distante. O terreno acidentado apresentava erosão em alguns pontos. Em frente a nós, uma trilha de terra batida era de mais fácil acesso, mesmo porque uma vegetação rasteira e mais seca reinava no lugar. O clima começou a se tornar seco apesar de ainda frio, e nos vimos numa região que parecia ainda mais inóspita e cruel do que a anterior, que ao menos tinha alguma vegetação verde.

– Tem certeza que era para irmos para o sul, Ariel? – perguntou-me Clara – aqui parece ainda mais triste e desolado!

Concordava com ela, mas respondi:

– Tenho. Até queria que fosse diferente, mas é para aquela colina que devemos nos encaminhar. Vê? Já estamos perto!

Realmente, a colina se aproximava. É preciso que se explique algo aqui: espíritos não precisam caminhar sempre! No meu caso e no de Clara, em nosso grau de evolução, podemos realmente nos locomover de forma bem mais rápida: mas quando sabemos para onde queremos ir, o que não era o caso! Temos que mentalizar o lugar, e não conhecíamos o terreno daquela parte do umbral. Como ir aonde você não conhece? É preciso conhecer antes, ao menos conosco era assim. Voltar para a Colônia, por outro lado, era bem mais simples!

Escolhendo ir pela trilha de terra batida, caminho muito mais fácil do que pela vegetação fechada de arbustos secos e espinhosos, é claro que encontraríamos algumas pessoas. Olhamos um para o outro lamentando não ter Olívia por perto, os dois com o coração um tanto apertado. Clara me disse:

– Não sei bem o porquê, mas sinto aqui uma angústia, um presságio ruim...

Olhei para minha amiga com preocupação, pois a mesma coisa me ia no peito. Como se uma tempestade se avizinhasse, daquelas de nuvens cor de chumbo, que chegam arrasando tudo.

Respondi a ela:

– Sinto a mesma coisa, Clara. Não vem coisa boa por aqui...

"Protejam-se aos pés da colina!" – veio-me na mente. Sem pensar muito, peguei na mão dela e abrindo caminho por entre os arbustos, chegamos aos pés da colina e nos encostamos na parede de pedra. Encolhidos junto ao maciço, vimos passar pela trilha uma falange de mais de cinquenta espíritos, de ambos os sexos, se encaminhando numa velocidade razoável, em direção ao norte!

Reunidos assim, tinham uma força feroz, era um grupo poderoso, que deixava para trás um rastro de ódio e fúria... contra quem iam? O que pretendiam?

Homens e mulheres de diversas idades, roupas de diversas épocas, unidos em busca de quê? Olhei para Clara e a vi sentada no chão, pálida, recostada na pedra, suando frio. Finalmente ela me disse:

– Se não estivéssemos perto dessa colina eles nos pegariam em cheio! Teríamos força para sair deles com facilidade, Ariel?

Ainda me recuperando do susto, respondi a ela:

– Nos livraríamos, é certo, mas ia ser doloroso! Por isso nos mandaram para cá com tanta pressa! A colina, nesse descampado de arbustos baixos, é o único esconderijo. Deus está conosco, Clara! Só Ele sabe para onde eles vão...

– Ou o que vão fazer... Deus nos livre! Vê a cor cinza escuro em volta deles? Nunca tinha visto nada assim!

Em cursos feitos para o resgate de almas do umbral, tínhamos recebido instruções de nos mantermos longe de semelhantes aglomerações, pois nada de bom vinha dali. Embora formada por irmãos em dificuldade e em fase de evolução, muitos desses espíritos não estão interessados ainda na seara do bem, e é preciso dar-lhes o tempo necessário para que tal ocorra. Presos em sua erraticidade, não conseguem vislumbrar além de sua própria infelicidade e a acham normal, satisfazendo-se com prazeres muitas vezes insanos e pérfidos, muitas vezes aumentando uma dívida já alta com seus semelhantes.

Forte tristeza me invadiu o peito, resquício da passagem deles por nós. Tanta tristeza por ali disfarçada de orgulho, que beirava a insanidade! Lembrei-me de quando estava encarnado na Terra e vi pessoas vaidosas e más, justificando suas maldades em nome de Deus ou das leis, usando a inteligência para lesar pessoas pobres ou inocentes... tantas vezes tinha visto isso! Era a época da escravidão do Brasil!

Clara me olhou ainda pálida, encostada na pedra que nos servia de abrigo, e me disse:

– É verdade, meu bom amigo! Quantos desses espíritos assim, orgulhosos e corruptos hoje, não fazem parte desses grupos desesperados, que varrem esse extenso território do umbral? Eles se atraem, como nos atraímos nós, que buscamos o amor, a paz e a alegria de ajudar o próximo! Ao contrário da Terra, onde se misturam conosco para o aprendizado, aqui as coisas se tornam claras, meu bom Ariel! Só que sem o poder do dinheiro!

Sentamo-nos os dois, exaustos, olhando um entardecer que já chegava, e que mesmo no umbral tinha certa beleza. Olhando para aquele sol quase cor de sangue que se punha nu, no horizonte longínquo, Clara continuou:

– Enquanto estava encarnada, ouvi tanto sobre o poder do mal, meu amigo! E aqui estamos nós, em pleno umbral, em busca de um irmão que se perdeu na travessia... e sabe o que vejo? Eu vejo um Deus de amor, Ariel, que providencia uma beleza diferente mesmo nesse território dos aflitos! Note o sol, como ainda esquenta e com seus raios deixa os contornos bonitos, a água que parece suja, mas que é límpida por baixo. A pedra que é fria, mas que nos acolheu! Deus tem paciência, Ariel, e Ele espera por Seus filhos... mesmo esses que insistem no mal! O Universo, meu amigo, todo ele, é a morada do Pai! Mesmo no umbral ele está conosco, pois aqui também pertence a Ele!

Olhei minha pequena amiga que em sua última encarnação tinha sido apenas uma dona de casa comum, e agora me dizia que um território considerado por muitos como o "inferno" espiritual, era também a *morada de Deus*. A pequena Clara havia entendido o que muitos teólogos nunca tinham suposto, com a pureza de seu coração de mulher: a imensidão do amor e do poder de Deus! Aquilo acalmou meu coração de tal forma, que providenciei entre os vários arbustos secos, alguns gravetos, e fiz pequena fogueirinha na clareira à beira da colina para que descansássemos à noite. Não tivemos frio ou fome, estávamos nos acostumando ao ambiente, e eu orei enquanto minha amiga dormia tranquilamente um sono de menina, enroscada em seu manto.

Imaginei que a falange de espíritos provavelmente se dirigia a uma das cidades do umbral, pois sim, existem cidades nesses territórios, segundo me contaram. Sei de algumas povoadas densamente, mas não tenho ideia de como funcionam, embora saiba que respeitem um nível de hierarquia, como todas as cidades desde o início dos tempos das civilizações. Mas como nosso trabalho consiste em resgate, o mesmo se torna mais simples quando é feito em ambientes onde a energia é bem menos densa e mais propícia à chegada de espíritos benfeitores. Sem que o resgatado apresente o arrependimento ou a fé necessária, como faríamos? Como conduzir a quem se recusa? Para que levar a quem não quer ir? O livre-arbítrio tem sempre que ser respeitado, em nome do equilíbrio geral.

A verdade é que o território é vasto e que há todo tipo de associação entre os espíritos, algumas inclusive bastante primitivas, dependendo também de onde se situe no orbe terrestre. Assim como na Terra, há locais mais e menos evoluídos, tal acontece também no umbral, e o que pode ser chamado de evolução? Apenas a tecnologia de um povo?

Pobre do povo que desenvolver a tecnologia e abrir mão de sua moral, de sua bondade, de seu respeito pelo próximo. Da mesma forma se desenvolve o espírito individualmente, deve crescer moral e intelectualmente com o passar dos séculos e as amplas oportunidades que Deus fornece, pois a bondade sem o estudo e vice-versa, fica um tanto desamparado. A verdade é que povos que passaram por grandes privações no gelo, nas pestes, nas guerras, hoje se reerguem e resolvem seus problemas de forma admirável. Colocam sempre culpa da miséria em Deus, mas por que em países de invernos que duram seis meses não há mais fome? Como em outros, de clima desértico, já existem tantos sistemas de irrigação? São os seres humanos que lá vivem, que durante os séculos de história, aprenderam suas lições. O Brasil ainda é jovem, no dia em que aprender a cultivar a ética, o amor ao próximo e a honestidade, será imensamente próspero.

Estava ainda meio escuro quando Clara abriu os olhos e fitou a fogueirinha, já descansada da noite anterior. Pediu a minha vasilha e encaminhou-se para o riacho, agora um pouco mais distante para pegar água e a trouxe para nós sem muita dificuldade, que os primeiros raios de sol já se firmavam no horizonte. Observou-me com o bom humor de sempre:

– Saudades de Esthefânia? Ande, tome um pouco... devemos ir para o sul, não é mesmo?

Sorri me lembrando de minha esposa adorada, a viagem estava sendo tão agitada que teria muito o que contar a ela.

– Sim. Para o sul... ao menos teremos muito o que contar à Esthefânia e a Nana, não é mesmo?

Ela sorriu. O marido dela, Marcos, estava em processo de reencarnação e ela teria um período relativamente longo sozinha, mas não se queixava. Tinha a filha e a melhor amiga por perto, o que ajudaria bastante... o amor dela pelo companheiro era bastante antigo e com o tempo ficava cada vez mais forte. Clara não reclamava, sabia que a maior parte das pessoas sequer tinha um relacionamento tão sereno e cheio de luz como o que ela tinha conseguido com ele, e isso lhe bastava. Preocupada com possíveis outros encontros na trilha ela me perguntou:

– Vamos seguir pela estradinha? E se encontrarmos com outro grupo "daquele"?

Um arrepio me varreu a espinha, e eu respondi:

– Dessa vez fomos avisados, acredito que havendo perigo não nos abandonarão. E depois, Olívia deve voltar, não acha? Ela percebe essas coisas bem mais rápido do que nós dois percebemos.

– De fato. Será que volta?

Tínhamos na realidade apenas duas alternativas: ou ir pelo

caminho de espinhosos arbustos secos, ou pela estradinha, que mais se assemelhava a uma trilha larga e aberta que ia fazendo curvas em meio a colinas de pedra. Quando achei que não podia ser pior, o clima começou a ficar um tanto úmido e uma neblina forte tomou o caminho nos forçando a caminhar bem lentamente, vendo apenas a uns dez passos à frente. Ouvíamos alguns gemidos ao longe, e a vegetação, antes seca e espinhosa foi tomando ares pantanosos e o clima foi ficando um pouco mais quente do que antes.

Olhei para minha amiga estranhando muito a mudança de temperatura (frio ainda, mas mais ameno), e a vegetação sem os arbustos espinhentos, mas de árvores cobertas de um musgo estranho e um tanto gelatinoso.

A neblina aos poucos foi se dispersando e devagar pude ver, ainda que a distância, um quadro triste e aterrador: num chão enlameado, sujo, de um marrom escuro, eu via diversas pessoas deitadas ou sentadas, algumas gemendo, outras reclamando, e ainda outras em choro convulsivo. Ao longe, um largo rio, ainda que raso, pois eu podia ver pessoas sentadas dentro dele, passava pelo lugar. Por um instante imaginei estar no inferno e olhei para Clara, que brilhava assim como eu, naquele lugar triste e cheio de desespero e dor. Brilhávamos com um sentimento de compaixão verdadeira e notamos que eles não nos viam, continuando em seu lamento e seu desespero!

Minha amiga tomou de minha mão e nos ajoelhamos em fervorosa oração por aquele Vale dos Aflitos! Perguntas me varriam o espírito: quem eram? Que tinham feito? Por que não se levantavam e pediam a Deus por socorro? Em alguns, as marcas da morte no corpo físico ainda se faziam presentes, tamanha a crença que tinham que tudo acaba com a morte!

Pois se tudo acaba com a morte, o que resta é apenas o cadáver, o corpo morto! E lá estavam, com as marcas da doença e da violência que haviam sofrido... tudo sem necessidade! Tão acima de tudo isso é o espírito, esse sim imortal, limpo de todas as intempéries! De que vale o orgulho humano tolo de achar que tudo é a matéria que eles conhecem? E se houver outra matéria, mais sutil, indetectável para eles, mas perfeita aos olhos da espiritualidade?

Não há tolo maior do que aquele que acha que tudo sabe! Tantos deles se atrasam por aqui! Olhei para Clara que os observava cheia de compaixão e tristeza, e mesmo vendo-os naquele mundo de lama e lodo se encaminhou para alguns deles, que viu em gemidos de dor, e sem que eles percebessem a sua presença, ministrou passes em alguns de seus ferimentos acalmando-os.

Notei que os que Clara atendia, apresentavam ao menos alguma melhora e segui seu exemplo. Estavam ali naquele espaço mais de cem pessoas espalhadas, se pudéssemos ajudar a algumas com algum alívio, já era algo... segui com ela nos passes, uns apresentavam melhora, outros não, mas nenhum sentiu a nossa presença. Ao final, nos olhamos um tanto exaustos, mas felizes por termos tentado fazer algo. Os gritos, ao menos, tinham cessado. Clara me disse:

– Ao menos tentamos ajudar um pouco, Ariel! O desespero alheio é tão triste!

Concordei com ela:

– Verdade! Acho que conseguimos ao menos dar um conforto qualquer a alguns... não vê como estão mais calmos?

Preparávamo-nos para seguir caminho quando ouvi a voz de uma senhora, que tinha sido atendida, falando a outra:

– Não diminuíram suas dores? As minhas dores nas costas quase passaram! Há tanto tempo não sinto um alívio! Que será que houve?

Ouvi uma resposta mal-humorada:

– Deve ser para doer mais depois!

Seguimos caminho por entre as árvores cobertas de musgo de neblina. Certas coisas é como diz nossa querida Olívia: daqui uns duzentos anos conserta!

CAPÍTULO 02

# Uma questão de honra

Seguimos caminhando pelo terreno lodoso, em trilha leve por entre as árvores. O clima agora era mais úmido e a neblina se fazia sentir por vezes, no que eu e Clara resolvemos chamar de "O Vale dos Aflitos". As trilhas eram várias e eu fui sendo orientado por uma voz interior que eu sabia vir da Colônia, e que me deixava confiante. Ouvíamos ao redor de nós lamentos, um tanto abafados pela vegetação, e eu me perguntava se era ali que finalmente estava Fabrício, o espírito a quem tínhamos vindo buscar em missão.

Clara me acompanhava sem o menor medo, observando as paragens em volta com os olhos castanhos muito vivos, feliz de não estar mais em um ambiente seco ou sem vida. Disse-me ela:

– Que bom estar entre árvores, meu amigo! Detesto ambientes desérticos, me deixam meio triste...

Concordei com a cabeça. Também não era muito amigo de desertos, mas observei:

– Temos que cuidar com essa neblina que vai e volta. Não conhecemos o terreno e isso pode dificultar a nossa busca... continuam me orientando, mas acho complicado achar alguém, com todos esses obstáculos!

Ela riu-se:

– Calma, meu amigo! Acharemos a quem for preciso! Talvez nem consigamos levar Fabrício para a Colônia, sabe que nem sempre as missões são bem-sucedidas, já que depende mais deles do que de nós. Mas conseguimos ao menos ajudar a Eulália, que estava em sofrimento há quase um século.

Olhei para ela entendendo o seu raciocínio:

– Tem razão. Viemos por Fabrício, que aliás nunca pediu nossa ajuda, e também por sua mãe, mas nada impede que ajudemos a outros irmãos. Só que não podemos "morar" no umbral, Clara... sabe que nosso tempo aqui deve ser restrito a um pouco de cada vez, para que não nos prejudiquemos.

Ela olhou em volta, o ambiente tão diferente de nossa Colônia, os gemidos cheios de dor.

– Sei disso, meu amigo. O bom Deus nos protegerá e logo voltaremos para casa, para repor as nossas energias. Mas, por enquanto, aproveitemos esse aprendizado e ajudemos a quem realmente quer ser ajudado!

Mal acabamos de conversar e eis a neblina forte de volta, segurando nas mãos de minha amiga, caminhamos apenas alguns passos e nos deparamos com uma pequena clareira, onde um homem branco, já de idade avançada, servia a três homens da raça negra, entre quinze e trinta anos.

De início, imaginei ver um triste resquício da escravidão no Brasil, poderia ser um senhor de escravos sendo escravizado como resultado de uma vida de excessos, mas então notei as vestes: não eram vestes assim tão antigas! Pareciam ser de 1930 ou no máximo 1950! O campo energético deles era de um ressentimento difícil de ser descrito, mas controlado ao longo de anos, ainda não saciado. Eram três carrascos e sua vítima, num aceitamento tácito de castigo que na mente dos quatro, seria eterno.

Atrás deles, uma cabana se desenhava, simples, de madeira forte cortada das árvores. Os três vestidos de maneira humilde, dois homens e um menino, sentavam-se a beber algo e o homem maduro que trajava um terno um tanto sujo, mas de bom corte, os servia. Eu e Clara olhamos a cena, sem saber se ficávamos ou íamos embora, quando um dos três, para a nossa surpresa, nos "enxergou", e nos disse:
– Ora, irmãos do "plano superior"! Estão em missão? Querem sentar-se conosco?

Eu e Clara nos entreolhamos, um tanto surpresos, e eu me adiantei sabendo que estava em presença de alguém que já tinha frequentado a Colônia, pelo simples jeito que se referia a nós:
– Não sente falta da Colônia, irmão? Que faz por aqui? Como se chama?

Ele me sorriu um sorriso sem jeito, num rosto que mal tinha trinta anos, bonito e bem desenhado, de traços negros:
– Meu nome é Tobias. Fiquei um tempo na Colônia... mas contas a ajustar me trouxeram a este lugar! Nem tudo eu consegui perdoar, meu amigo!

Cheguei mais perto e olhei os outros três. O mais novo devia ter no máximo quinze anos, não era alto, era magro como os adolescentes nessa fase costumam ser. Era um bonito menino, mas me olhou desconfiado, olhos postos no chão em seguida, não gostava de encarar quem quer que fosse. Tinha um aspecto um tanto doentio, a pele negra tinha um tom meio estranho e os olhos eram amarelados. O outro devia ter seus quarenta anos, era forte, traços mais grosseiros e tinha uma musculatura digna de ser observada. Não nos olhou, vigiava o velho senhor, que agora visto de perto parecia ter seus setenta anos, cabelos totalmente brancos, ralos, numa calva já adiantada. Usava um terno sujo, velho, mas de caro feitio e nos pés chinelos velhos e rotos.

Ao contrário do que se esperaria de um senhor de tal idade, ele andava erguido, numa magreza de dar medo. Nos olhava com curiosidade, abertamente, como se nos avaliasse e quisesse de fato saber quem éramos, o que fazíamos por ali. Olhou para Clara com franco interesse e eu me aproximei dela imediatamente, não gostando nem um pouco de seu olhar para minha querida amiga. Tobias riu:

– Não precisa recear! Aqui essa criatura não tem vez!

Olhei para Clara e ela tinha os olhos postos no velho, como que avaliando o espírito que ali estava e não senti nela medo, mas cuidado. Olhou os outros em volta e disse a Tobias:

– Sou Clara, este é Ariel e realmente estamos em missão, com a graça de Deus, Tobias.

Ele nos sorriu um sorriso quase alegre, e respondeu:

– Faz tempo que não vejo gente em missão... esse lugar parece esquecido por Deus, às vezes! É tanto choro, lamento! E a quem vieram resgatar? Onde está o arrependido?

Clara riu-se:

– A história é longa. Temos que achá-lo ainda, é um suicida... não viu por aí um rapaz branco, de nome Fabrício, viu?

Tobias tentou forçar a memória:

– Vi suicidas sim, mas não do jeito que procuram. Vê aquele ali, o mais novo? – apontou para o belo rapazote que parecia ter seus quinze anos – é um suicida. É meu filho! Se matou aos treze anos com veneno. É também por ele que eu estou aqui.

Olhei para o belo menino (que os traços do rosto ainda eram um tanto infantis), e meu peito se apertou: se matar aos treze anos! Tobias parecia ter desencarnado aos vinte e poucos anos, e o outro rapaz? Alguém da família também? Tinham os traços parecidos, pai e filho sem dúvida o eram, mas e aquele velho senhor, que fazia ali? Tobias chamou o menino:

– Daniel! Chega até aqui, filho!

O rapaz chegou até nós naquele andar de adolescente um tanto inseguro, cabeça baixa, vestindo uma calça de algodão e camisa de mangas compridas arregaçadas até o cotovelo. Os olhos eram amarelados e doentios, a voz rouca e difícil, efeito provavelmente do veneno para rato ingerido... claro que nada disso

precisaria ser assim! Olhei para Tobias com tristeza, pois sabia que se o próprio Daniel não mudasse sua atitude, nada poderia ser feito por ele, mas enfim, estávamos ali. A primeira coisa a ser feita era ouvir, e não falar. E Clara sabia disso quando perguntou:
– Estão aqui há muito tempo?
Tobias riu-se, como se lembrasse de uma história muito antiga:
– Ah, moça! Não faço ideia de quanto tempo! Para a senhora ter noção, eu fui filho de escravo! Isso mesmo, filho de escravo! Está certo que meu pai era livre quando eu nasci, em 1910, mas as coisas eram difíceis para a nossa família. Fui o caçula de oito irmãos e o único que aprendeu a ler e fazer contas!
Ele nos levou para a mesa ao lado da cabana para nos contar a sua história. Clara tinha esse tipo de magia que fazia com que as pessoas contassem a sua vida sem o menor constrangimento, e o bom negro não foi exceção.
Bonita de um jeito simples e acolhedor, os cabelos lisos, caindo nos ombros, a pele clara, a estatura pequena e o jeito meigo. Era difícil não gostar de Clara. Ouvimos Tobias com interesse, pois sua voz era clara e ele um excelente narrador:
– Na verdade tive sorte, enquanto meus irmãos lidaram a maior parte da vida na roça, de sol a sol, quando nasci, estávamos já em pequena vila, e eu vivia na frente de uma pequena venda onde brincava com o filho do dono. Ele tinha um professor que ensinava as letras, eu aprendia junto! Depois acabei trabalhando na mesma venda com o pai de meu amigo, enquanto ele virava doutor na Capital, e não fosse a venda ter fechado, com a morte de meu protetor, teria ficado por lá, onde eu era pobre, mas era honesto e feliz com o que tinha.
– Morava em cidade grande? – perguntou Clara.
Tobias riu-se, mostrando uns dentes brancos e perfeitos:
– Qual nada! Interior... a cidade devia ter uns quinze mil habitantes, se tanto! Mas pra quem viveu em roça, era uma "enormidade"! E eu tinha minha mãe e duas irmãs para dar sustento

quando meu "padrinho", o dono do armazém, morreu. O único filho, que era meu amigo, vendeu e levou a mãe para a Capital, e eu fiquei sem emprego bem em 1930, quando achar emprego ficou duro para todo mundo! Então, depois de quase um ano, conseguimos achar um sítio perto da cidade que precisava de caseiros, e eu levei minha mãe e minhas irmãs, para que não passássemos fome. Foi a época mais difícil que atravessamos, nem as minhas irmãs conseguiam qualquer serviço.

O início da década de trinta no Brasil realmente tinha sido difícil, devido a fatores econômicos internacionais que fizeram "despencar" o preço do café no mercado mundial. Entre os milhões de desempregados no mundo, ali estava o nosso bom Tobias e sua família, mas muitos foram os fazendeiros que perderam suas propriedades na época. Foi um tempo de mudanças sérias, que atingiu aos grandes e aos pequenos. Parecendo lembrar-se disso, ele continuou:

– O sítio não era grande coisa e estava bem abandonado. A casinha era bem pobre e o telhado estava desfeito pelas chuvas, mas assim que chegamos, ficamos tão contentes de não ter que arcar com aluguel, que eu logo fui providenciar o conserto com algumas tábuas que achei por lá mesmo. Na chuva não ficaríamos! Minha mãe era forte apesar dos sessenta anos, e minhas irmãs, mais velhas do que eu, Marialva e Dita, eram doceiras bem-afamadas onde morávamos. Não estavam felizes de morar em roça, mas na falta de coisa melhor, fazer o que, não é mesmo?

Ele olhou a cabana de madeira triste, cercada pela mata, e depois observou o rapaz Daniel, que o escutava em silêncio.

– Foi naquele sítio que conheci a mãe dele, a mulata Flávia. Eu tinha vinte e um anos, ela mal tinha feito dezesseis e já era bonita de chamar atenção! Flávia tinha o pai alemão, bem louro, e a mãe era uma negra bonita, chamada Leonor... ela saiu bem misturada, cor de café com leite, cabelo com cachos largos e os olhos esverdeados. Com aquela idade já era professora dos meninos da roça, ensinava perto da vendinha do povoado antes da cidade, e muito embora sua mãe não fosse "casada no papel", era respeitada como se fosse. Ninguém se atrevia com a dona Leonor, que era "uma mulher de respeito!". Fazia pães e bolos para vender, costurava, cuidava de sua horta, enfim, coisas que as mulheres faziam na época para sobreviver dignamente, e que minha mãe e minhas irmãs também faziam. Aos sábados havia a feira no povoado e elas iam expor seus quitutes e fazer um dinheirinho para suas necessidades. Quanto a mim, dava duro no trato da lavoura de milho, arroz, e cuidava das criações de porco, galinha e cabras. Havia também as frutas de época em razoável quantidade e os arranjos a fazer na casa grande do sítio, que também não se encontrava em bom estado. Enfim, para quem se habilita, trabalho não falta.

O segundo homem veio se juntar a nós na mesa, e eu perguntei a ele, que nos olhava, um tanto desconfiado:

– E você, como se chama?

Ele tinha chegado cabisbaixo, levando o velho para dentro da cabana, e eu pude sentir em seu peito um rancor mal controlado, certo peso nos ombros, como se fosse doloroso para ele estar ali. Levantou um pouco o olhar, ainda cheio de força, e me respondeu numa voz rouca e grave:

– Sou Lourenço, a seu dispor...

Como definir Lourenço, ou ao menos, a energia que dele emanava? Parecia uma força da natureza represada em frágil recipiente, do lado externo parecendo um homem extremamente comum, de média estatura, musculatura bem trabalhada por anos de serviço braçal, traços comuns, nem feios e nem belos. Mas, havia uma "fúria" ali, difícil de ser descrita, uma força controlada com dificuldade, e por um momento eu me permiti pensar na vida que devia ter levado semelhante ser humano, e no quanto ele já havia evoluído para se manter assim sob controle. Apresentei-me a ele respeitosamente, pois ali estava uma pessoa que merecia a minha simpatia.

Em seguida, apresentei a ele a nossa querida Clara, que sorriu-

-lhe com a meiguice costumeira, o que o deixou visivelmente sem jeito, pois há tempos não via uma moça bonita, mas sentindo-se acolhido por nós, o inesperado aconteceu e ele relaxou um pouco, querendo ouvir o amigo que falava do passado. Mas, Clara perguntou:
– Quem é o senhor que foi para a cabana? Um amigo?

Fez-se um silêncio tão grande, tão denso, que o ar poderia ser cortado com uma faca! Era dali que vinha a fúria, ele não gostava do velho! Quase que arrependida de ter perguntado, Clara recostou-se na cadeira, como se tivesse dito um palavrão, ou uma ofensa séria, e baixou a cabeça. Vendo o constrangimento da moça, Tobias respondeu meio sem jeito:
– Não é boa pessoa, moça... nem alguém que mereça sua atenção. Deixe ele na cabana, e não se engane com a aparência frágil dele. Muita coisa aqui não é o que parece.

Notei minha amiga arregalar os olhos castanhos, um tanto curiosa, mas resolveu não perguntar mais nada a respeito. Resolvi então falar de outro assunto, e perguntei a Lourenço:
– E o senhor, foi casado?

Lourenço coçou a cabeça, deu uma risada meio sem graça, e me respondeu:
– Fui, sim senhor, mas não tive sorte, não... sorte teve o Tobias, com dona Flávia!

Tobias sorriu:
– Flávia... – lembrava Tobias com um sorriso – sua mãe cheirava a alfazema, lembra Daniel? Não vivemos por muito tempo juntos, Deus não quis, mas os anos que vivemos fomos felizes! Hoje ela está na Colônia com minha mãe e eu estou aqui... as coisas tomam rumos tão diferentes! Se a gente pudesse adivinhar o futuro, certamente tomaria outras decisões, às vezes uma coisa que nem parece tão importante, muda toda a vida da gente e a de quem está em volta!

Ele disse isso e olhou para o filho, que abatido e triste olhava para o chão, perdido em seus próprios pensamentos. Clara perguntou:

– De que está falando, Tobias? Que decisão tão errada foi essa que veio a tomar?

Ele olhou para Clara num olhar meio triste, e disse:

– Procurar quem não devia ter procurado. Sempre fui de trabalhar, moça. O dono do sítio logo gostou muito do meu serviço e da minha família. Estava tudo sempre limpo, a criação sempre aumentando, as plantações bem cuidadas... tudo no maior esmero! E a família dele também era muito boa, logo apareceu roupa para minhas irmãs lavarem, o que rendeu ainda mais um dinheirinho, que lá em casa minha mãe não deixava ninguém ter preguiça. Apaixonei-me logo por Flávia, e com a permissão do dono do sítio, ergui uma cabana boa de madeira e me casei com ela seis meses depois de conhecê-la. Nada faltava em casa e depois de um ano e meio, nasceu Daniel, forte e sadio. Minha irmã Marialva não dava trabalho à minha mãe, era quieta, gostava de ficar em casa fazendo seus doces. Mas Dita, apesar de trabalhadeira, gostava demais de namorar. Apesar de estar quase com trinta anos, o que na época já era considerado como uma mulher "madura", era muito exigente, não aceitava moço pobre, o que deixava minha mãe bem preocupada.

Ele riu-se um pouco, e continuou:

– O fato é que ela começou a sair de casa quando todos estavam dormindo, e quando demos conta, Dita tinha se apaixonado por um homem casado chamado Eleotério, pai de dois filhos já moços! A confusão foi grande, a esposa dele indo conversar com a minha mãe, e no final, Dita fugindo com ele, e acreditamos que a tenha abandonado em algum canto e voltado para a esposa. Não houve jeito de achar minha irmã, e olhe que eu tentei! Até em bordéis fui parar, mas nem sombra dela. Minha mãe ficou doente de tristeza com isso, e eu, voltando para o nosso sítio, não conseguia dormir à noite de tanta raiva do sujeito. Por que fugir com ela para abandonar depois?

O desaparecimento de uma irmã não é fácil. E naquela época ainda havia a famosa questão da "honra" que a maior parte das famílias prezava muito, o golpe devia ter sido grande. Tive pena principalmente da mãe de Tobias, a esperar por notícias da filha, sem saber se viva ou morta, numa espera eterna, que poderia acabar em boas notícias, ou não. Ele continuou sua história:

– Achei que ia me conformar, ou acalmar, mas não foi o que aconteceu. Por mais que minha outra irmã fizesse, minha mãe não reagiu bem e adoeceu de ficar na cama, o que me doeu o peito! Já tinha conversado com o sujeito antes, e ele tinha me dito que tinha largado ela num hotelzinho barato. No hotelzinho ninguém tinha visto, nem ele e nem ela... estava cansado de tanta mentira! Resolvi voltar a falar com ele, o Eleotério teria que me dar uma resposta, ou eu iria procurar pela polícia. Não tinha ido ainda porque não queria manchar o nome da minha irmã, mas estava ficando cansado... assim pensando fui ter com ele no comércio que ele tinha. De início ficou pálido quando me viu, me disse que eu esperasse, fomos para um canto e conversamos. Quando eu falei em polícia ele arregalou muito os olhos e disse que eu não me precipitasse, que Dita devia estar na casa de uma conhecida dela e que ia conseguir o endereço. Que eu voltasse dali a três dias, no sábado, que ele me diria onde era. Mais calmo, fui embora, prometendo voltar.

Seu rosto fez-se sério com as lembranças:

– Quando cheguei ao sítio fui direto à casa de minha mãe e disse a ela que ia conseguir o endereço de onde Dita estava. Ela me olhou com aqueles olhos negros cansados e me disse: "Será que ela está viva, Tobias?". Aquilo me deu um "mau agouro", um frio na espinha... tentei animá-la, Marialva também, tanta esperança eu tinha de encontrar a minha irmã, pensava inclusive na bronca que daria nela pelo susto que tínhamos passado. Mamãe melhorou um pouco, eu trabalhava e brincava com Daniel, Flávia bonita como sempre, esperançosa de ver Dita, de quem tanto gostava. No sábado pela manhã eu tomei o café e segui cedo o caminho para a cidade, era um sol de mês de setembro, quase sem nuvens no céu.

Seus olhos se encheram d'água:
– Era disso que eu falava: as decisões que a gente toma, mesmo sendo para proteger a família, ajudar a mãe, a irmã. Eu tinha uma mulher, um filho pequeno, que nem um ano tinha! Se me perguntassem: sentiu algo no dia de sua morte? Algum aviso? Não! Ia tranquilo, pela estrada, pensando em quando ia passar algum caminhão que levava os latões de leite para me dar uma carona até a vila, onde ficava o comércio do amante de minha irmã Dita, o Eleotério. Ouvi um "clique", um barulho de disparo, e tudo ficou vermelho, cor de sangue. O próximo som foi de um baque, meu próprio corpo caindo ao chão na estrada de terra e eu perdi os sentidos, para recuperá-los um bom tempo depois, no mundo espiritual, já amparado por amigos benfeitores e perturbado pelo choro incessante de minha mãe, minha esposa e minha irmã Marialva. E não foi um despertar calmo!

Sabendo dos mais diversos jeitos de despertar no mundo espiritual, perguntei a ele:
– E onde despertou, Tobias?

Em seu olhar vi um relance de ódio e mágoa, mesmo tantos anos depois:
– Em meu próprio funeral. Caixão fechado para que não vissem o estrago, pois o vermelho que vi foi de meu próprio sangue. A bala de espingarda atravessou a minha cabeça, me deixando irreconhecível! Perto de mim, um senhor que se disse meu avô, envolto numa luz branca, disse que não me impressionasse com aquilo, que não guardasse ódio, nem planejasse vingança; mas, olhar minha mulher e meu filho ainda bebê, desamparados de meu braço forte a sustentá-los, e minha mãe a entrar na velhice desamparada, causou-me tão profunda revolta que o olhei como quem olha a um inimigo, e disse: "espera demais de mim, meu avô!".

Ele tomou um pouco de água de um pote em cima da mesa, enquanto relembrava a cena, e eu me recordei de quantos amigos eu já tinha visto se perderem na ideia triste da vingança. Parecendo entender meu pensamento, Tobias continuou:

– Se acha que o pai de minha mãe se deu por vencido, errou. O pequeno homem iluminado, pareceu dobrar de tamanho e me disse com uma voz clara e forte: "Por acaso é Deus para saber o que o destino reserva para sua mulher, seu filho ou sua mãe? Não nos vê aqui e agora? Acha que estarão desamparados? Quanto a você, saiba que apenas retorna a seu verdadeiro lar, a morte é só uma viagem, e aqui é o seu destino real. Aqui aprenderá coisas novas e poderá zelar também por eles quando for a hora. Esquece essa vingança tola, não perca o seu tempo com quem não merece! Por hora elas choram, mas também serão consoladas. Deixe-nos ajudá-lo, Tobias, comporte-se como o homem de bem que você é!". E assim foi. Colocou suas duas mãos em torno de minha cabeça, aplicando-me forte passe, e quando acordei de novo, estava na Colônia, recuperando-me em um de seus hospitais, junto com meu avô Damião.

Olhei para ele um tanto curioso, o que o havia trazido de volta ao umbral? Algum vício? Ele não parecia ter nenhum... a vingança? De novo ele leu meus pensamentos com um sorriso, mostrando um grau adiantado de evolução:

– Não. Não tenho os vícios comuns terrenos como o fumo, as drogas, o álcool ou mesmo a luxúria. Sou o que se chama de "um sujeito calmo" e até bem ordeiro, mas também não critico quem os tem. Também nunca fui, ao menos na vida passada, muito apegado à matéria... gostava de conforto, mas era só isso, queria dar uma vida boa aos meus, mas sem nada de excessos ou luxos. Amava minha mulher, minha família, meu filho... respeitava e queria respeito, e era só isso. Mas as pessoas, seu Ariel, às vezes são complicadas... por vezes são até malvadas demais!

Olhei para Tobias concordando, realmente algumas pessoas estavam num estágio de evolução ainda muito primitivo e tinham atitudes umas com as outras de uma perversidade que espantava. Se quando encarnado eu era um tanto ingênuo, como espírito, vendo e ouvindo as coisas de forma mais clara, eu não podia me dar ao luxo da ignorância.

– A verdade é que uma pessoa que nasce branca, não faz ideia do que é nascer negro, mesmo num país em que há tanta mistura de raças como o Brasil. Não sei como é hoje em dia, mas em 1910, quando nasci, mal havia acabado a escravidão, imigrantes de outros países chegavam de todos os lados, e se existiam os que nos aceitavam, eram muitos os que nos repudiavam, ou nos tratavam de forma a dar a entender que não éramos cidadãos como eles e nunca seríamos. Minha mãe me ensinou desde cedo a não me misturar com branco, a não ter amizade, nem namoro com gente de outra raça, pois seria confusão na certa. Ela dizia que "a corda arrebenta sempre do lado mais fraco" e fim de conversa.

Clara riu-se:

– Sabe que tive um pretendente mulato? Nana, minha babá que é negra, quase teve um enfarto quando soube! Não foi adiante o "namorico", mas foi assim que tive o meu primeiro contato com o racismo. Nunca consegui aceitar a diferença de tratamento entre as raças! Não somos todos filhos do mesmo Deus?

Tobias olhou Clara e sorriu:

– A moça deve ser um espírito antigo, desse que já viveu muitas vidas e já vislumbrou a verdade das coisas, tal como é. Adianta dizer a um orgulhoso branco, que se acha superior por questões puramente raciais, que ele pode reencarnar negro ou asiático? Entendo bem disso, pois mesmo eu, padeci desse mesmo preconceito em outras vidas e no entanto, vim a conhecer o amor familiar mais puro, justo nesta, com a minha mãe, minha esposa e o meu filho. O corpo físico não passa mesmo de uma veste!

Clara olhou o bonito negro à sua frente, e disse um tanto modesta:

– Não sei se sou um espírito antigo como diz, mas consigo, sem dúvida, ver a beleza das raças que Deus colocou sobre a Terra. Cada qual com suas particularidades e seus costumes, mas não consigo entender o pensamento dos homens que acreditam que uma raça deve dominar a outra. O milagre do amor gera a miscigenação e produz os mais variados frutos e etnias, somos humanos... eis tudo!

Ele deu um sorriso triste e enlaçou pelos ombros o filho que estava a seu lado. O menino deixou-se abraçar, mas continuava olhando para o chão, cabisbaixo e triste.

– Ah, dona Clara! Soubesse a moça o que passávamos nós quando simplesmente entrávamos num lugar de brancos... uma simples loja, em 1930, era sempre uma incerteza: às vezes havia um balconista negro, mas não nos atendiam ou olhavam atravessado. Podíamos comprar um lanche, mas não nos sentar nas mesas. Entrar, apenas em determinados bares... em algumas igrejas, tudo era separado. Não era preciso dizer nada, tudo já era entendido e aceito. A sua babá Nana sabia disso, por isso se escandalizou com o mulato sendo seu pretendente.

Clara franziu a testa, nunca tinha imaginado as coisas daquela forma, mas Tobias continuou:

– Claro que existiam brancos gentis conosco, que nos davam empregos, nos tratavam com educação e até ficavam bons amigos. Minha mãe mesmo tinha no sítio uma italiana que vivia na estrada abaixo, chamada Gemma, loura e católica, que se tornou muito amiga dela. De nossa casa até a casa dela eram bem uns quinze minutos de caminhada que ela fazia contente, para levar quitutes e trocar receitas, desde sabão até macarrão, tudo, as duas gostavam de fazer juntas. A italiana tinha três filhos homens, rapazes fortes, ficaram bem meus amigos dois deles, sendo que o mais velho era mais reservado e logo se foi para a cidade grande. Mas foram os brancos de quem mais gostei, boas pessoas, alegres, de início estranharam a nossa "cachaça", mas depois tomavam pequenos goles, no meio de seu vinho.

O rapaz Daniel olhou o pai e disse, em voz rouca, mas audível:

– Cresci com Pietro e Enzo por perto, falavam sempre do meu pai. Ajudaram com a lavoura por uns bons anos, tomaram conta de mim, até que dona Gemma adoeceu e faleceu. Então venderam a terra e foram para a cidade atrás do outro irmão. Eu tinha então oito anos e ficamos eu, a mãe, a vó e a tia no sítio.

Deus tinha sido bom com eles, pensei. Colocar aqueles bons amigos por perto, justo na época de tão grande tragédia, a perda da Dita e de Tobias, tinha sido mesmo providencial, mas sem esses amigos agora, e a mãe de Tobias já de idade, como se arranjariam? E o assassino, tinha ficado livre? Lendo meus pensamentos de novo, ele deu uma risada amarga:

– Meu assassino sabia que matar pobre e negro não costumava dar cadeia, a não ser que algum branco pedisse explicação, o que não ocorreu, pois a morte foi tão feia, que ninguém quis investigar por medo de represália. Bandidos pelas estradas era o que não faltava, tocaia menos ainda, e a minha "irmã fugida" parecia um motivo misterioso o suficiente. Já se viu negro cismar de "ter honra"? O racismo é uma coisa feia, nojenta e triste. O Eleotério era branco e bem de vida, a Dita era uma mulher bonitona, mas negra e pobre. Só que no mundo espiritual, essas coisas não têm a menor importância... aqui, o dinheiro não conta!

Senti o ódio ainda latente nas palavras dele e me entristeci. Estava na frente de um espírito extremamente inteligente, já dotado de algumas qualidades de evolução evidentes, como a comunicação mental, e ali estava ele, vibrando num ódio ainda difícil de ser contido. Disse a ele:

– Ainda não superou o ódio, Tobias? Ainda buscando por vingança? Um homem inteligente como você, que já viveu na Colônia, ainda deseja fazer o mal a alguém?

Ele me olhou profundamente, como que analisando com quem realmente falava e a profundidade da reprimenda que eu lhe dava, mas sentiu que minha intenção estava longe de ser má, que eu queria realmente compreendê-lo, e quem sabe, auxiliá-lo em algo. Seu olhar demonstrou alguma compreensão, e só então ele me disse:

– Acha que sabe por que estou aqui? Habitei na Colônia por alguns anos, cheguei a fazer o mesmo trabalho que hoje você faz, resgatando companheiros que estivessem presos neste umbral, ou em fase de desencarnação da Terra. Tive permissão de acompanhar minha família em dolorosas ocasiões da vida deles e vi levarem minha mãe para a Colônia, assim que desencarnou.

Tive que perguntar:

– E não quer estar com ela?

Os olhos dele se encheram de lágrimas:

– Um dia estaremos com ela. Nós três. Eu, Daniel e Lourenço. Para isso eu estou aqui.

CAPÍTULO 03

# Saudades e ciúmes

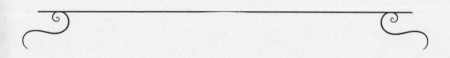

DE QUANTOS PEDAÇOS É feito o espírito humano, para que se diga que somos bons ou maus? Por quantas experiências passamos, quantas decisões tomaremos no caminho de nossa evolução? Bem disse o mestre Jesus: "não julgai seu próximo", e eu sempre tentava me lembrar disso, pois pelo pouco que me lembrava de meu próprio passado, não me achava em condições de julgar a quem quer que fosse, já que não há quem nunca tenha errado em vidas anteriores. Mas quanto mais conhecia as pessoas, mais me admirava de suas características e de suas contradições.

Via em Tobias um homem forte e determinado, que amava a família e tinha sido durante a vida, honesto e trabalhador. Muito embora notasse o racismo, não tinha se revoltado ou usado o preconceito alheio como desculpa para o fracasso próprio, ao contrário: enfrentou-o e seguiu trabalhando e sustentando a si mesmo e aos seus, muito embora se magoasse de forma justa com a maldade alheia.

Assassinado covardemente, na busca de uma irmã seduzida e provavelmente abandonada, calou sua revolta e buscou a vida espiritual deixando de lado a vingança, coisa rara de acontecer, que já demonstrava superioridade moral bem acima da média de muitos. Mas agora, ei-lo aqui, segundo ele mesmo, há décadas no umbral. Observei a mão dele no ombro do filho Daniel, que tinha se suicidado aos treze anos, segundo eles mesmos tinham nos contado, e perguntei:

– Veio ao umbral resgatar seu filho, e resolveu ficar com ele? Foi isso?

Vi em seu rosto memórias antigas doloridas, na clareira onde estávamos, uma bruma começou a se formar de uma forma que mais parecia um nevoeiro fraco e branco, veio um vento gelado e Clara aconchegou-se em seu manto. A voz de Tobias nos chegou triste, como se estivesse em outras épocas, cheia das saudades que sentia dos seus:

## Narrativa de Tobias

A vida na Colônia estava longe de ser ruim. A primeira coisa que estranhei foi que lá, brancos e negros são iguais, sem diferença! Tudo tão mais "limpo" que na Terra, as coisas ali parecem "brilhar"! A paz, a sensação de boa vontade presente... meu avô tinha toda razão, como pensar em perder tempo com vingança, quando havia tanto a ver e aprender num lugar como aquele! Mas, a saudade me apertava o peito... pensava em Flávia, minha mulher tão bonita, agora abandonada à própria sorte, e em Daniel, ainda bebê. Ficara sem o pai!

Procurei por informação e me disseram que depois de certo tempo, poderia visitá-los. Que por enquanto estavam bem, no mesmo sítio, e que uma família de italianos olhava por meu menino. Lembrei de dona Gemma e dos filhos... Deus era bom, mas será que eles ajudariam? Um bom amigo meu da colônia me disse: e por que não? Acha que só tem gente ruim na Terra? Depois de eu pedir e trabalhar muito, deixaram que eu visitasse minha família, e eu vi Flávia, minha mãe, Marialva e seu noivo, Lourenço, contratado em meu lugar para tomar conta do sítio. E também vi os "italianos" Pietro e Enzo, que realmente tinham praticamente "adotado" Daniel, que os seguia para todo lado.

Claro que Pietro tinha se encantado com Flávia, mas não foi recíproco. Minha bela esposa, muito apegada à minha mãe, ainda não se achava disposta a contrair novas núpcias, se dedicando cada vez mais aos seus alunos na pequena escola rural. O pequeno salário ajudava em casa nas contas, e viviam confortavelmente, sem grandes sustos. Lourenço morava separadamente na casa pequena, que eu tinha construído para mim e Flávia. As mulheres e o menino com minha mãe, até que ele se casasse com Marialva, que já contava com seus trinta e poucos anos.

A verdade é que Flávia estava cada dia mais bela, mas não se animava a ter novo marido. O sofrimento que teve com minha morte súbita marcou seu coração de forma bruta, e ela observava os maridos de suas amigas, às vezes violentos ou ciumentos demais, e não se animava muito.

Olhava Daniel crescer, via seus alunos, tomava conta de minha mãe que adentrava a velhice com suas pequenas inconveniências e esquecimentos, e via as esperanças de Marialva com o casamento que parecia nunca chegar. Assim, ia levando a vida da melhor forma que conseguia, quase feliz e sempre muito ocupada. Visitava-a sempre que podia e conversava com ela em sonhos dos quais ela, às vezes, se lembrava com um sorriso doce no dia seguinte. A vida ia seguindo mais ou menos assim quando dona Gemma, a amada amiga italiana de minha mãe, faleceu repentinamente do coração, numa tarde de maio.

O cortejo foi simples, as pessoas do vilarejo compareceram e os três filhos resolveram colocar o sítio à venda, para a tristeza das pessoas de minha família, já tão acostumada à família deles. Em menos de dois meses foram embora os italianos, deixando em Daniel e em minha mãe um sentimento de orfandade. Não foi por acaso, mas por saudade que minha genitora acabou adoecendo, e quando deram por conta, quatro meses depois, eis-me junto com meu avô Damião buscando minha mãe, em desencarnação serena, enquanto a mesma dormia em sua cama humilde e limpa. Ela me olhou com surpresa e espanto:

– Tobias? Você aqui? Mas, eu morri?

Tive que sorrir para ela, que sempre teve tanto medo da morte, e que no final, teve uma passagem tão tranquila:

– Não está vendo mãe, que a morte não existe? Estamos bem!

Segurei-a em meus braços, ela ainda frágil, tentava olhar em volta, bem assustada, o quarto humilde e o corpo que deixava. Tentei distraí-la, mas ela olhou assim mesmo:

– Mas como estou feia e velha! Não é possível que aquela seja eu! É um sonho mau, não é, Tobias?

Tive que rir dela:

– Nunca será feia, minha mãe! E aqui ficará cada vez mais bonita! Mas agora vai dormir, para descansar...

Com isso, meu avô Damião lhe aplicou um bom passe e ela adormeceu, para que pudéssemos levá-la para o tratamento espiritual adequado. É uma pessoa boa a minha mãe, adaptou-se muito bem à Colônia, onde não se furta ao trabalho, nem aos cursos que necessita para seu aprimoramento. Só não gosta da ideia de reencarnar.

## Comentário de Ariel

Nesse ponto, eu e Clara sorrimos um para o outro. Se na Terra, entre os encarnados, o medo da morte é terrível, entre os habitantes da Colônia é muito comum a resistência ante a perspectiva da reencarnação, e é fácil explicar essa reação.

Enquanto na morte física a maior parte de nós fixa um enorme "vazio", ou ao menos uma "imensa incerteza", os espíritos que habitam a Colônia vivem num mundo onde crimes não são praticados, dores são tratadas de forma extremamente eficaz e são minoradas enormemente, ficando muito mais raras. Pense viver num lugar em que não há fome, nem sede, nem frio, ou quaisquer desses males. Não há espaço para o violento, ou o chantagista e todos têm, mais ou menos, a mesma condição social, muito embora exista uma hierarquia pela ordem de evolução dos espíritos, que não é invejada pelos maus, pois quanto mais avançado é um espírito, mais ele trabalha pelo bem comum.

Logo, reencarnar num planeta que, apesar de belo, ainda trilha pela violência, e é tido como uma das mais completas escolas para moldar a moral de um espírito, é uma prova dura. O indivíduo já com alguma sabedoria, a desejará ardentemente, pois sabe que poderá aprender em pouco tempo na Terra, dada a aspereza de algumas provas, lições que demorariam séculos para serem aprendidas na espiritualidade, e assim sendo, submetem-se a essas encarnações e agradecem a chance que lhes é dada.

Claro que aos que ficam na Colônia, espera a saudade pelo tempo da vida que aquele ente querido ficará na Terra. Mais de uma vez ajudei a resgatar jovens e crianças na hora de sua desencarnação, e notei os parentes que ficavam na esfera terrestre, dilacerados de dor, a se perguntarem o porquê de seus filhos serem levados por Deus tão cedo!

Estava eu justamente ajudando no processo de um jovem que desencarnava num hospital, vítima de acidente automobilístico, quando a mãe e o pai deste, junto ao leito do rapaz, imploravam por sua vida a Deus. O pobre moço tinha se machucado a tal ponto na cabeça, que se resistisse, teria apenas o que se chamava de vida vegetativa... olhei os aparelhos ligados ao corpo do pobre moço, que eles julgavam tão modernos, e sorri para mim mesmo: como ainda está atrasada a nossa Terra! Soubessem o que se usa no plano espiritual!... Espíritos presentes providenciaram a famosa "aparência da melhora" para que os pais se tranquilizassem um pouco, e assim pudéssemos levar o rapaz, que aqui chamaremos de Nilson, para o mundo espiritual.

Notando o rapaz mais corado, e eles (os pais) mais reconfortados pelos passes espirituais, sem prendê-lo tanto à crosta terrestre, começamos a desligá-lo do corpo físico de forma rápida e indolor. Conosco estava uma linda moça, amor dele por inúmeras encarnações, que aguardava já aflita o desligamento de seu amado do atual corpo físico... Nilson, tinha reencarnado em missão e aprendizado, uma vez cumprido o que tinha vindo fazer, ei-lo de volta ao mundo espiritual, seu verdadeiro lar, felizmente vitorioso e feliz. Se seus pais pudessem ter visto sua desencarnação tranquila, as mãos extremamente amorosas que o acolheram, a vida que ele leva no mundo espiritual, não teriam vertido tantas lágrimas de tristeza! Se na Terra muitas vezes ele se sentiu só e triste, aqui uma legião de amigos e o seu amor o aguardavam! O rapaz bom e doce, que, às vezes, era ridicularizado por conta da honestidade extrema, aqui achou seu lugar...

Pais, não se lamentem quando um bom se vai! A morte não existe e ele colherá o que plantou! Se foram filhos rebeldes aqui, também seguirão o seu caminho, e na medida em que enxergarem seus próprios erros, serão acolhidos! Quem sabe o que os esperava na Terra?

Se bons pais, cumpriram o seu papel para com o Pai santíssimo que os colocou aos seus cuidados. Lembrem-se sempre que "nem um cabelo cairá de sua cabeça se não for da vontade do Altíssimo", e os seus filhos, na realidade, são os filhos d'Ele, que voltam a Ele depois de breve estada em sua casa. Não se responsabilizem, não cultivem a culpa ou o desespero, pois essa falta de fé só atrasará seu rebento no mundo espiritual! O Pai lhes agradece o trabalho feito, mas nossos filhos, assim como nós, pertencem a Deus, que tudo faz para o desenvolvimento dele e o seu próprio!

Rezem antes, pelo que está perdido, e com isso prejudica os outros! Ore para que ele encontre a luz e não queira, com a sua revolta, arrastar outros para a escuridão.

Olhei para o bom Tobias, que continuava com sua história:

## Narrativa de Tobias

Com a morte de minha mãe, Marialva quis que Lourenço viesse morar na mesma casa que ela, Flávia e Daniel. Minha mulher aceitou, mas disse que antes, eles precisavam se casar, aliás, não via motivo para adiar tanto o casamento, e conversando francamente com Lourenço, marcou logo a data.

A cerimônia foi simples, poucas pessoas, comeram um bolo e Lourenço mudou-se para a casa delas. Marialva parecia feliz, o noivo, nem tanto... acostumado à vida de solteiro quando podia voltar para casa depois de uma aguardente no vilarejo, não gostou nada do "freio" que a esposa quis colocar nele, dizendo que "não ficava bem homem casado em bar". As brigas começaram logo, para desespero de Flávia, que já achava que o casamento não tinha sido uma ideia das melhores. Ciumenta em excesso, Marialva dava escândalos no bar quando o marido atrasava, tentava tomar o dinheiro dele para que não bebesse ou saísse de casa, enfim, tudo que o irritasse.

Não demorou para que Lourenço, apesar do gênio bom, começasse a dormir em sua antiga casa para evitar discussões. Soubesse ele que a noiva se transformaria daquela forma depois do casamento, nunca teria ele assinado papel nenhum, mas, que podia ser feito?

Depois de tentar muito apaziguar as discussões, Flávia não sabia mais o que fazer, queria criar o seu Daniel longe de tantas brigas e gritos. Pensou em mudar-se para pequena casa perto da escola onde dava suas aulas, na vila. Falando nisso com a mãe de um de seus alunos, a mulher disse que tinha perto de sua morada uma casinha pequena, de dois quartos e uma sala, que daria com folga para a professora e o menino. A casa ainda tinha uma vantagem: uma pequena horta, que se Flávia cuidasse nos momentos de folga, podia dessa forma pagar com esse trabalho o aluguel.

Flávia foi ver a casinha e ficou muito satisfeita: tinha trancas nas portas e janelas, caiada, bom piso, perto da igreja! E a horta não era tão pequena assim, mas ela daria conta... Daniel poderia brincar sem medo na rua, agora já movimentada, com os muitos meninos da vizinhança. Cansada de tanta gritaria de Marialva e Lourenço, em menos de uma semana mudou-se e começou vida nova! Mas, embora ela estivesse quase feliz, eu, quando tive notícias dessa sua mudança de endereço, nublei meu coração com pesadas dúvidas e desconfianças: minha bela esposa agora moraria num vilarejo onde muitos homens com certeza veriam a sua beleza e simpatia. Meu peito se encheu de ciúmes e amargura...

Já se iam oito anos de minha morte, e ela ainda não tinha se interessado por ninguém. Enquanto vivíamos juntos não tive sequer uma reclamação de minha esposa, de gênio doce, companheira de todos os momentos, embora fosse uma moça que chamasse a atenção dos homens por onde passasse, tratava aos outros com simpatia, mas nunca dava a menor chance de se aproximarem dela fisicamente. Flávia chegava a ser um tanto inocente, mas era séria e não me dava motivos para o menor aborrecimento.

Tampouco podia dizer que se interessasse pelos homens por sua situação financeira. Afinal, com sua aparência, podia perfeitamente ter escolhido partido melhor do que eu, que nunca tive posse alguma. Sabendo da joia rara que tinha em minha existência, tratava-a com todo amor e consideração que ela merecia, mas agora, que não podia tê-la em meus braços, o ciúme me atacou de um jeito feroz. Um bom amigo da Colônia, me vendo irritado e sem concentração, veio até mim querendo ajudar-me e perguntou:

– Que houve, Tobias? Antes atento aos cursos, agora anda faltando e se isolando... que anda acontecendo contigo?

Olhei meu bom amigo Álvaro, e vendo que não podia mesmo esconder muita coisa, contei-lhe da minha situação: das saudades da minha esposa, dela estar se mudando para um vilarejo, do ciúme, de tudo que se passava, enfim. A resposta dele veio rápida:

– Não sabe, meu bom amigo, que não devia visitá-los com tanta frequência? É normal, estando ela na Terra, que se relacione entre os que lá estão! Não deve interferir nisso, deve antes orar para que ela seja feliz. Quando ela retornar ao mundo espiritual, procure-a e então converse com ela. O amor que ela sentiu por você continua, mas não pode esperar que ela morra por isso, entre outras coisas ainda existe o seu filho que ela deve encaminhar.

Olhei para ele um tanto exasperado:

– Falando assim parece fácil! Tenho grande preocupação por ela e Daniel, e se surgir na vida dela um homem ruim, que a maltrate e faça mal ao meu filho? Devo deixar que uma tragédia aconteça?

Álvaro sorriu de um jeito triste:

– E o que vai poder fazer, Tobias? Obsidiar, ficar assombrando os seus entes queridos o tempo inteiro para conseguir que sua vontade prevaleça? Acha isso digno?

Calei-me. Nunca havia me imaginado como um fantasma, ou um espírito obsessor a assombrar a vida de quem quer que fosse. Já tinha visto vários deles na Terra, e a visão deles não era bonita, geralmente deformados por seus sentimentos baixos, ligados a vícios extremos, influenciando os encarnados a todo tipo de sentimento ruim. Não conseguia me ver daquela forma, principalmente porque acreditava no bem, na caridade, no amor ao próximo. Mas imaginar que alguém poderia fazer mal a minha mulher e ao meu filho me enchia de uma raiva perigosa, e eu só pude responder a Álvaro:

– Está certo, tentarei ficar pela Colônia por mais tempo e não fugir para visitar minha família pelo menos por enquanto. Estudarei mais, tentarei policiar meus pensamentos, mas o amigo há de entender que o amor que sinto por essas duas criaturas, meu filho e minha mulher, é muito forte, e que só posso pedir a Deus que tudo corra bem entre eles.

Álvaro pousou sua mão esquerda em meu braço, dizendo:

– Lembra, antes de tudo, que eles são almas independentes da sua, e que tomam as próprias decisões! Possuem o livre-arbítrio assim como você e colherão seus próprios frutos. Por mais que você queira ajudar, você não é Deus, Tobias... poderá até influenciar, mas quem escolhe o caminho, são eles!

Hoje eu me lembro das palavras de Álvaro, meu bom e querido amigo, mas na época, não as levei em conta. Por mais que tentasse ler, aprender, estudar nos cursos, não conseguia me concentrar no que fosse. Meu pensamento se voltava para a Terra e para Flávia constantemente. Fui parando de rezar e nem mesmo minhas caminhadas me traziam alguma paz. Bons amigos tentavam me distrair com boas conversas, meu superior me direcionou a um trabalho longe do umbral e da Terra, mas nada disso adiantou muito, um belo dia, ao amanhecer, eu parti para a Terra, disposto de início, a ficar pouco tempo em companhia de Flávia e de meu filho, até que eu me tranquilizasse sabendo que estavam bem.

CAPÍTULO 04

# REENCONTRO

### NARRATIVA DE TOBIAS

Meus ciúmes me atormentavam como nunca tinha acontecido antes. Tentei de toda forma me convencer que se ela estivesse namorando ou já com alguém que fosse bom para o menino ou mesmo para ela, que eu me conformaria, esperando então pela sua desencarnação natural quando ela optaria sobre com quem ficar, e assim, cheio do que eu achava ser os mais nobres sentimentos, me encaminhei para a sua casinha simples, apesar dos pedidos dos amigos do plano espiritual para que eu seguisse o meu caminho afastado dali.

Adentrei na casa simples, de dois quartos e eles ainda dormiam. O sol mal nascia no horizonte e eu pude vislumbrar minha mulher adormecida em sua cama de casal, ainda mais bela do que quando morava comigo, em camisola alva de algodão, a ressonar no sono, na casa limpa e simples. Flávia sempre tinha gostado de flores e na beirada da cama, um criado-mudo ostentava um vaso simples de argila com margaridas frescas do jardim. Abaixei-me ao lado da cama para vê-la melhor e qual não foi minha surpresa quando ela entreabriu os olhos, e num momento entre o sono e o acordar, que muitos chamam de "vigília", ela viu nitidamente o meu rosto, e sentou-se rapidamente na cama, visivelmente assustada e disse: "Tobias!".

Assustado também, por ela ter me percebido depois de tantos anos, me afastei sem querer amedrontá-la. Só então notei melhor sua reação: primeiro de susto, depois de tentar me enxergar novamente pelo quarto, desesperadamente, e então sentar-se na cama vertendo uma lágrima solitária e dizer:

– Foi só um sonho... ou vai saber, veio me visitar. Há tanto tempo não sonho com ele!

Olhou então o relógio um tanto assustada, colocou o vestido que já tinha separado e pôs-se a fazer o café. Ajeitou as coisas na casa, correu para a horta a regar algumas plantas, e só depois do café coado acordou Daniel, agora já com onze anos, que levantou reclamando do frio, dizendo que queria dormir mais. Estavam os dois sentados na mesa de quatro lugares que eu mesmo tinha feito de madeira do sítio, quando reparei no canto, uma sombra que não tinha reparado antes, devido ao meu encantamento com Flávia e meu filho: uma mulher pequena e suja, com as vestes decotadas e vulgares me olhava com surpresa e receio, cheirando a álcool, os cabelos em desalinho... enfim encontrava minha irmã Dita!

Minha irmã Dita! A mesma Maria Benedita que tinha crescido comigo, apenas um pouco mais velha, subindo em árvores, alegre e faceira, de quem eu tinha a mais alegre das lembranças de minha meninice. A menina de dentes tão brancos, cabelo sempre trançado por minha mãe, vaidosa desde muito cedo, sempre a querer uma "água de cheiro", um batom para os lábios carnudos, um vestido mais bonito. Agora ali estava, abaixada num dos cantos da pequena sala, descalça, as roupas vulgares sujas e descompostas, mais gorda e velha, o cabelo em franco desalinho! E que rosto sujo e machucado era aquele? Aproximei-me dela, esquecendo-me imediatamente de Flávia e de Daniel, tanto que eu a havia procurado!

– Dita! Por Deus, mulher, sabe o quanto eu lhe procurei? Que houve contigo, minha irmã? Que trajes são esses?

De nós todos, Dita tinha sido sempre a de pele mais clara, e eu pude notar o quanto ela ficou mais pálida quando me notou indo ao seu encontro. Levantou-se, tentando se arrumar um pouco numa clara confusão de sentimentos, que ia desde a vergonha, à raiva. Depois, enfim, resolveu encarar-me e respondeu:

– Pois olhe, me achou... e os trajes que eu tenho são esses mesmo! Se quer falar comigo, é bom que não me julgue, pois já ando cheia de gente que se acha melhor do que eu!

Olhei para ela penalizado, pois estava claro que com aquele tipo de roupa, minha irmã não tinha ido para um caminho de mulher honesta, e em nossa época, apenas os bordéis aceitavam moças com aquele tipo de vestimenta tão extravagante e decotada. Ainda assim, era minha irmã, não ia abandoná-la:

– Que foi que houve, Dita? O Eleotério te forçou a ir com ele? Não sabia que ele era casado?

Ela riu-se, de um jeito amargo e triste:

– Eu podia te mentir, meu irmão. Podia falar que fui forçada, ou enganada, que ele disse que ia sair do casamento... a verdade é que eu já tinha mais de trinta anos, Tobias, e já estava cansada de ser tão pobre! É certo que tinha pretendentes, mas todos tão pobres como nós... casar para me arriscar a passar fome de novo? Nunca ter nada, nem uma casa para chamar de minha?

Olhei para ela triste: era verdade que éramos pobres, mas tínhamos o que comer, onde dormir, muito embora a casa não fosse nossa. E depois, trabalhando, sempre havia como lhe comprar um corte de tecido ou um sapato de quando em vez... é certo que luxo não havia, mas miséria também não! Disse isso a ela, que me olhou com ódio:

– Tínhamos onde dormir até que o dono do sítio nos quisesse por lá! E se ele vendesse? Depender da vontade alheia de novo?

O Eleotério tinha um olho grande em mim havia um tempo, me prometeu uma casinha na vila, afastada do centro para que a mulher dele não percebesse, e eu fui. Não pensei duas vezes: fui mesmo! Não me importei nem com falatório, nem com família, queria segurança, coisas bonitas que nunca tinha tido. Achei que merecia...

Lembrei-me de minha mãe e de seu desespero, suas noites maldormidas, sua falta de apetite!

– Sabe o que fez com nossa mãe? Ela quase enlouqueceu de dor, ficou sem dormir, sem comer... por que não contou a ela das suas intenções? Ao menos ela saberia o que estava fazendo da sua vida!

Ela riu-se, com sarcasmo:

– E você acha que nossa mãe me deixaria ir com um homem casado e branco, Tobias? Claro que não! Com aquela mania de ser pobre e honrada que ela sempre teve, me trancaria no quarto a sete chaves! Não sou tola, por isso sumi daquela forma.

Senti a raiva me inflamar o peito, tanto que minha mãe dava valor a sermos honestos, trabalhadores e direitos! Nunca poderia pensar que a alegre Dita, de quem todos gostávamos tanto, tivesse por nós tamanho desprezo, fingindo o tempo inteiro concordar com os nossos valores morais. Notávamos, é claro, que ela tratava com desdém os moços pobres que se aproximavam dela, na tentativa de querer algo mais sério. Mas, na minha inocência, achava que era timidez, ou algo do gênero: nunca pensaria que fosse a falta de dinheiro deles que a fazia desinteressar-se, afinal, éramos pobres também! Curioso e um tanto triste, perguntei a ela:

– E ele lhe deu a casa que prometeu?

Ela ajeitou o cabelo num gesto feminino, tentando arrumar-se sem muito sucesso, e só então me respondeu:

– De início alugou uma casa maior do que aquela em que a gente morava, com dois quartos, bem boa. Afastada do vilarejo, não queria vizinhos que o vissem entrar e sair quando quisesse. Comprou uns móveis de segunda mão, coisa fina, até rede colocou na varanda da casa! Não queria que eu saísse de casa, dizia que era só eu pedir, que ele trazia. E trazia mesmo!

Pensei em mim procurando-a por toda parte, e não a encontrando em lugar algum. Se ele a levou logo para fora do vilarejo, não tinha como encontrar mesmo, ninguém a viu.

– Soube da minha morte?

Ela me olhou com pena nos olhos:

– Soube só uns quatro meses depois. Coisa triste! Foi logo depois que eu saí de casa, não foi? Era assaltante?

Olhei para ela com raiva, mas depois me controlei, que no final das contas, que culpa ela tinha? Respondi:

– Assaltante, Dita? E quem assalta pobre? Eu estava tentando achar você para que nossa mãe sossegasse o coração. Foi coisa do Eleotério, pois eu estava ameaçando ir até a polícia!

Ela arregalou os olhos castanhos:

– Não me diga uma coisa dessas, Tobias! Você afrontou o Eleotério? E por minha causa? Ah, meu irmão, sinto tanto... só soube de sua morte quando fui ao vilarejo meses depois, para comprar alguns lençóis, e alguém me contou do ocorrido. A casa em que morei era distante, ninguém passava por lá, e mesmo naquele dia eu "fui num pé e voltei no outro" para não ser vista por ninguém. Não imaginava...

Senti sinceridade nas palavras dela. Meu assassino ficou impune nas leis dos homens, como ficam tantos que atacam os pobres e os desvalidos da sorte! Olhei para minha irmã, sua situação não parecia a de uma "protegida" de um homem branco e bem situado na vida como o Eleotério era... perguntei à Dita:

– E que houve contigo? Que roupas são essas? Quer me enganar que uma moça que mal saía de casa, ainda que amante de homem casado, se vestia dessa forma?

Ela se encolheu, alisando o vestido um tanto amassado, que parecia de cetim verde-escuro e barato. Agradeci aos céus por nossa mãe não se encontrar por ali, e ver daquela forma a moça criada com simplicidade, mas com tanto carinho. Como se tentasse recuperar a dignidade, ela levantou o queixo e me encarou firmemente:

– Para homem tudo é mais fácil. Pode cair à vontade, que se levanta! Pobre da mulher que se deixar iludir nessa vida!

Vi lágrimas grossas saírem de seus olhos, não sei se de arrependimento, ou de mágoa, e ela continuou:

– É fácil julgar a gente! Homem antes de conseguir o que quer, promete de tudo: casa bonita, conforto, futuro... no começo, Eleotério até que era bonzinho: me comprou uns cortes de tecido, tratou uma costureira de ir na nossa casa, trazia as compras uma vez por semana. Um agrado só! Depois de uns três meses, eu engravidei: fiquei contente, ia ter filho, sempre quis ter um! E não era de qualquer pobre coitado, mas de um sujeito com algum recurso... de pobre, bastava eu! E depois, com a criança, ele teria que me sustentar também. Filho não se abandona...

Olhei para ela com certa pena, pois já tinha ouvido falar diversas vezes do desgosto que era para alguns brancos, ter filhos mulatos. Mas, deixei que terminasse a sua história. Ela me olhou de um jeito triste:

– Quando disse a ele que ia ter a criança, não duvidou que fosse dele, e nem poderia! O desgraçado tinha sido o meu primeiro homem, e sabia disso, mas daí a ter filhos comigo, ia uma longa distância... falou que ia mandar uma mulher na nossa casa e que ela ia "resolver" o assunto, me dar umas "beberagens", uma espécie de "garrafada" de ervas, e que isso poria fim ao bebê. Fiquei zangada, disse que não tomava veneno nenhum que me tirasse o filho, que teria a criança de qualquer forma: foi então que eu levei a minha primeira surra dele.

Senti o coração me apertar por dentro do peito. Não era raro, na época, homens que batiam em suas mulheres na região. Aliás, o ditado mais comum era de que: "entre marido e mulher não se mete a colher...". Quando coisas assim aconteciam, naqueles tempos, mesmo entre senhoras casadas legalmente, a não interferência da lei era o costume comum, o marido respondendo legalmente apenas em caso de morte da esposa, ainda assim, na maioria dos casos, saía livre.

E a Dita ainda por cima era amante, mulher pobre e negra. Na prática, reclamar a quem? Na polícia é que não seria ouvida... a revolta continuou nas palavras dela:

– Não sei como não perdi o bebê ali mesmo, tão forte foi a surra! Depois que se cansou, ele se foi avisando que a "parteira" apareceria em três dias, que eu me comportasse, ou a segunda surra seria muito pior que a primeira. Assim, obedeci, tomei um líquido viscoso que uma senhora tinha me preparado com ervas, dois dias depois sangrei bastante, e uma semana depois eu estava de pé, fraca, mas já sem a gravidez.

Ela olhou para o quarto de Daniel, onde um pequeno caminhãozinho de lata estava no chão, brinquedo de criança do meu filho, e pareceu se emocionar:

– Certas mulheres, como Flávia, parecem ter tudo: marido que a amava, filho, emprego, casa... não pude nem ter filho, que se eu tivesse, ele me mataria! Você não sabe do que é capaz o Eleotério, Tobias... acredite, não tem a menor ideia! Depois que eu me recuperei a vida voltou mais ou menos ao normal, mas me vendo um tanto triste, ele resolveu me dar um dinheiro e deixar que eu fosse ao vilarejo para comprar umas coisas para a casa, desde que não demorasse. Só então eu soube de sua morte, o que me entristeceu como nunca... na solidão daquela casa, eu comecei a sentir falta de coisas que eu nem sabia que gostava tanto, como por exemplo, as implicâncias de Marialva, nossa irmã. Adiantava ter casa bonita e ninguém para mostrar? Vestido bonito e ninguém que admirasse? Vivia presa como um passarinho na gaiola, não tinha vizinhos para puxar conversa, nem mesmo a conversa da mãe a contar seus casos de meninice! Queria morar mais perto do vilarejo, ver gente, conversar...

É certo que eu não tinha certeza de quem tinha disparado a arma que tinha me tirado a vida, mas suspeitava de Eleotério. Quem mais teria interesse na minha morte? Ninguém... fui tolo em falar que ia à polícia, eles tomariam alguma atitude contra Eleotério? Duvido muito... e ele deve ter se sentido "afrontado" que um negro quisesse ter direitos. Logo, ninguém melhor do que eu para saber o quanto o amante de Dita podia ser cruel... já minha irmã, pensei na solidão dela de meses seguidos tendo apenas um homem violento por companhia... um pouco mais de dinheiro valia tudo aquilo? Ela continuou:

– Resolvi falar com meu amante, não podia mais ficar presa o tempo inteiro, estava ficando doida de tanto ficar sozinha. Fiz sua comida preferida, me arrumei, coloquei água de cheiro, e depois que ele comeu, tentei conversar com ele sobre alugar ou comprar uma casinha perto do vilarejo, que eu tinha muito medo de ficar ali sozinha, e precisava de um pouco mais de companhia. Já estávamos juntos há seis meses e eu, sinceramente, achava que ele já teria ao menos um pouco de confiança em minha pessoa.

Ela balançou a cabeça num riso amargo:

– Eu devia era ter fugido dali. Mas fugir como, se ele nunca me deixava com algum dinheiro na mão? Não faltava nada em casa, mas dinheiro mesmo, nunca! O homem ao me ouvir falar de casa no vilarejo arregalou os olhos, muito desconfiado, como se achasse que eu o quisesse enganar em alguma coisa. Só depois de eu muito argumentar que naquele lugar descampado qualquer um poderia me fazer mal, ele concordou comigo. Fez-me prometer que nunca sairia da casa sem sua permissão, que ele mesmo tinha um imóvel que tinha ficado vago há quinze dias. Era uma casa pequena, mas que daria para nos alojar. Fiquei tão feliz! Enfim teria uma casa no vilarejo, como eu tanto queria, com roupa nova, móveis de gente de bem, tudo que eu merecia!

Olhei para ela entristecido e comentei:

– Mas era amante de homem casado, Dita! Sem direito ao nome dele, nem nada! A mãe veio saber que você estava ali, bem no vilarejo, tão perto?

Ela me olhou magoada:

– Não. Cheguei a encontrar Flávia por essa época, coisa de

dois meses depois, pois eu não saía muito à rua, meu homem não gostava que eu chamasse a atenção. Ela assustou-se muito quando me viu, correu pra mim me chamando, chorou... conversei com ela, expliquei a situação e disse que não queria mais ter contato com a nossa família. Ela ficou zangada, disse da tristeza de nossa mãe, mas eu argumentei dizendo que do jeito que ela era moralista, ia preferir ter uma filha morta do que "amasiada" com alguém.

Eu franzi a testa com a explicação dela, pois não vi muita verdade ali:

– E Flávia acreditou nisso?

Dita deu de ombros:

– Não sei. Mas entendeu que eu não queria mais contato com ninguém da família, nem com ela. Eu estava bem-vestida, morava bem e com conforto, e o Eleotério não ia gostar de ver minha família por perto. Ele dizia sempre que família de pobre "só presta para incomodar". Não queria aborrecê-lo.

Pensei em minha mulher, que mesmo vestida simplesmente tinha um porte de princesa, sendo maltratada por Dita, que se achava em uma posição social superior naquele momento. Achei uma graça triste na situação toda, pois nem que se vestisse de ouro minha pobre irmã pareceria mais bonita que a minha esposa. Dita era faceira, tinha a seu lado a juventude e a simpatia, mas Flávia, mulata de traços finos e cabelos sedosos, chamava atenção por onde passava.

Entendi finalmente o motivo de minha mãe ignorar por onde andava Dita, mesmo em sua desencarnação: Flávia respeitou o segredo da cunhada, poupando assim minha mãe de mais sofrimento e possíveis humilhações, ocultando-lhe o destino da filha. Fez bem. Perguntei a ela:

– E se deu bem no vilarejo? Flávia chegou a lhe procurar mais?

Ela balançou a cabeça:

– Não. Flávia sempre foi orgulhosa, e depois, a parte do vilarejo onde eu morava, não era frequentada por gente como ela.

Mas eu gostava de lá, fiz logo amizade com umas moças da vizinhança, ninguém reparava se o meu homem entrava ou saía de casa na hora que queria. E tinha os bares por perto, o Eleotério gostava de beber "uma branquinha", logo eu aprendi a gostar também. Tomava com suco de frutas e açúcar, como faziam as moças do lugar... de início eu achei ótimo, ficava leve, divertida. Depois eu comecei a tomar todos os dias à noite, com o Eleotério ou sem ele. Quando vi, estava tomando também na hora do almoço. Esquecia de fazer as coisas da casa, a comida, de tomar banho. Foi então que começaram as brigas.

Olhei para ela e finalmente entendi a aparência de uma mulher muito mais velha do que ela deveria estar: Dita aparentava no mínimo uns cinquenta anos terrestres, estava inchada, a pele desidratada, descascando em alguns lugares. O cabelo ainda era escuro e seco, sem brilho, os olhos amarelos e sem viço, e os dentes, antes fortes e bons, faltavam alguns, devido quem sabe a brigas ou socos, e outros estavam bem carcomidos. A roupa de cetim muito justa não ajudava, e agora, ouvindo seus hábitos eu conseguia entender um pouco do que havia se passado com ela: nada como um vício para destruir um ser humano! Para meu espanto, ela riu-se:

– Para alguma coisa a bebida serviu, entende, meu irmão? Eu tinha um medo danado do Eleotério, ele era violento, grande, batia com força. Com a bebida, o medo ia embora! Apanhei um bocado dele antes, que me batia quando dava vontade, e depois vinha querendo me dar "presentinhos". Depois que comecei a beber, fiquei corajosa, perdi o medo dele e a coisa começou a mudar.

Aquelas palavras não me caíram bem, perguntei a ela:

– Ficou corajosa de que forma, Dita? O que foi que mudou?

Se eu achava que a coragem dela a levaria a um trabalho honesto e digno, a uma vida mais limpa e sem mácula, me enganei:

– Eu revidei, meu irmão! Eu que me encolhia sempre, revidei!

– Revidou como? Saiu de casa? Bateu nele?

Ela riu-se:

– Sair daquela casa para ele colocar outra lá dentro e tomar o que era meu? Isso não aconteceria! Se me tirou da casa de minha mãe, agora que me bancasse! Não teria mais volta, nem escrava que lhe fizesse as vontades na hora que ele quisesse. Um dia, depois de uma surra, jurei para mim mesma que não ia mais apanhar quieta: o primeiro tapa que ele me deu, revidei de volta, rolamos no chão, joguei tudo que tinha em casa em cima dele. Ele disse que eu estava "possuída", que queria que eu saísse da casa, mas dois dias depois voltou. Ficamos vivendo assim ainda uns seis meses, e ele, pelo menos, me respeitava mais.

Acabei achando um pouco de graça na coisa, a Dita era uma mulher forte, o Eleotério deve ter passado por algum apuro.

E ela continuou sua história:

– Mas, o safado não tinha mesmo jeito. Eu até estava me comportando, bebendo menos, arrumando a casa de vez em quando, mas ele inventou de se engraçar com uma mocinha nova que apareceu pelas redondezas. Uma menina de uns dezesseis anos e olhos azuis, que ficava numa casa no final da rua. O Eleotério ficou doido por ela, disse que não me queria mais... pediu que eu saísse da casa, pois ele precisava dela para alugar de novo. Fiquei desesperada, para onde eu iria? Ele disse que não era meu pai, que eu "me virasse". Depois de muito conversar, comprou para mim um barraco num final de rua, pagou uns homens para levarem minha "mudança" e jogou tudo lá, quando vi, estava num lugar de um cômodo com um lampião, sem água, e com comida para poucos dias. Me arrumei e fui "fazer a vida" nas ruas perto de lá. Que mais me restava?

CAPÍTULO 05

# Escolhas que fazemos

### Comentário de Ariel

Tantas vezes nos lamentamos de nossa vida e de nosso destino, mas quantas vezes nosso presente não é apenas o fruto de atitudes pequenas que tomamos todos os dias? Atitudes simples como não trabalhar, não estudar, invejar o outro quando poderíamos investir em nós mesmos? Não combater a preguiça, o desânimo, a maledicência? Tão fácil culpar o Criador dizendo "Deus não quis", quando quem não quis de fato, fomos nós mesmos!

Na vida, prestamos muita atenção em nossas "grandes escolhas", como a pessoa que escolhemos para casar, a carreira que decidimos percorrer. Dizem que essas escolhas nos definem, que são elas que nos trazem a felicidade ou não... mas permanecer casado com a criatura que escolhemos se ela não nos faz bem, é uma escolha diária, assim como tratá-la mal. Por que continuar junto e incentivar a vingança, a traição? Mesmo a carreira, de que vale um diploma se ele não lhe traz o pão, ou mesmo a satisfação?

Quanto mais evoluída uma sociedade, mais flexíveis se

tornam as suas leis, e nisso tudo eu pensei, enquanto Tobias me contava a história de Dita. Não são as "grandes" decisões que nos afetam, mas as "pequenas", as que tomamos no dia a dia.

## Narrativa de Tobias

Pobre Dita, em pouco tempo terminava num lugar muito mais pobre que a casinha do sítio que ela tanto desdenhara!
– E deixou o Eleotério seguir a vida dele?
Ela se sentou nos degraus da porta de Flávia, como se pensasse na vida, mãos no queixo:
– De início, fui na loja dele, ameacei falar com a mulher legítima, fazer intriga... ele me deu um corretivo tão feio que desisti. A gente tem que saber a hora de parar... há pessoas que não têm sorte, meu irmão, eu fui uma dessas! Fico olhando a vida de Flávia, olhe como ela tem tudo! Casa arrumadinha, emprego, filho... e não faltam pretendentes! Sua mulher sempre teve sorte!
Olhei para Dita zangado e tive de dizer:
– O que Flávia sempre teve, é um bom coração! Sua vida, Dita, foi consequência das suas escolhas, assim como a de Flávia, as das escolhas dela!
Ela me olhou enfurecida, e me respondeu:
– Acha que escolhi viver na violência das ruas, para acabar sendo assassinada por um cliente bêbado como fui? Que mulher escolhe isso, Tobias? Eu tinha escolhido ser rica, amada, ter tudo de bom na vida! Por que acha que quis ficar com o Eleotério? Paixão?
Pensei por um instante em como dois irmãos podem ser tão diferentes. Tinha arriscado minha vida indo atrás daquela irmã que agora descobria ter ido embora por livre e espontânea vontade, e que no fundo, nutria pela nossa condição de pobreza material o mais profundo desprezo. Soubesse eu disso naquela época, teria ido atrás dela? Não. Teria ficado triste, zangado, envergo-

nhado, mas nunca a teria detido, pois o orgulho de ser honesto e trabalhador, com o qual a minha mãe me tinha criado me deteria, e eu não interferiria na vida de quem me visse com desprezo só por ser pobre. Ela que seguisse o seu rumo, eu diria na época. E não me arrependeria.

Mas a ilusão que temos de que as pessoas que amamos são boas, ou ao menos parecidas conosco em nossos valores morais, muitas vezes nos põe a perder. Conversando com a minha irmã finalmente com honestidade, como nunca tínhamos conversado durante a vida encarnada, pensei no quanto amar verdadeiramente alguém podia ser difícil. Amar a Dita da infância, alegre e fagueira, feliz nas brincadeiras da juventude, que agora eu notava que sempre escondia o que realmente pensava, era fácil. Mas, ao vê-la ali exposta, em todas as suas imperfeições e vulgaridades, notar mesmo as pequenas maldades feitas ao longo de uma existência e ainda assim querer bem a essa desditosa criatura, que complicado era!

– Nunca amou ninguém, Dita? Sei que foi com o Eleotério por dinheiro, mas nunca se apaixonou?

Ela foi pega de surpresa com a pergunta, me olhou desconfiada, desviou o olhar e depois olhou para longe.

– E gostar lá enche barriga de alguém? Adianta muito gostar de homem que nem se sustenta?...

– Então conheceu alguém depois do seu amante...

Ela pareceu ficar irritada:

– Conheci, sim... estava fazendo a vida, ganhando até um bom dinheiro. Um mulato chamado Evaldo veio se "achegando", jogador, gostava de bebida como eu. Quando vi, estava morando comigo e eu sustentando a casa. No início não foi ruim, era carinhoso, me protegia se alguém tentasse me bater..., mas mulher da vida não tem mesmo sorte!

– Que foi que houve?

– Depois de um tempo fiquei ciumenta: ele deu motivo. A gente envelhece cedo quando vive na noite, e eu já não era nenhuma menina, o Evaldo não era de levar desaforo pra casa. Era mais novo que eu, queria sempre mais dinheiro e não conseguia sempre, acabamos brigando feio, e ele me deixou por uma mais nova.

Abandonada de novo, pensei. Não devia mesmo ser fácil viver com minha irmã, notei nela uma tendência à violência que antes ela nunca tinha demonstrado. A bebida acordou nela as piores características que um ser humano podia ter: a vulgaridade, a luxúria, o egoísmo, a inveja e a ira. Notei em seu rosto um sorriso mau, e vi que ela se lembrava de algo:

– Mas a mulher nova do Evaldo ficou com uma lembrança minha: esperei um dia em que eles saíram pela madrugada, e quebrei uma garrafa na cabeça dela! Ficou um talho feio, quase que a desgraçada morre. Apanhei dele uma barbaridade depois, mas não me arrependi, ficou com uma cicatriz pequena na testa, para se lembrar de não pegar o homem das outras!

E ainda era vingativa! Olhei para ela já irritado e disse:

– E adiantou ter atacado a moça? Por acaso o rapaz voltou para você? Não nota que assim só piorou a sua fama?

Ela me encarou meio assustada, já que eu nunca tinha brigado com ela, mas eu continuei:

– Você fala que Flávia teve sorte, mas não foi "sorte" que ela teve: foi caráter! Minha mulher nunca ficou com alguém para ter vantagem ou por dinheiro! Jeito certo de ter dinheiro, Dita, é trabalho! Por isso ela tem uma casa boa. Teve amor do marido, porque amou! Teve um lindo filho, porque se sacrificou por ele e não o tirou. Não fosse tão preguiçosa, tivesse estudado, e não corresse de serviço, teria o mesmo que ela!

Pálida, minha irmã me olhava pensando em algo para dizer, mas zangado com suas atitudes, não me refreei:

– Não sei como se deu sua morte, mas pelo que você me conta de sua vida, que escolhas terríveis você fez! Não nota que o que se tornou hoje é consequência dos atos que praticou? Tivesse bom coração, pensasse mais nos outros do que em si mesma, provavelmente estaria viva, vivendo bem, em companhia dos seus, e até eu que saí em sua busca, poderia agora desfrutar a companhia de minha mulher e de meu filho!

Ela me olhou com ódio:

– Em nenhum momento lhe pedi que fosse atrás de mim!

Respondi da mesma forma:

– E não podia ter mandado um recado à nossa mãe? Quando foi que lhe fizemos mal? Achamos que estava morta e não que estivesse "amasiada" com um homem casado por livre escolha! Se soubéssemos disso, a teríamos deixado!

Ela me virou as costas, visivelmente chateada, dizendo:

– Para homem as coisas são mais fáceis. Mulher não pode errar!

– Você não é uma vítima, Dita. Tinha vinte e oito anos quando saiu de casa, não era nenhuma adolescente! Sabia perfeitamente tudo que estava fazendo, se quis se iludir com um tipo como o Eleotério, que a vila inteira sabia que já desencaminhara várias moças humildes, foi porque quis.

Ela lamentou-se:

– Achei que comigo ia ser diferente! Ele parecia apaixonado, era bem mais velho, quem sabe se não ia sossegar?

Não consegui ter pena, pois não vi nela arrependimento. Que fazia ela ali, na casa de Flávia e de meu filho? Tinha já visto espíritos como minha irmã, mas normalmente, eles iam para regiões umbralinas, Dita, ao que parecia, tinha decidido ficar pela Terra. Perguntei a ela:

– Há quanto tempo desencarnou, Dita?

– Há coisa de um ano. Tive uma morte feia, levei um bom tempo para poder sair do corpo... mas umas amigas oraram por mim, e depois de quase um mês, eu consegui. Fui assassinada, sabia?

Fiquei triste por ela. Sabia por experiência própria o quanto era ruim.

– Sabe quem foi?

Ela sacudiu os ombros, como se não se importasse:

– Uma briga de bar. Tinha bebido demais, fui pra cima de um

homem com um canivete, ele me tirou a arma e me cortou no pescoço. No meio da confusão ninguém notou, e eu sangrei até a morte. Coisa mais tola, não? Nem conhecia...

Eu nunca tinha sido de frequentar bares noturnos, mas tinha escutado histórias sobre eles, das mulheres que os frequentavam... ainda assim nunca tinha ouvido falar naquela vila, de mulheres que tentassem matar homens com canivetes, bêbadas. Mesmo numa zona de meretrício, para aquela região, esse tipo de comportamento não era esperado e muito menos tolerado. Não era de se estranhar que minha irmã tivesse durado tão pouco! Tinha se comportado como um bandido, ou pior que um deles, já que era uma "mulher da vida".

Fiquei envergonhado dela, não a queria ali, junto de minha família a quem tanto prezava! Boa coisa ela não podia querer junto a Flávia e Daniel:

– Que quer aqui junto aos meus, Dita? Que tem aqui que lhe interesse?

Ela me olhou com desconfiança:

– Como, que quero aqui? Eles são minha família também! É minha cunhada e meu sobrinho, e eu vim vê-los!

Fiquei ainda mais desconfiado:

– Veio vê-los? Nunca se importou com eles quando viva! Aqui não tem bebida, nem nada que lhe interesse, ao menos que eu saiba. Que faz aqui?

Ouvi a risada de deboche dela:

– Acha que manda em mim? Homem nenhum mandou, vou aonde quero! Acha que sua mulher é uma santa? Pois se engana! Ninguém é santo, Tobias, ninguém!

Tendo me dito essas palavras, ela sumiu de minha vista tão rápido como apenas os espíritos podem fazer e me deixou na pequena sala de Flávia, com o peito arfando de dúvidas e preocupações. Sentei-me no banco de madeira simples que eu mesmo tinha feito tantos anos atrás, ainda um pouco tonto da conversa com a minha irmã: então tinha sido esse o destino que ela escolhera! Não seria por mim que minha mãe saberia de tal história, justo ela, tão honesta e séria a vida inteira.

E o que quis dizer sobre Flávia? Minha mulher dormia sozinha na casa humilde com meu filho e eu a tinha visto arrumar as coisas e ir para a pequena escola com ele. Não tinha visto na residência nenhum sinal de roupa masculina ou algo que assim o demonstrasse... não que Flávia não pudesse se casar de novo, é claro que poderia, pois era viúva e apesar de meus ciúmes, eu a entendia jovem e bela.

Mas ver minha irmã que agora eu finalmente enxergava tal como era, "visitando" a sua casa, me encheu o coração de angústia. Quando moravam juntas eram até boas amigas e Flávia tudo fazia para agradar à minha família, mas o comentário de Dita tinha demonstrado uma inveja infeliz, que poderia ter consequências sérias. Decidi ficar por ali o quanto pudesse e observar de perto o que acontecia, não ia abandonar minha família novamente, ainda mais tendo minha irmã por perto deles.

Lembrei-me então de meu bom amigo Álvaro, e me pareceu ouvir sua voz a conversar comigo mentalmente e me perguntar se aqui na Terra, era realmente o meu caminho. Ergui os olhos para o céu, entristecido e amargurado com o que tinha descoberto sobre Dita e disse em voz alta:

– E deixar Daniel e Flávia sozinhos? Não viu o que aconteceu com minha irmã?

A resposta veio lúcida, em minha mente, com a voz de meu amigo: "As pessoas fazem suas próprias escolhas, Tobias! Às vezes, o máximo que podemos fazer é orar por elas...".

E era verdade. Sem se aperceber disso, Dita tinha escolhido seu destino durante cada dia de sua vida: filha de uma mulher simples, de valores rígidos, mas extremamente piedosa, ela poderia ter voltado para o sítio quando quisesse e minha mãe a acolheria, ou mesmo Flávia não a deixaria ao relento, mas decidiu-se por ficar onde estava e levar a vida que levou. A cada dia que se levantava, presa ao vício atroz da bebida e da depravação, sofrendo nas mãos dos homens que encontrava, podia ter pego o rumo da estrada que a levaria a seus familiares. Estes ficariam felizes dela estar viva, e a ajudariam a erguer-se para o trabalho digno e honesto.

Mas sua escolha foi outra, voltada ao seu orgulho infeliz de querer "ter mais" do que os outros a qualquer preço.

E assim, com essas pequenas escolhas feitas todos os dias, foi-se perdendo a minha irmã, dentro de suas pequenas e frágeis vaidades, seus medos, sua ira por não conseguir o que queria de forma fácil. Todos não fazemos escolhas todos os dias? A verdade é que ela, que buscava um caminho "fácil", entrou pela mais dura das sendas!

Chorei em desespero por não estar vivo, justo eu que já tinha me acostumado à condição de espírito e estava até razoavelmente feliz na Colônia. Talvez Álvaro estivesse certo quando me dizia que não viesse tanto à Terra, mas já que tinha vindo, e visto o que vi, como reagir de outra forma?

Então, tentei me acalmar o mais que pude. Não sairia dali, ficaria enquanto achasse necessário, tentaria ser o mais forte possível e influenciar para o bem os que eu tanto amava. Essa foi a minha intenção no início, a minha escolha...

Mas, cada escolha que fazemos não tem sua consequência?

CAPÍTULO 06

# OLÍVIA VOLTA...

### COMENTÁRIO DE ARIEL

CLARA E EU OUVÍAMOS Tobias, quando Lourenço levantou-se da mesa com o olhar um tanto assustado, olhando por entre as árvores que cercavam a pequena clareira que, naquele momento, estava imersa em fraca névoa. Sabendo do ambiente perigoso do umbral, me levantei e fiquei ao lado de Lourenço para tentar enxergar o que podia ter chamado sua atenção, quando vi pelo meio da névoa e das árvores, uma luz suave, primeiro parecendo prateada, depois indo para suaves tons de um azul-celeste, emitindo prismas pelos galhos das plantas que deixavam o ambiente como que encantado.

Ao ver que tal luz se aproximava, notei Lourenço se levantar de forma cuidadosa, como a se perguntar que tipo de entidade era aquela que vinha se aproximando de nós. Li claramente em seu pensamento, o medo e a dúvida, pois nunca tinha visto nada parecido, e ele, normalmente corajoso e destemido, acostumado que estava com espíritos vingativos e vulgares, agora olhava francamente com uma espécie de "temor" aquela luz que tinha uma suavidade, mas que ao mesmo tempo era tão forte que vencia a névoa densa da região.

Ao ver o homem tão assustado, Clara voltou-se curiosa para observar o fenômeno que agora se aproximava mais de nós, e sorriu feliz, dizendo:

– Olha só quem volta, finalmente! Olívia!

Tive que rir... realmente, no ambiente nublado em que estávamos, só mesmo Olívia brilharia daquela forma! Não se passaram dois segundos e vimos surgir detrás de grossa árvore, um tanto suja de úmido limo, a figura da linda menina, flutuando no ar, brilhando como nunca e um tanto contrariada:

– Nossa, que território mais fechado! É muita árvore, muita neblina, e tudo tão *molhado* (olhou a mão suja ainda do limo da árvore) ... quase que não acho vocês! Enfim, uma clareira! Pequena, mas uma clareira! Olá!

Tobias sorriu, sabia perfeitamente que não era uma habitante da Colônia, mas que era uma amiga. Já Daniel e Lourenço olhavam francamente encantados, nunca tinham visto um espírito com tanta luz própria e tamanha beleza. O menino chegou a afastar-se um pouco e perguntou ao pai com a voz rouca: "é um anjo?", ao que Tobias respondeu: "é quase um!".

Olívia olhou para os dois, divertida, depois ocupou-se de Clara, que trouxe um pedaço de pano em que a menina limpou o limo do rosto e das mãos. O resto tinha respingado no manto que Clara limpava e ria da situação, nunca a tinha visto "sujinha" antes. Disse logo que queria notícias de nossa amiga Eulália e sua adaptação. Ela deu notícias de todos na Colônia, e contou que a mãe de Fabrício orava bastante para que tivessem sucesso e localizassem seu filho. Sobre isso, Olívia comentou:

– Sua amiga Nana está se aborrecendo um pouco com dona Cinthia, a mãe do rapaz. De início teve muita pena daquela senhora, cujo filho se suicidou, mas agora, depois de ouvir durante tanto tempo as reclamações dela, não sabe mais o que fazer.

Clara recordou-se da sua boa amiga, que tinha sido seu anjo da guarda durante toda a sua vida:

– Nana sempre foi boa demais, com isso algumas pessoas se aproveitam. Devia dizer para dona Cinthia ter fé, estamos fazendo o possível, mas não existe apenas Fabrício, outras pessoas também podem precisar de nós e não podemos abandoná-los.

Olívia sorriu:

– O bom Deus nos guia, Clara. Muitas vezes achamos que sabemos o nosso caminho, mas quem sabe é Ele. O caminho verdadeiro é o da caridade para com os nossos irmãos, onde precisarem de nós, lá estaremos. Buscamos pelo menino de dona Cinthia, mas como virar as costas para outros sofredores? Não são todos dignos do mesmo alento, da mesma atenção?

Clara assentiu:

– E depois, é bom que Nana aconselhe a esta senhora a deixar de reclamar o tempo inteiro e a se dedicar um pouco mais ao próximo. Uma boa reprimenda às vezes é necessária, não acha? Ninguém deve ficar incentivando reclamações o tempo inteiro.

Olívia riu-se:

– Certas pessoas, minha boa Clara, por mais que se achem cercadas de coisas boas, só veem motivos para reclamação. Não notam que assim atraem para elas coisas realmente ruins o tempo inteiro. Afinal, quem quer ficar ao lado de gente que no fundo é egoísta e ingrata dessa forma?

Clara olhou Olívia surpresa:

– Egoístas? Ingratos? Sempre achei que gente assim, que reclama o tempo inteiro fosse apenas infeliz...

A menina a olhou de forma firme:

– E realmente são infelizes, felizes é que não são! Mas alguns também são egoístas, pois pensam apenas no próprio conforto o tempo inteiro, e no que não têm, ao invés de pensar no que já possuem, e nos que não possuem o bastante e em como ajudá-los. Reclamam do olho que não enxerga e se esquecem do olho que vê. Mesmo aquele que diz nada ter, ainda pode contar com a sua fé, e atrair para si um bom espírito, e com isso, melhorar a sua existência. Como bem sabe, Deus não abandona, Clara.

Observei na mesa, os outros escutando a conversa das duas com atenção. Lembrei-me de nossa outra amiga, por isso perguntei:

– E como ficou Eulália na Colônia?

Olívia sorriu:

– Não é que ficou bem? Seguiu-me um tanto desconfiada, a pobre, depois de tantos anos de sofrimento por aqui... mas chegando na Colônia a levei logo para um Centro de Recuperação, que ela necessitava de um pouco de tratamento e esclarecimento. Foi bem recebida, a tia que ela tanto gostava estava por lá, ficou feliz em vê-la. Chamou a atenção, também, bonita daquele jeito! Sabe que deve voltar a reencarnar, mas só depois de aprender determinadas coisas e se restabelecer de fato. Seu suicídio foi num momento de puro desespero, tudo isso foi levado em conta, os aprimoramentos que seu espírito deve fazer vão um pouco além disso.

Tobias perguntou:

– Vocês resgataram uma suicida?

Respondi a ele sem hesitar:

– Sim. Uma bela moça, que se matou num momento de loucura, há muitas décadas atrás.

Ele se mostrou interessado:

– E demorou muito o resgate?

Clara respondeu:

– Até que não. Nosso maior problema foi com uma obsessora dela, depois disso não foi difícil. Eulália tinha umas ideias erradas, mas depois que entendeu melhor as coisas, conseguimos resgatá-la.

Olhei para Tobias curioso:

– Não pensou em levar seu filho para a Colônia, Tobias? Que faz aqui com ele, afinal?

Ele fez um silêncio profundo e abaixou a bela cabeça sobre

o peito, Daniel imitou o gesto e Lourenço, um tanto sem jeito, olhou para a cabana onde o velho estava.

Olívia o olhou com os olhos brilhando, donos de uma compreensão única, e respondeu diante do silêncio dele:

– É que ele acredita que não pode mais ir para a Colônia, não é, Tobias? Onde está o velho que também mora aqui?

Tobias, pouco espantado dela saber do velho, apontou para a cabana, e Olívia sorriu com compreensão. Olhei o homem que já tinha como amigo, tamanha simpatia que já nutria por ele, tentando entender o que podia ter acontecido, e lendo os meus pensamentos, ele me respondeu em alto e bom som:

– Já ouviu falar em *alma penada*, Ariel? Dessas, que assombram a vida dos vivos? Pois saiba, meu amigo, que elas existem: eu me tornei uma!

CAPÍTULO 07

# O COPO DE BARRO E A TAÇA DE CRISTAL

### Comentário de Ariel

O QUE LEVA UM homem a errar tanto? O amor pela família? A paixão pela esposa? O orgulho? A noção de responsabilidade que ultrapassa a morte? O que fez Tobias tomar a decisão, de início, de permanecer ao lado dos seus, mesmo sabendo que seria errado? Que isso poderia trazer sofrimentos intensos, que raramente teria chance de dar certo?

Sabia já, pelo tempo vivido na Colônia, que tal comportamento não era estimulado, muito pelo contrário, era combatido, justamente pelos resultados que costumavam ser desastrosos, mas ainda assim, seu coração de homem o prendia ali: a bela esposa, o filho amado, a irmã com maus sentimentos cercando a casa, lhe inspirando proteger a família. Tobias me olhou como a me perguntar: "em meu lugar o que você faria, vendo as pessoas que amava desprotegidas?", a resposta certa seria, sem dúvida: "confiaria em Deus e rezaria por eles!", mas é difícil agir dessa forma!

Tantas vezes na vida acreditamos que podemos resolver os problemas alheios apenas com a nossa intervenção. Que ilusão perigosa, que frágeis somos! Como se pudéssemos de fato interferir na vontade alheia, sanar-lhes os vícios, mudar-lhes a vontade... a verdade é que cada um toma conta de seu próprio destino, e é bom que assim seja, ou seria nossa a responsabilidade do destino de outras pessoas. Basta o peso e a leveza de nossa própria vida, que nos encarreguemos dela, que não é pouca coisa!

Tobias me olhou nos olhos, decidido, angustiado, e só então ele foi nos revelando seus mistérios...

## Narrativa de Tobias

Recusei-me a voltar para a Colônia. Disse para mim mesmo que estando ali ao menos protegeria Daniel e Flávia de qualquer má influência espiritual, inclusive de Dita, que andava rondando a casa e que eu ainda não sabia o motivo. Ela não era de ter saudades da família, nem tinha amizade verdadeira por Flávia, então, que podia querer? Notei com o tempo que eles tinham uma rotina bastante ordeira: de manhã bem cedo acordavam, minha mulher fazia o café e alimentava a ela e o menino, saíam os dois apressados para a pequena escola onde Flávia lecionava numa sala simples.

Ao meio-dia corria para casa fazer o almoço para Daniel, arrumava a pequena casa, lavava as roupas deles e de outras pessoas para arrumar mais algum dinheiro, estendia no pequeno pátio em frente da casa, e passava as roupas num ferro a carvão pesado. Alguns dias por semana, levando Daniel pela mão, saía a entregar as roupas no final da tarde e assim conseguia viver muito dignamente: nada faltava, nem a ela, nem ao menino. Fiquei orgulhoso de minha esposa, que nunca se negava ao trabalho e vivia muito honestamente, apesar de chamar a atenção por onde passava.

Vestia-se discretamente e era boa com as vizinhas que gostavam da professora e às vezes deixavam lá os filhos a brincar com Daniel no pátio da casa, que era mais amplo, longe dos varais de roupa cheirosa. Com isso, fez amigas preciosas, num bairro de gente remediada e honesta. Aos domingos ia à igrejinha do lugar, sentava-se ao fundo com Daniel, muito ereta, ao lado de algumas amigas, e fazendo já uns dez dias que eu estava por lá, isso era tudo que eu tinha notado. Na Colônia, eu sentia saudades dela, mas vendo-a assim, de forma constante, fiquei apaixonado de uma forma que nunca tinha estado antes!

Foi quando aconteceu de minha mulher sair da igrejinha da vila e se encontrar com uma senhora que vinha ao seu encontro vestida com simplicidade, mas com uma alegria incontida por enfim encontrá-la:

– Flávia! Que bom que te achei, minha cunhada!

Depois de passados mais de dez anos, Flávia olhou-a com atenção: como estava mudada!

– Marialva! Minha querida Marialva! Que faz aqui na vila? Veio me visitar? Veja seu sobrinho, como cresceu... que bom te ver, minha querida, mas que diferente você está!

Olhei minha irmã tentando enxergar nela a moça de quem eu tinha lembrança em vida, mas não consegui: a moça orgulhosa, de opinião firme, cabelos negros, forte e até com certo porte, agora tinha os cabelos totalmente grisalhos antes do tempo! E como tinha engordado! O sorriso, no entanto, parecia o mesmo, simpático como sempre, e nele eu reconheci a Marialva. Que tinha se passado com a minha irmã? Parecendo que lia meu pensamento, Flávia perguntou:

– E seu marido Lourenço, veio contigo?

Os olhos dela encheram-se de lágrimas:

– Deixou-me, Flávia! Disse que eu era ciumenta demais... e sem ele, fiquei sem ter onde morar!

Ela calou-se, um tanto sem jeito, como se quisesse se desculpar por estar ali, e continuou a conversar com ela:

– Se não me aceitar para morar contigo, minha cunhada, só me resta a rua! Que homem há de me querer na idade que estou, ainda por cima doente? Morrerei à míngua, Flávia...

Doente? Pensei eu... será? Lembrei-me das vezes que minha mãe reclamava do "corpo mole" que Marialva fazia quando havia serviço a ser feito, e olhei para minha boa mulher com certa preocupação. Não que minha irmã fosse má, nada disso, mas o amor ao trabalho nunca tinha sido uma de suas virtudes. Senti em Flávia uma imensa piedade pela situação em que a cunhada estava, e ela respondeu decidida:

– Veja Marialva, eu e teu sobrinho levamos uma vida simples, mas você será bem-vinda, e eu estou mesmo precisando de alguém que me ajude com as roupas que lavo para fora! Não ache que será um estorvo, afinal, seremos como duas irmãs. Venha, vou lhe mostrar a casa, fica logo aqui perto!

Ao ver-se assim acolhida, Marialva respirou aliviada e tratou logo de carregar a sua trouxa, com a ajuda de Daniel, para a vistosa casinha de Flávia, onde logo decidiu ficar com o quarto do menino, que daquele dia em diante dormiria com a mãe. Observei minha irmã, que perto dos quarenta anos já aparentava um pouco mais, arfar diante da pequena ladeira em que ficava a casa, e observar tudo muito admirada: a pequena horta de Flávia, muito bem cuidada por ela e alguns vizinhos, o pátio amplo da casinha, as roupas ainda no varal, a casa recém-pintada, de portas e janelas firmes, o piso de madeira de chão. A tudo isso ela olhou admirada, pois nunca ela tinha tido moradia tão boa, e disse a minha mulher:

– Com que então, mora bem a minha cunhada! Chão de madeira, luz elétrica e outros luxos!

Flávia se viu meio sem jeito, e disse:

– Mas a casa não é minha, Marialva! É da dona da Escolinha, que me cobra um aluguelzinho de nada! Moro aqui já faz uns anos, quando cheguei estava tudo caindo aos pedaços, troquei as portas e as janelas, ajeitei umas telhas, consertei o chão, pintei com a ajuda dos vizinhos. Mas um dia eu quero comprá-la, e ela disse que me vende, que já é mais minha que dela! Estou juntando um dinheirinho, que quero deixar essa casinha para Daniel, depois de passar minha velhice aqui. Por isso trabalho tanto!

Notei nos olhos de minha irmã a admiração, pois a casinha estava realmente muito bem conservada, limpa e arrumada. Sentada já numa cadeira, disse a Flávia:

– E tem sempre muita roupa para lavar?

Minha mulher sorriu:

– Querendo trabalho e o fazendo bem, sempre aparece mais! Às vezes fico até bem tarde da noite, passando a roupa, não é Daniel? E estou querendo aprender costura, que é um serviço mais leve, e dá mais um dinheirinho... o ferro de passar é pesado, como você bem sabe, e uma amiga me disse que vende uma máquina de costura dessas de pedal bem em conta. Estou pensando em comprar.

Ouvindo a conversa das duas encantei-me novamente com minha esposa e sua disposição para o trabalho. Desde cedo ela tinha sido assim, nunca se furtando de ajudar a mãe quando menina em seus doces, aprendendo sempre um novo ofício, boa aluna na escola, sempre com vontade de aprender ou ensinar. Nunca tinha tido o menor jeito para a lavoura, delicada demais para o plantio ou a colheita, ou tropeçava nos galhos, ou arranhava-se toda, ou tinha medo de insetos, mas em outros tipos de serviços mais delicados, lá ia a Flávia feliz da vida, cozinhando, ensinando, fazendo doces maravilhosos, costurando lindas peças, bordando... a voz doce cantava, às vezes, enquanto fazia as tarefas, o que fazia agora a delícia de Daniel, que amava ver a mãe cantar.

Vendo-a sempre agora, lembrava-me do que tanto tinha saudade: ela era alegre! Na escola as crianças gostavam dela e a cercavam tão logo ela aparecia, meu filho se enchia de orgulho de ser "o filho da professora". Eram crianças simples, que traziam a merenda de casa, mas que ela e algumas outras mães sempre providenciavam "alguma coisinha" para as que não tinham nada. O padre gostava dela, tinha tentado colocá-la no coral de forma fixa, pela voz abençoada, o que não tinha dado certo, pois ela não tinha tempo para os ensaios. Ainda assim, nas festas da igreja ela cantava angariando fundos para as quermesses, pois sabia que o dinheiro era bem usado. A cor da pele de Flávia, uma mulata clara, não atrapalhava sua vida, e sua postura sempre muito séria como viúva, professora, que se dava sempre ao respeito, lhe abria as portas na pequena vila, e ela era aceita no meio onde vivia, pois só fazia o bem.

Chegando nesse ambiente, ela que tinha vivido no sítio nos últimos anos com Lourenço, Marialva admirava-se de tudo: da água encanada, da luz elétrica, do chão de madeira e de outros pequenos luxos que pessoas que moram em centros têm, e que os campesinos não possuem. Os hábitos eram diferentes, o banheiro era dentro de casa, tomavam banho todos os dias, os costumes eram outros... foi divertido ver como os três habitantes da casa podiam ser tão diferentes, mas logo notei que seria bastante complicada a convivência de almas tão diferentes como minha esposa e minha irmã.

Às vezes, a piedade pode se tornar o nosso pior carrasco... é preciso cuidado mesmo com as pessoas que queremos ajudar.

Vendo-se em novo ambiente, e acreditando-se em melhor situação, minha irmã de início ficou bastante feliz. O quarto onde estava era bonito, ensolarado, a casa era boa, a despensa estava cheia, tudo isso graças ao trabalho de Flávia. Acreditou, sem dúvida, que tinha melhorado muito de vida, da casa pobre onde vivia antes do marido deixá-la, onde tudo vivia sujo e ela era obrigada por ele a manter as coisas "mais ou menos" decentes e ainda a "fazer comida". Na casa de Flávia, ao ver tudo pronto, ela se achou no céu! Depois de minha mulher e Daniel adormecerem, andou pela casa feliz da vida, abriu a janela, olhou o pátio e desceu os três degraus da frente da casa, caminhando pelo pequeno jardim, aspirando o ar da noite. Fui atrás dela espiando seus pensamentos, e aprendendo um pouco mais sobre a natureza humana...

Veja que Flávia acolheu para dentro de sua casa essa senhora, que lhe parecia em franco desespero por ter sido abandonada pelo marido e não ter onde ficar, e agora aqui estava ela, satisfeitíssima, pensando justamente em como tirar o melhor proveito justo da criatura que a tinha acolhido em sua casa, e colocado-a para dormir na cama de seu filho! Andava pelo pátio feliz como se a casa de minha esposa já fosse sua!

Pensei que os vivos deviam ter essa mesma capacidade de penetrar os pensamentos alheios, como nós aqui no plano espiritual... como avisar Flávia para tomar cuidado com Marialva? Observei-a se espreguiçar e caminhar preguiçosamente para dentro do quarto, antes passando pela cozinha, tomando um copo de leite e comendo uma grande quantidade de biscoitos, para só então ir dormir. Como comia a minha irmã! Minha mulher ia ter uma boa despesa!

Levantava-se ela para ir para a cama, e eu pus-me atrás dela sem a menor cerimônia e sussurrei-lhe ao ouvido:

– Nem pense em prejudicar Flávia e Daniel, que eles não estão sós como você pode pensar! Comporte-se!

Ela imediatamente levou a mão direita à nuca, arrepiou os pelos dos braços, tomada de forte arrepio, e benzeu-se. Olhou então o crucifixo de madeira que minha esposa tinha pregado na porta e exclamou um "cruz-credo!", indo deitar-se o mais rápido que pôde, nas cobertas cheirosas da cama de Daniel.

Fiquei pensativo o resto da noite, na beira da cama de Flávia e Daniel sem saber direito como agir. Queria tirar Marialva dali, mas para onde ela iria? Pensei em orar, mas sabia que não devia estar ali com eles, e sim na Colônia, trabalhando em algo que fosse útil... quando dei por mim, Flávia estava na cozinha, cercada pelos farelos de biscoito no chão deixados por Marialva na noite passada e um pote de biscoitos completamente vazio, além de um litro de leite pela metade deixado sobre a pia. Vi-a coçar a cabeça e olhar para Daniel um tanto desconcertada:

– Nossa, acredita que ela comeu todos os biscoitos que eu fiz para levar para a escola? Que vou levar agora?

Aproximei-me dela e disse-lhe ao ouvido, com firmeza na voz: "Acorde-a e diga que lhe peça quando quiser comer algo diferente para que isso não aconteça mais! E a faça limpar o chão que sujou, isso é justo!".

Notei em Flávia como se ela estivesse ouvindo o próprio pensamento, e repeti novamente as mesmas palavras, ela se dirigiu ao quarto e realmente se sentou na cama acordando Marialva, que se assustou de ser acordada:

– Marialva, acorde! Vamos Marialva, acorde!

Minha irmã demorou um pouco, mas acordou:

– Que foi? Já é tarde? Por que me acorda?

Flávia não se fez de rogada:

– Não vamos morar juntas? Nessa casa acordamos cedo, e trabalhamos muito! Temos que conversar, pois logo saio para dar aula.

Ela olhou para Flávia meio assustada e se sentou na cama:

– Acordar cedo assim? Mas deve ser umas seis horas! Não me sinto bem...

Flávia não deixou por menos:

– Depois de comer um pote inteiro de biscoitos, não deve se sentir mesmo! O leite, aqui, é para o Daniel e para os bolos, ouviu? Querendo leite, trabalhe para comprá-lo! Os biscoitos eram para os meninos da escola, quando vir algo assim, pergunte primeiro e coma depois! A casa está cheia de farelos e de formigas, trate de limpá-la, pois agora não tenho tempo. Deixei para você café, pão e manteiga. Há tudo na despensa para fazer o almoço, estou deixando meu quarto arrumado, arrume o resto da casa e tome um banho que está precisando!

Ela arregalou os olhos, um tanto assustada, não esperava

que a doce Flávia fosse decidida e nem que tentasse mandar nela. Refutou:

– Mas Flávia, fazer questão de uns biscoitos! E me mandar tomar banho... que grosseria!

Minha mulher, acostumada a lidar com crianças mais velhas bem mais difíceis do que aquilo, olhou para ela com pena:

– Os biscoitos não eram seus e quanto ao banho, faça-me o favor! Uma mulher na sua idade não devia precisar de alguém que lhe dissesse isso... a pior grosseria é um cheiro ruim! Deixei um sabonete cheiroso no banheiro, cor-de-rosa, você vai gostar dele.

Olhei para Flávia aprovando sua atitude, não teria que me preocupar com ela ao menos nesse sentido. A vi caminhar decidida até a porta com Daniel pela mão, e voltar ao meio-dia para constatar que além de tudo, Marialva era um desastre na cozinha. Paciência, ela ao menos ajudou um pouco na lavagem da roupa e no cuidado da horta!

Minha mulher sabia que se não agisse com sinceridade com minha irmã, não conseguiria conviver com ela, mesmo assim não foi fácil. Geralmente quando chegava da escola, não encontrava o almoço pronto, e tinha de correr com as encomendas de roupa, já que tinha que trabalhar mais, para sustentar também a cunhada, que comia por três bocas, mas não entendia que tinha que se sustentar. Era comum ela encontrar quase sempre Marialva na cama, ou em conversa com as vizinhas, enquanto o fogão esperava para ser aceso. As desculpas eram sempre as mesmas: "Uma dor nas costas, que não consegui nem me levantar direito...", "não dormi nada na noite passada...". E assim ia...

Ao final de três meses notei Flávia mais magra e nervosa, e mesmo Daniel que vivia risonho e brincalhão o tempo inteiro, andava um tanto irritado com o convívio com a tia, que lhe aborrecia um pouco. Por mais que eu tentasse animar Flávia com palavras de esperança e fé, sentia minha esposa dando longos suspiros, desanimada e triste, olhando longamente para Daniel nos finais de tarde enquanto passava a ferro as roupas que entregaria nos dias seguintes. Um dia, notando o silêncio de minha esposa, Marialva perguntou a ela:

– Anda tão calada, Flávia! Está se aborrecendo na escola?

Olhando o menino no pátio, Flávia deixou descansar o pesado ferro de passar em cima da placa por um momento, e disse a ela, em voz cansada:

– É engraçado como Daniel a cada dia se parece mais com o pai. Parece que vejo Tobias a todo o momento que olho para ele, e o meu peito se enche de saudade!

Minha irmã olhou o meu menino e reparou que realmente se parecia muito comigo, a mesma cor de pele, o mesmo sorriso, o nariz, o queixo... me emocionei ouvindo-a falar daquela forma! Então, também ela sentia a minha falta! Marialva respondeu:

– É capaz de ficar alto como o pai! Já vai fazer doze anos que Tobias se foi, Flávia! É tempo demais, e você ainda é muito nova! Não pensou em se casar de novo?

Flávia baixou os olhos, e colocou outra roupa na mesa para passar, testando antes o calor do ferro:

– Tenho vinte e nove anos, Marialva, mas sofri tanto com a morte de seu irmão que me sinto como se tivesse quarenta! E não sei explicar bem... de início, achei que não fosse suportar a dor, e se não tivesse o menino, talvez sucumbisse mesmo! Mas Deus foi bom, e o menino sorria para mim, do jeito que o pai sorria, e me encheu de força. Depois vieram as crianças da escola, algumas eram ainda mais pobres do que nós, e eu fui me dedicando... Daniel foi crescendo, eu trabalhando!

Senti minha irmã curiosa, e de fato ela perguntou:

– Mas nenhum homem se aventurou? Você ainda tem uma boa presença...

Ela sorriu:

– Na vila, eu sou uma professora, que saio da aula e vou para minha casa, e de casa vou para a igreja. Sou uma viúva, me dou ao respeito, olho para o chão quando passo. Ainda assim um ou outro veio falar comigo, sempre respeitosamente, mas eu declino, digo que vivo para o meu filho, e isso basta. Depois de uns dois pretendentes que eu "dispensei", a coisa logo acalmou. E não era ninguém que me interessasse!

Minha irmã logo quis saber:

– Verdade? E quem eram? Solteiros?

Flávia riu-se:

– Casados é que não iam ser! O primeiro era um cinquentão viúvo, pai de cinco filhos, sitiante. Um bom homem, mas alemão! Encantou-se com a mulata aqui, já pensou? Um doce de criatura, mas nunca daria certo... não me apeguei, entende? O outro era um português, dono de venda, de uma cidade aqui perto. Mas esse falava pelos cotovelos, perto dos sessenta anos, muito de nariz em pé! Acho que queria mesmo era uma empregada sem salário, botei para correr depressa! Nenhum deles chegava aos pés de Tobias, então, fui ficando só, com minhas lembranças e Daniel. Fiquei bem melhor assim.

Marialva a ouviu com a boca aberta, pensando nas oportunidades que a cunhada tinha perdido, só então disse:

– Mas você não sabe mesmo aproveitar a vida! Imagine se eu tivesse tido a chance de me casar com um sitiante ou um dono de venda? Casava na hora! E você com um filho para cuidar, mulher! Agora fica aí, a tarde inteira de ferro de passar na mão, engomando roupa, dando aula para filho de pobre, se matando para juntar um dinheirinho para dar uma casinha a seu filho e passar a sua velhice! Podia ter tido muito mais do que isso se casando, Flávia! Acha que vai ficar moça para sempre?

Como explicar ao copo de barro o que é uma taça de cristal? Quando Marialva entenderia que uma alma como a de Flávia não se sujeitaria a enganar um homem e se deitaria com ele apenas para conseguir bens materiais, que conseguiria trabalhando por ela mesma, de forma honesta? A bela e honesta Flávia olhou a cunhada, que nunca tinha sido bonita, que já estava entrando na madureza dos anos, engordando de forma perigosa.

Marialva não tinha amealhado nenhum bem terreno, nem

pelo trabalho e nem pela sedução, e minha mulher percebeu, primeiro com espanto, que ela achava que Flávia se comportaria de forma vulgar, e teve pena pela vida que ela havia escolhido levar. Por fim disse, de forma calma, mas incisiva:

– Algo tem lhe faltado nesta casa, Marialva?

A outra ficou sem jeito:

– Não... só quis dizer que você podia ter tido uma vida muito mais fácil! Não me entenda mal...

Flávia continuou olhando a cunhada:

– Mas minha vida não é difícil, Marialva... o que não seria fácil é viver com um homem a quem não amo, apenas para ter um teto sobre a minha cabeça e a de meu filho. Isso eu consigo sozinha, como você bem vê. O que não anda muito fácil é que além de meu filho, agora eu tenho também que sustentar outra boca, já que infelizmente você raramente pode me ajudar. As despesas aumentaram minha cunhada, estou precisando que você também trabalhe!

Notei minha irmã corar violentamente para em seguida murmurar as mesmas desculpas de sempre: "dores nas costas insuportáveis, que mal me deixam andar", e que sumiam misteriosamente quando ela achava que ninguém estava olhando. Foi quando Flávia comentou:

– Talvez fosse melhor, dada a proporção dessas tuas dores, que andam tão fortes, eu te levar a um sanatório na capital e tentar uma internação por lá. Quem sabe depois de uns meses internada você não melhora? Isso pode ser um desvio na coluna... estão fazendo uns tratamentos novos, aqui sem auxílio é que eu não posso te deixar!

Notei Marialva de ruborizada que estava, empalidecer de medo. A capital dispunha realmente de dois sanatórios que seriam para ela o perfeito terror, já que lá não disporia nem do conforto que tinha na casa de minha mulher, nem da boa vontade de que lá dispunha, pois de doença na coluna ela de fato não sofria, e qualquer profissional a desmascararia. Flávia também sabia disso, boas vizinhas já a tinham alertado que durante o tempo em que ela ficava ocupada dando as aulas pela manhã, minha irmã andava com toda a desenvoltura pelo pátio da casa, muito ereta, sem dores ou qualquer coisa que a impedisse. Então, que dores eram essas, que só apareciam quando ela estava por perto?

Ela olhou Flávia num misto de medo e ódio:

– Sei que incomodo Flávia, mas me colocar num sanatório? Acha que minha mãe, que te acolheu com tanto carinho aprovaria isso?

Ela apelava para a chantagem pura e simples, lembrando-a de minha mãe, por quem Flávia tinha os mais puros sentimentos. Vendo a expressão de minha esposa vi que tinha funcionado, a imagem de minha genitora, bondosa e franca logo formou-se em sua mente, e ela lembrou-se de sua bondade e sua simplicidade. Olhando para Marialva, lembrou-se que era filha dela e pensou que se Daniel no futuro errasse, gostaria que alguém o acolhesse, como ela estava fazendo com a cunhada. Respirou fundo, os olhos encheram-se de lágrimas, já que não pensava realmente em mandar a cunhada a nenhum sanatório, e deixando o ferro de lado, sentou-se num banco e olhou Marialva firmemente nos olhos:

– Vou lhe ser franca, minha cunhada: achei que as coisas iam ser mais fáceis contigo por aqui. Não tenho intenção de lhe mandar a nenhum sanatório, pois não vejo doença grave em você... mas terá que se esforçar, Marialva! Desde que está aqui, além de não conseguir poupar um centavo sequer, estou tendo que abrir mão de minhas economias para comprar essa casinha que tanto quero! Tenho trabalhado cada vez mais, peguei mais roupa para lavar achando que você ajudaria, e você não ajuda! Não tenho como trabalhar por nós duas!

Dentro do meu peito revoltei-me com minha irmã, a quem eu via realmente em uma preguiça constante, sugando com toda força o trabalho de minha mulher, que já tinha o filho para sustentar sozinha. Não bastasse o serviço deixado de lado, ainda havia o incômodo constante das pequenas desarrumações feitas na casa, que Flávia seguia limpando, pois não suportava "casa suja", como ela mesma dizia, ou ainda remédios comprados para "dores imaginárias", entre outras pequenas despesas que ela antes não tinha. Mesmo Daniel andava triste e amuado ao ver a mãe, antes alegre e ativa, agora sempre cansada e irritada. Mas minha irmã sempre tinha uma boa resposta para as justas queixas de minha esposa:

– Falando assim, parece que sou má, que desejo prejudicá-la. Tenho feito o possível, Flávia... mas minhas costas doem muito mesmo! Quem sabe se tentarmos outro remédio posso ajudá-la mais. Não pense que não agradeço o que tem feito por mim, até dois vestidos novos me deu, que os meus estavam em farrapos! Não sei o que faria sem você e o menino...

Flávia suspirou fundo, cansada física e moralmente. Não sabia mais como resolver semelhante situação... por mais que insistisse, falasse, pedisse, ela parecia insensível à realidade de sua vida: não conseguiria manter semelhante situação por muito tempo. Não tinha como manter o menino, a si mesma e a cunhada, que tanta despesa dava sem ajudar em nada. Observei minha mulher com imensa pena e foi quando ouvi, pela primeira vez, uma gargalhada feminina vinda de um canto da sala.

Quem era aquela?

CAPÍTULO 08

# Vidas passadas e Lourenço

### Narrativa de Tobias

De início, eu ouvi apenas a gargalhada e imaginei ouvir coisas. Era um riso vulgar, de mulher, estridente, um tanto malévolo... voltando meu olhar na direção do riso, dei com uma figura de mulher vestida de escrava doméstica, negra, bonita, cabelos trançados à moda africana, presos ao alto da cabeça, traços finos e lábios bem desenhados. A bela mulher trajava roupas de algodão de boa qualidade, mas tinha no pescoço um feio ferro mais parecido com uma coleira, instrumento horrendo de tortura, e olhava com ódio para Marialva.

Vendo a linda criatura que parecia ter passado por tal sofrimento, um frio arrepio percorreu-me o corpo e eu dirigi-me a ela:

– Quem é? Que faz aqui?

Ela me olhou num misto de surpresa e ódio:

– Não se lembra de mim? Se chama Tobias agora, não é mesmo? Não se lembra de sua vida passada, não é, Tobias?

A sensação de desconforto continuou forte, não me lembrava

de minhas vidas passadas, ainda não tinha me aprofundado nesses estudos, mas pelo visto, ela se lembrava de mim.

– Conheço você? Fiz-lhe algum mal?

Ela riu-se:

– Conhece sim... faz muito tempo. Mas apenas superficialmente. E não, nunca me fez mal nenhum. Nada tenho contra você... mas aquela ali!– e apontou para Marialva. – Aquela me deve, e vai pagar!

Olhei para Marialva, sentada confortavelmente numa cadeira, enquanto Flávia trabalhava duramente para sustentá-la. Com que então, minha irmã tinha uma obsessora!

– Como se chama? Por que quer se vingar dela?

Ela me sorriu divertida:

– Meu nome? Minha dona me deu nome de santa: Maria. Esperança vã, que de santa eu pouco tenho! Essa daí me herdou, acredita? Na vida passada era uma senhorinha de engenho, branca, de olho claro e tudo! Mas era feia, gorda como é agora, a gula sempre foi seu pecado. Orgulhosa, também... vivia de nariz em pé, queria sempre mandar em tudo e em todos!

Olhei para minha irmã, tentando imaginá-la como uma senhora de engenho branca, de olho claro, mandona e orgulhosa. Tive que rir da situação, pois era tudo que ela adoraria ser: rica e respeitada, com um monte de escravos lhe servindo! Maria continuou:

– Eu era escrava de dentro da Casa Grande, minha patroa morreu e o filho dela me herdou, junto com a mulher dele. O filho me tomou por amante e a mulher dele, era sua irmã. Obrigada a dormir com o dono, ainda fui torturada pela mulher e morri de fome e febre com esse ferro que você vê no meu pescoço, aguentando humilhações diárias dessa sujeita.

Entendi o ódio de Maria, mas pensei no tempo perdido com essa vingança, e disse a ela:

– Há quanto tempo se vinga dela?

Ela me olhou ressentida:

– Não consegui minha vingança de fato ainda. Nada que ela tenha passado se compara à humilhação que me fez passar, à dor que me causou, ao desespero que me trouxe. Quando a vi reencarnar dessa forma, pobre e negra, pensei que conseguiria algo, mas demorei para achá-la. Agora, nossa história recomeça.

Fiquei irritado com Maria, e respondi:

– Mas quem está pagando por isso é Flávia e meu filho! Que mal eles lhe fizeram?

Ela me olhou com ódio e respondeu:

– Sua mulher só será explorada enquanto permitir que isso aconteça. E quanto mais deixar essa víbora por perto, pior será para ela. Gente boa acha que só por ser do bem está protegida, mas a maldade cria frestas... é sempre bom se afastar de gente ruim!

Senti verdade no que ela me disse, mas como afastar Marialva dali? E depois, que mal além do cansaço ela poderia fazer a Flávia? O tempo me diria... ela continuou:

– Eu fortaleço em Marialva apenas os defeitos que ela já tem, por isso o marido a abandonou, e sua mulher pensa já em deixá-la. Se sua irmã fosse boa, eu não teria sobre ela nenhuma influência! Dependendo de mim, ela terminará na rua, cheia de dívidas, na mendicância, doente e só.

Vi ali o imenso perigo que tal influência representava perante os meus entes queridos, já que ela poderia levar minha irmã ao roubo ou coisa pior, mas quando quis novamente falar com Maria, ela tinha ido embora. Há quanto tempo ela perseguia Marialva? Não sei... fiquei pensando na bondade divina da lei das reencarnações, no tocante ao desenvolvimento dos espíritos.

Apesar da maldade em sua última vida sobre a Terra, minha irmã tinha tido a chance de nascer numa família que, apesar de pobre, não conheceu a fome, com uma mãe profundamente amorosa, que a proveu do básico material e a ensinou valores morais profundos. Tudo tinha tido para largar a preguiça e o orgulho, chagas morais que tanto atrapalham o desenvolvimento espiritual e trazem a infelicidade de tantos e, no entanto, cá estava ela caindo novamente nesses dois erros! Tinha passado pela prova da riqueza e desenvolvido a crueldade, agora passava pela prova da pobreza e deixava de lado a virtude do trabalho e da caridade... era de se lamentar!

## Comentário de Ariel

Olhei para meu bom amigo Tobias, entendendo perfeitamente as suas considerações. Só então disse a ele:

– É verdade, meu bom amigo! Muitas vezes é na prova da pobreza que desenvolvemos a empatia por outros seres humanos que também se encontram em situação mais humilde, e assim aprendemos a praticar a caridade! Pessoas que nascem em berço de ouro nem sempre notam a necessidade dos mais pobres, e alguns, até se irritam com elas!

Clara sorriu, pois em sua última encarnação não tinha sido pobre e no entanto, sempre tinha praticado a caridade:

– Acho que é uma questão de desenvolvimento espiritual, Ariel. Eu, por exemplo, nunca consegui ficar parada, sem trabalhar ou produzir. Se vejo alguém precisando de ajuda, é da minha natureza tentar ajudar, dessa forma me sinto feliz! Apesar de ter nascido em família abastada, a inatividade não me seduzia, servir sempre foi natural.

Olívia riu-se:

– A verdade é que as pessoas acreditam que os que servem são inferiores aos que são servidos. Será mesmo? No mundo espiritual, onde o dinheiro não importa, onde esse tipo de pagamento não existe, quais são os imprescindíveis? Os que servem, ou os que são servidos?

Fez-se na mesa um silêncio como poucas vezes na vida eu testemunhei, vi Clara sorrir com suavidade, Daniel olhar encantado para Olívia, Lourenço olhar para o chão, pensativo, e Tobias encher os olhos d'água. Foi quando a menina disse:

– Não foi Jesus que veio para servir?

Tobias deixou as lágrimas inundarem o seu rosto:

— Ah, menina abençoada! Tanto que eu queria ter escutado meus benfeitores! Que cego estava!

Olhei para Tobias francamente curioso: um homem tão bom, que erros tão sérios poderia ter cometido? E por quê? Vendo minhas dúvidas, Olívia me respondeu:

— Por que acha Ariel, que dizemos sempre que não se deve demorar muito na Terra, ou em ambientes muito negativos quando não se está preparado? É simples, o espírito sofre a influência do ambiente, de outros espíritos, com muito mais força do que se estivesse encarnado! Quando estamos com o corpo físico não captamos o pensamento e os sentimentos com a força que o espírito capta, isso sem falar das influências externas do ambiente, que o próprio ser nem nota, mas que estão presentes durante todo o tempo. Espíritos pertencem ao mundo espiritual, menos denso, mais adequado a eles. Tobias escolheu ser afetado, e depois, tomou suas decisões, não foi?

Ele abaixou sua cabeça:

— Sim.

Ela olhou em volta, como se procurasse algo, o rostinho luminoso curioso. Só então se levantou da mesa e perguntou:

— Onde está o outro? Ainda no mesmo lugar?

Clara e eu nos entreolhamos, pois sabíamos que eles não gostavam de falar do velho que estava na cabana. Lourenço respondeu:

— Está na cabana. A menina quer ir lá?

Sem tocar o chão, como de costume, Olívia se dirigiu à cabana, Lourenço quis acompanhá-la, ela sorriu e disse a ele:

— Não precisa, ele não pode me causar mal algum. Pode continuar a conversa Ariel, volto logo!

Sentindo que ela realmente não corria perigo, Lourenço voltou à mesa, e pelas frestas da cabana, vimos o reflexo da luz dela. O velho machucar Olívia... era capaz de estar encolhido num canto, isso sim!

## Narrativa de Tobias

Eu estava entrando numa tempestade, mas sentia a força do vento? Não. O homem calmo, alegre e ponderado que eu era, aos poucos foi tornando-se rancoroso, impaciente e até mesmo um pouco vingativo. Fiquei mesquinho em pequenas coisas que antes não me importavam e comecei a notar cada vez mais como o mundo dos vivos é povoado por entidades dos mais variados tipos.

A "bela" Maria, por exemplo, se "colava" em minha irmã Marialva com relativa frequência, fazendo com que seu apetite por doces se acentuasse cada vez mais. Se no início eu a afastava, agora que já não nutria por ela bons sentimentos, não me importava mais. Estava cansado de vê-la explorando Flávia sem descanso, quem sabe daquela forma minha mulher não se livrava dela de uma vez? Deixei que a obsessão continuasse, ela que se entendesse com seu próprio passado: quem desejava tanto mal à minha família não merecia atenção!

Andando com Flávia pela escola e pela igreja pude ver outros tipos de obsessores, alguns de aparência bem assustadora, cercando suas vítimas das mais diversas formas. Ao me verem junto de Flávia, se calavam e me deixavam passar, sem ter muita certeza do que eu estava fazendo ali. Um dia, uma senhora de aparência frágil, dentro da igreja, que acompanhava uma mulher de seus trinta anos, veio até mim e perguntou:

– É sua parente?

Olhando aquele espírito de uma senhora idosa, que de nenhuma forma me parecia má, respondi de bom grado:

– Foi minha esposa.

Ela sorriu de maneira doce e compreensiva:

– Bonita, ela! E o menino, é teu filho? Se parece contigo!

– Sim. Se chama Daniel. É um bom menino...

Ela tornou a sorrir, notei o véu negro e fino que lhe envolvia os cabelos muito brancos, como usavam antigamente as senhoras que iam à missa. Ela apontou a mulher vestida de forma simples, mas elegante, logo atrás de nós na igreja:

– Aquela ali é minha filha. Não se casou, é sozinha... não se conforma com a minha morte! Não sei mais o que faço para consolar minha Juliana! O único irmão que tem, não quer saber dela...

Olhei a jovem mulher com piedade, não era uma moça bonita, e agora vendo-se só, sabe-se lá que rumo tomaria!

– Não tem outros parentes?

Ela me olhou meio triste:

– E quem quer saber de parente pobre? Ao menos deixei-lhe a casa, tenho pedido ao irmão em sonhos para que não a tire de lá, mas parece que ele quer vender o imóvel! É tudo tão triste para minha Juliana, senhor... mas, como se chama?

– Tobias. E a senhora?

– Sou Leonora, sua criada! Vem sempre aqui?

Tive que sorrir para ela e assim fizemos amizade. Explicou-me como falava com o filho "em sonhos", achei muito útil, e naquela noite mesmo tentei utilizar aquele recurso com Flávia com relativo sucesso, que acordou melhor, mas sem se lembrar muito bem do que sonhou. Ali estava uma senhora que como eu, tentava ajudar aos que ficaram. Conseguiria? Provavelmente não.

Onde eu mais via espíritos mal-intencionados era em lugares onde as pessoas se reuniam e as drogas eram liberadas. Os sedentos por álcool, fumo, e outros tipos de drogas ali se reuniam junto aos vivos, felizes por influenciar de forma ainda mais livre e sem as travas naturais. Afastava-me desses lugares, e agradecia a Deus por ver minha mulher longe deles, ali sim eu teria bons problemas! Mas Daniel estava crescendo e ele se tornaria logo um rapaz. Conseguiríamos mantê-lo longe de ambientes assim?

Em um dia de domingo, acompanhando Flávia em sua volta da igreja, me senti atraído a dar um passeio pela vila, e vendo minha mulher caminhar em segurança para sua casa, assim fiz. Estava na realidade precisando andar um pouco, ver coisas diferentes, pensar, refletir. Quando dei por mim estava do outro lado da vila, e num desses pequenos antros deparei-me com Lourenço, ex-marido de Marialva. A vila não era grande, de forma que apenas algumas ruas abaixo, já tínhamos alguns pequenos bares onde os trabalhadores rurais vinham aos finais de semana, atrás de moças que vendiam o prazer da sua companhia e o álcool barato, junto com o jogo de cartas e a sinuca. Era um pequeno amontoado de casas e bares que minha outra irmã, a Dita, tinha conhecido muito bem, separado apenas pela linha do trem.

Ao ver Lourenço, que não era um homem mau, mas antes um homem simples e de quase nenhum estudo, eu estranhei. Ele devia estar agora com quase trinta e cinco anos, pois era pouco mais novo que Marialva e tinha trabalhado na vida rural praticamente toda a sua existência. Ingênuo por natureza, que fazia ali?

Não estava malvestido, a roupa era simples, mas limpa, as botinas novas, e parecia já ter tomado um pouco de aguardente, pois trazia no rosto recém-barbeado um sorriso meio tolo, como os que se embriagam trazem. Tínhamos sido quase amigos durante meu pouco tempo de vida, achava-o simpático e alegre, de forma que resolvi observar o que se passava.

Não demorou muito tempo e uma mulata nova se aproximou dele conversando animada, ele contou que era meeiro e tinha acabado de vender a sua parte na lavoura de milho e café. A mulata logo se interessou, sentindo a oportunidade de dinheiro, e perguntou se ele não era casado. Lourenço estava um "tantinho alto", mas não "totalmente ébrio", e começou a contar a sua história, que ela ouviu assim que ele se dispôs a pagar a sua bebida e pediu algo para comer.

"Nem me fale em casamento, moça!", disse meu cunhado, "que quem passou pelo que passei, prefere falar do inferno do que disso!". A moça riu-se do jeito dele, perguntando: "Mas foi ruim assim?". E então Lourenço deu a sua versão da história e o meu único lamento foi Flávia não estar por ali para ouvir o que o outro lado tinha a dizer.

Marialva tinha dito que o ex-marido a tinha abandonado por covardia, que era mau-caráter, preguiçoso, violento, entre outras coisas. Agora ali estava Lourenço, razoavelmente vestido, bem asseado, empregado e bem feliz longe dela. Que teria ele a dizer? Estimulado pela bebida e a atenção da moça, ele falou bem mais do que o seu normal, pois era bem discreto e de poucas palavras.

"Minha mulher era um demônio..." começou ele. "Quando me casei parecia uma moça boa, de família, nem palavrão dizia. A velha mãe dela era uma santa, que Deus a tenha. O irmão também era um bom sujeito, mas morreu cedo, de tiro, na beira da estrada... a irmã mais nova desapareceu e ela ficou 'prá tia'. Quando eu conheci tinha já quase trinta anos, mas não aparentava. Moramos perto da mãe dela por um tempo, até a velha senhora falecer. Foi então que as coisas começaram a dar errado...".

Nisso ele tomou um grande gole de aguardente, como se rememorasse a sua vida com grande desgosto e a cachaça fosse um remédio qualquer. Ele continuou: "A verdade é que enquanto a mãe estava viva, a velha senhora é quem fazia todo o serviço da casa e cozinhava, a peste da minha mulher não queria saber de fazer nada! Assim que a mãe morreu começou a inventar todo tipo de mal-estar e de desculpa para não cozinhar, nem limpar a casa! Ajuda na lavoura do sítio? Nem pensar! Até banho parou de tomar."

A moça que estava com ele riu-se, e ele acabou rindo também, mas respondeu: "A moça ri porque não era você que tinha que conviver com ela! Fui ficando nervoso, reclamando, e o diabo da mulher só sabia pedir dinheiro, toda semana! Era só eu receber, que o dinheiro sumia dos bolsos da minha calça como por mágica. Enquanto eu ia ficando magro, a diaba engordava a olhos vistos!".

A moça enfim perguntou a ele por que não lhe dava um corretivo, ao que ele respondeu que não gostava de bater em mulher, não achava certo. Se fosse um homem tinha até matado, mas era mulher, e não se bate em mais fraco! Mas tinha dado outro jeito: escondeu o dinheiro debaixo de um vaso de planta que tinha no alpendre, de forma que Marialva cansou de procurar em seus bolsos, até nas ceroulas enquanto ele dormia, mas não achava. Fazia as compras de grãos e óleo para a casa, mas o "seu dinheiro", esse ela não veria mais.

Foi então que ela começou a ficar agressiva e a ameaçá-lo. Um dia, no lugar de lhe servir o café, jogou-lhe pelas costas um caneco inteiro de água fervente, e não fosse o negro uma criatura de reflexos muito rápidos, teria se queimado muito mais do que se queimou. O braço esquerdo de Lourenço ainda guardava feia cicatriz, que ele curou na venda perto do sítio, onde a mulher do comerciante pôs manteiga na queimadura. Soltou a pele, ficou feio, e o comerciante apavorado perguntou a ele se valia a pena continuar casado com "semelhante doida".

Lourenço tentou rir, mas a dor no braço não deixou. A mulher do comerciante fez a ele a seguinte pergunta: "E como é que o senhor vai dormir com uma pessoa que lhe joga água fervente na traição? Tem certeza de que dormindo ela não lhe mata?".

Aquilo sem dúvida ficou na cabeça do meu amigo, que segundo ele voltou à casa no final da tarde ressabiadíssimo, olhando com os olhos bem abertos para o fogão a lenha, espiando para ver se ali não estava nenhuma panela com óleo ou água fervente. Vai saber o que se passa na cabeça alheia. Ao contrário disso, Marialva quando viu o marido novamente, veio de banho tomado, muito gentil, a pedir mil desculpas, que tinha se descontrolado, mas que ele também tinha errado em não dar o dinheiro na mão dela. Afinal, era a mulher que tinha que tomar conta do dinheiro para comprar as coisas da casa!

Conta ele que ao ver o sorriso dela, teve um calafrio na espinha, mas resolveu dizer que o próximo pagamento entregaria a ela, que as coisas se resolveriam. Ainda que ela tentasse fazer as pazes naquela noite, não houve força no mundo que o aproximasse dela. Já tinha levado tapas e safanões de Marialva, mas a queimadura ainda ardia no braço e depois do que a mulher da venda tinha lhe dito, como dormir do lado de semelhante criatura?

Resolveu então que no dia seguinte, quando recebesse a quinzena, lhe daria um pouco do dinheiro, esperaria que ela saísse da casa e então juntaria suas roupas numa trouxa e abandonaria o lar o mais depressa possível. Tinha dinheiro suficiente para viver por uns três meses, até conseguir outro emprego... era trabalhador, não seria difícil!

E assim fez. Quando a mulher viu apenas uma pequena parte do dinheiro ficou ressentida, pois queria o dinheiro todo, mas, como ele disse que depois daria o resto, ela sossegou. Mal ela saiu, ele pôs os pés na estrada o mais rápido que pôde, depois de mais de dez anos de casado, sentindo-se livre como um passarinho que escapa da gaiola. Nunca tinha sido infiel, mas também nunca tinha sido feliz com ela! Deu graças a Deus por nunca ter tido filhos e pediu perdão à minha mãe pelo abandono de Marialva, mas não queria mais saber de mulher violenta e preguiçosa: ela que se virasse de agora em diante!

A moça, ao ouvir a história, divertia-se. Eu, pelo meu lado, tive um pouco de pena dele, que deve ter passado maus bocados com minha irmã. Não culpei Lourenço pela separação, um mau casamento pode ser uma tortura como poucas, ele fez bem de se separar. O problema é que agora, ela estava com Flávia, que já sentia os efeitos do caráter defeituoso de minha irmã. Ela tinha sido violenta e traiçoeira com o marido por conta de dinheiro, será que minha família corria esse risco?

Pensei no que faria Lourenço se soubesse que sua ex estava na verdade muito perto dali, deitada nos alvos lençóis de Flávia, pensando provavelmente em como manter a sua boa vida à custa de minha mulher, que não estava feliz com a sua estadia prolongada. Um sentimento ruim tomou-me o peito, bom mesmo seria se Lourenço a levasse para longe, deixando Flávia livre para levar sua vida sossegada como antes. Mas isso aconteceria? Não creio... assim como não acreditava que Marialva conseguiria algum novo pretendente que a sustentasse tirando-a dali.

Assim pensando me dirigi até a casa, e chegando lá dei com minha mulher na cozinha a fazer uma sopa para a noite, mexendo com a colher de pau numa panela média em cima do fogão a lenha. As estrelas iam altas no céu e Marialva sentou-se perto dela, aspirando o cheiro bom da comida que em pouco estaria pronta. Flávia puxou assunto:

– Não quis ir à missa hoje, cunhada? Perdeu um bom sermão! O padre está animado...

Minha irmã franziu a testa, curiosa:

– O padre animado, é? Com o quê?

Flávia sorriu:

– Com o feriado de Páscoa. No sábado de Aleluia vamos ter quermesse, e quero fazer os doces. Aqui em casa vamos contribuir com cocadas brancas! E sabe o que ele me pediu?

Animada com as cocadas brancas, Marialva perguntou:

– Além das cocadas brancas, mais algum outro doce?

Flávia riu-se:

– Não, sua boba! Ele quer que eu cante, junto com um trio de músicos que vem da capital! Veja só que elegante! Com microfone e tudo!

CAPÍTULO 09

# A CURA

### Comentário de Ariel

Nessa parte da história, notamos Lourenço bastante surpreendido, pois não sabia que o amigo o tinha visto conversando com a moça. Ele interpelou o amigo:

— Com que então, "vosmecê" estava lá ouvindo a minha conversa, é? Não sabia... fez isso muitas vezes?

Tobias riu-se:

— Algumas. Mas não tem de que se envergonhar, meu amigo. Suas palavras me abriram mais os olhos para os possíveis perigos que Flávia e Daniel podiam correr.

Lourenço não se conformava:

— Quer dizer então, que enquanto estamos vivos, na Terra, podemos ser observados o tempo todo?

Olívia, que já tinha voltado da cabana, riu:

— O engraçado é que boa parte das pessoas realmente estão sendo observadas, e nem sempre por espíritos evoluídos. Graças a Deus não notam isso, com exceção de alguns médiuns bem poderosos que literalmente enxergam ou ouvem os espíritos numa precisão absurda. Não é a toa que muitos desses médiuns já foram tratados como loucos!

Lourenço permanecia irritado:

– Mas isso é um despropósito! Então uma "alma vivente" não tem privacidade? Não pode, por exemplo, ficar a sós com a namorada?

Olívia riu-se mais ainda, e respondeu divertida:

– Meu bom amigo, é óbvio que espíritos bons e desenvolvidos não têm esse tipo de curiosidade, e respeitam os momentos de qualquer alma sobre a Terra. Geralmente nos aproximamos em momentos que vocês precisam ou de amparo, ou de proteção, afastando os espíritos pouco desenvolvidos, influenciando-os para as boas decisões, inspirando-os para a fé. Mas há espíritos que se deliciam em promover as paixões desregradas, a violência, a extrema sensualidade. Como se proteger deles? Ore, mas ore verdadeiramente, peça ajuda a Deus quando um pensamento ruim lhe passar pela cabeça, assim estará se protegendo deles, e atraindo espíritos amigos, que lhe garantirão essa privacidade a qual você tanto preza. E faça e deseje o bem ao próximo, de coração aberto! Isso termina por afastar os obsessores, porque os irrita profundamente!

Lourenço olhou para a menina Olívia encantado com a luz que vinha dela, a docilidade das palavras, o riso leve e fácil. Tinha ficado vigiando o tempo todo que ela tinha estado na cabana, preocupado que o velho não se comportasse, e sem mais nem menos, disse:

– Esses espíritos que fazem tanto mal, merecem o fogo eterno do inferno!

Foi a minha vez de responder e eu o fiz de forma clara:

– Na realidade, Lourenço, eles já estão no inferno. Já viu alguma pessoa má ser feliz, ou viver em paz? Vivem no máximo em um desespero controlado, mentindo para eles mesmos que são poderosos, inteligentes, indispensáveis, quando na realidade, *não há nada mais dispensável do que uma pessoa que faz o mal a outra pessoa*. Eles não fazem falta, não deixam saudade, nada acrescentam de bom, e quando não vão embora, geralmente são expulsos, pois ninguém os suporta por muito tempo. Esses tolos cavam o seu próprio abismo todos os dias, com pequenas e tolas atitudes... dentro de um desses infernos pessoais, o portão do egoísmo é uma das passagens mais procuradas.

Clara completou:

– Outro portão para o inferno, desses que não se fecham, é o da inveja!

Tobias nos olhou de modo triste:

– Pois são esses dois irmãos juntos, o egoísmo e a inveja, que de mãos dadas andavam no coração de Marialva, que desencadearam uma série de acontecimentos que tudo eu daria para ter evitado.

Dizendo isso, ele alisou a cabeça do filho Daniel, tão parecido com ele, com os lábios ainda rachados pelo veneno ingerido aos treze anos de idade! O menino retribuiu o gesto com um olhar de amor cheio de uma dor infinita e eu me perguntei se ele ainda sentia os efeitos do veneno em seu corpo espiritual, a exemplo de tantos suicidas. Será que Olívia não poderia ajudá-lo com uma de suas infusões? Mal acabei de pensar nisso e ela me respondeu em pensamento: "podemos tentar! Aquela sua velha vasilha de argila ainda está por aí?".

Não perdi tempo, vasculhei dentro de meus pertences até achar a minha vasilhinha de argila, que tinha achado um tempo antes, meio carcomida pela idade e um tanto "desbeiçada", mas ainda bem inteira. Saí pelo meio da mata feliz da vida, em direção ao pequeno riacho e quando o achei, vi ali água límpida e cristalina, lavei a vasilha e a enchi de água pura, tomando cuidado para não tropeçar na volta e quebrar tudo pelo chão.

A menina me esperava em seu manto leve, cabelos luminosos, e me sorriu assim que me viu, um tanto desajeitado, com a pequena vasilha na mão. Quando ergui novamente os olhos para vê-la, estava ela ao meu lado, já me tomando o recipiente e indo para trás de umas árvores bem grossas. Sentei-me à mesa, enquanto Tobias, Lourenço e Daniel olhavam o clarão que se desenhava por trás das árvores onde a menina estava. Clara perguntou:

– Ela vai "vitaminar" a água?

Ao que eu respondi:

– Parece que Daniel ainda sente dores, mesmo depois de tanto tempo. Ela concordou em ajudar.

Tobias, que escutou a conversa assim como os outros, não pôde deixar de perguntar:

– Ela cura os espíritos? Tem essa força?

Mal acabou de perguntar e nós vimos um imenso clarão lilás claro vir da direção das árvores onde Olívia estava, e depois a cor da luz foi novamente ficando de um azul bem claro e calmo. Logo ela surgiu por entre as árvores, feliz e satisfeita, com a vasilha nas mãos: do recipiente, dessa vez, emanava uma luz lilás muito suave. Sentou-se, sorriu, colocou a vasilha na mesa com aquele brilho que mais parecia um fogo fátuo, e disse a Daniel:

– Beba enquanto está morno, depois que esfria não faz mais tanto efeito!

O bonito menino arregalou muito os olhos, pois tinha um medo mortal de ingerir o que fosse, já que qualquer coisa que lhe tocasse o trato digestivo lhe provocava dores lancinantes por conta do veneno ingerido que tinha lhe dissolvido parte da garganta, da boca, chegando até o estômago, causando uma morte cruel. Mas a água da vasilha com aquele brilho lilás parecia estranhamente convidativa. Olhou para o pai, como se perguntasse se devia mesmo beber aquilo, Tobias fez que sim com a cabeça. Depois olhou o rosto brilhante de Olívia, que apesar do sorriso, estava ficando um pouco impaciente:

– Ande logo, Daniel, ou isso vai esfriar! Quer ficar com essas dores indefinidamente?

A isso ele nem pensou mais, pegou a vasilha com ambas as mãos, fechou os olhos e tomou tudo quase que num gole só. Terminado o ato, ele arregalou os olhos, e deixou-se cair no colo do pai, desfalecendo, e eu pensei de imediato: "Será que a poção ficou forte demais?", vendo que todo mundo pensava mais ou menos a mesma coisa, Olívia respondeu:

– Mas, que menino maluco! Não era para tomar de uma vez só, mas lentamente! Bom, a culpa também foi minha, que não expliquei, mas com o medo que ele estava, nunca pensei que fosse tomar tudo de um gole só!

Tobias estava apavorado:

– Mas, ele vai ficar bem? Acorda Daniel! Fale alguma coisa, meu filho!

Olívia sacudiu a cabeça, contrariada:

– Claro que vai ficar bem, só vai acordar meio tonto! Já se viu tomar uma poção forte dessas de supetão! Só criança mesmo para fazer essas coisas!

E foi dito e feito: coisa de dez minutos depois, eis Daniel acordando, já sem ferida nenhuma nos lábios, mas falando como se estivesse ébrio. Mal abriu os olhos e deu um grande sorriso para Olívia:

– Menina! Que coisa foi aquela que "be" deu? Não sinto "bais" dor nenhuma, está tudo "anestessiado"...

Como ele falava tudo de uma forma meio "embolada", tivemos que rir um pouco. Até Tobias, que tinha ficado meio apavorado, estava rindo. A verdade é que até a cor do menino, que era doentia, estava muito melhor. O pai dele perguntou:

– Esse estado de embriaguez vai durar muito?

Sentada em cima da mesa para examinar melhor o menino, que ria sozinho de tudo e de todos, falando pelos cotovelos agora que podia fazê-lo sem dor, ela respondeu:

– Mais umas poucas horas. Mas tenho a impressão de que ele

nunca mais será o mesmo! Ficou décadas sem falar direito por conta da dor, agora que pode falar sem o incômodo da garganta e da boca em chamas, vamos ouvir Daniel bem mais.

Feliz como há muito não se sentia, Daniel levantou-se da cadeira e sentou-se bem perto da menina, ainda tonto, mas encantado com ela. Só então disse, com a sua voz um tanto grossa, e um tanto fina de adolescente:

– Mas, como você é linda, não é mesmo? Nem precisava brilhar tanto!

Imediatamente Olívia levantou-se e num átimo de segundo veio parar ao meu lado, com os olhos esverdeados muito abertos, segredando-me:

– Acho melhor ficar por aqui até passar essa embriaguez. Nosso menino ficou meio agitado!

Olhei para ela divertido com toda aquela timidez, e levando-a para longe, perguntei:

– Afinal, que luz lilás foi aquela? Que foi que colocou naquela água?

Mais tranquila pela distância, ela me segredou:

– Nada de mais, meu bom amigo. Mas dessa vez eu fiquei um "tantinho" cansada. O menino tinha muita dor e culpa em cada parte de seu ser, por conta de seu suicídio.

Lembrei da expressão de Daniel, sempre triste, agoniado, de olhos baixos e sussurrando com muita dificuldade. Era verdade! Se buscou na morte algum alívio, que desapontamento deve ter tido ao notar que continuava vivo, e tendo uma morte tão dilacerante com a ingestão de veneno de rato, a lembrança da dor tinha se feito presente por todo aquele tempo. Tornei a perguntar:

– E o que foi que colocou lá?

Ela me olhou com um meio sorriso brincalhão:

– Ora, Ariel: amor, solidariedade, alegria. E, é claro, um pouquinho de um outro ingrediente fundamental.

Franzi a testa, que a curiosidade sempre foi grande:

– Que outro ingrediente fundamental?

Ela riu-se de minha curiosidade:
– Coisa simples, seu tolo! Fé no nível da física quântica! E a água, como sabe, é uma excelente condutora!

CAPÍTULO 10

# O dom de Daniel

### Comentário de Ariel

Logo depois de Daniel melhorar e ficar novamente tímido (graças ao Senhor por isso!), vi Tobias parecendo remoçar alguns anos e finalmente aparentar os seus vinte e poucos anos. Incrível como o sofrimento parece envelhecer precocemente as pessoas! Ele parecia agora apenas um irmão mais velho do filho, que sorrindo, o seguia por todo lado, extremamente parecidos os dois.

Sabia que ele era ciumento com Flávia, pois tinha se deixado ficar na Terra tamanha era a saudade que tinha dela. Tamanho apego muitas vezes gera a sensação de posse, o que por si, traz sofrimento a quem alimenta essa ilusão. Tão difíceis os relacionamentos na Terra para os demasiadamente apaixonados! O sofrimento diário de tentar reter sempre a figura amada a seu lado a qualquer preço, sob qualquer pretexto, torna o que devia ser bom em um calvário, para o ciumento e para a pessoa amada, tantas vezes inocente das dúvidas e acusações!

Comigo e minha mulher, enquanto no plano terrestre (desencarnamos um perto do outro, em 1915), existia uma relação difícil de descrever: tínhamos ciúmes um do outro? É claro, mas não era coisa séria...

Comigo, ao menos, se passava dessa forma: marido de uma mulher bonita e inteligente, brilhante no trato social, ela, com certeza, conseguia admiradores nas festas e reuniões por onde passávamos. Minha mulher era uma bela loura de pele muito clara, olhos imensos que mudavam de cor conforme a luz, às vezes um castanho claro, às vezes esverdeados, ou ainda cor de mel. Os lábios eram pequenos e avermelhados, o nariz afilado, e um "tantinho" pontudo, o que lhe dava um charme extra, e o corpo, nem alta, nem baixa, afilado e elegante. Se alguém conversava comigo por conta de minha profissão (eu era advogado, clientes me abordavam frequentemente em reuniões sociais) por alguns minutos me tomando a atenção, logo a bela Esthefânia era requisitada por outra pessoa para conversar também, e geralmente por um membro do sexo oposto, que se encantava com a beleza, a educação e a inteligência dela. Quando eu notava, lá estava minha mulher cativando mais um "incauto", ou ouvindo atenciosamente, ou falando na maior das inocências.

Que fazer? Sair imediatamente da minha companhia e ir "resgatar" Esthefânia postando-me ao lado qual um soldado, muito sorridente, enfiando o meu braço no braço dela. Quando eu fazia isso, ela me olhava nos olhos com tanta ternura, me abria um sorriso tão radioso e geralmente encostava a cabecinha no meu queixo, aconchegando-se... para onde foi o ciúme? Sumiu! Desapareceu por completo! No lugar dele ficou o orgulho de ter ao lado, a mais linda mulher da festa. E olhe que ela me amava e morava comigo! Poderia haver um homem mais feliz?

E assim foi durante trinta anos de casados! Brigas? Difícil, ela tinha um jeito doce, e eu sempre adorei dar presentes! Não era preguiçosa, nem ciumenta e quando em um curto período tivemos que economizar, não reclamou. Muito pelo contrário, achou jeitos e mais jeitos de fazer sobrar dinheiro no orçamento. Não tivemos filhos, mas não nos queixamos disso: ela compensou dando aulas gratuitamente aos meninos e meninas negras, que ninguém queria ensinar sem cobrar. Éramos abolicionistas, e eu "inchei" de orgulho dela.

Antes de morrer de penosa enfermidade, ela me segredou: "sabe, marido, nos nossos primeiros anos eu fiquei triste por não poder lhe dar um herdeiro. Mas agora, olhando para a nossa vida, juntos, eu penso: se tivéssemos tido umas duas ou três crianças, teria eu ensinado tantas outras a ler, contar, e a ter esperança na vida? Às vezes, o que parece ser um castigo, pode se tornar uma bênção!".

A verdade é que seu funeral contou com uma imensidade de gente simples a acompanhar a cerimônia de despedida, e eu, pouco tempo depois, nem um ano, fui ao encontro dela, num ataque cardíaco que não lamentei.

Agora vendo Tobias, que não teve tempo quase nenhum com sua Flávia, eu tinha por ele uma piedade só. Eu tinha tido tanta sorte em ter tido novamente Esthefânia comigo, tínhamos tido tantas vidas juntos, até chegarmos a esse grau de amor e companheirismo! Sentei-me com ele à mesa quando o vi por lá, e perguntei:

– Não teve ciúme de Flávia cantar na quermesse?

Olhando o filho que agora estava longe com Lourenço, em conversa animada, ele me respondeu:

– Ora, meu bom amigo, ponha-se no meu lugar: eu estava ali em espírito apenas, e minha mulher, formosa como ela só, dona de uma bela voz, ia se expor em público para a vila inteira. É claro que não achei graça nenhuma!

## Narrativa de Tobias

Só quem se casou com mulher bonita sabe o inferno que é...

beleza é uma coisa que enfeitiça: a gente e os outros! Quando vivo, eu era um negro grande, forte, ficava ao lado de Flávia e ninguém se aproximava dela, impunha respeito. Mas agora que estava do lado de cá, como proteger minha mulher de todos os olhares que ela receberia no coreto da praça, onde ela cantaria as modinhas populares que faziam a delícia do povo simples da vila?

Flávia até então só cantava música da igreja, muito séria, coberta pela roupa do coral que não deixava ver as suas curvas. Com o que se vestiria para a quermesse? Minha cabeça dava voltas e eu me amaldiçoei por não estar vivo! Se eu me sentia dessa forma, minha irmã Marialva por outro lado, quando ouviu de Flávia que ela ia cantar para o povo na quermesse, ficou que era pura inveja, e respondeu para ela:

– Vai cantar no microfone, é? Que nem artista de rádio que a gente vê nas revistas? Não tem medo de levar um choque daquela "coisa"?

Flávia a olhou preocupada, nunca tinha pensado em semelhante problema:

– Será que dá choque? Deve ser por isso que elas cantam afastadas do microfone... mas vou perguntar aos outros músicos, não se preocupe! Obrigada pelo aviso, cunhada!

Marialva não se conformava de ver a outra fazer sucesso:

– E roupa? Tem que ser roupa bonita, de artista, não é? Você vive dizendo que não tem dinheiro...

A isso Flávia sorriu:

– Com isso não precisa se preocupar. O padre disse que ia me comprar um corte de cetim, e eu escolhi um esverdeado, bem bonito. Dona Rosa, a costureira da esquina disse que faz o feitio de graça. Como vou representar a vila no meio de músicos de fora, eles não queriam que eu fizesse "feio", então o vestido vai ser o meu "pagamento". Vou lá amanhã de manhã escolher o feitio.

Minha irmã ia estourar de raiva e inveja, resolveu ir dormir, enquanto eu observava Flávia, feliz de ir cantar com músicos profissionais. Bateu-me um arrependimento de meu ciúme desmedido, ela tinha tão poucas alegrias... que mal fazia ela se divertir um pouco? Trabalhava tanto, cuidando de Daniel, sustentando a todos na casa! Eu era um egoísta mesmo.

Pensando dessa forma, me coloquei atrás dela e praticamente a enlacei com meus braços, e ela estremeceu, arrepiando a nuca. Nesse mesmo momento, Daniel com seus onze anos entrou na sala, viu a mãe com o ferro de passar a roupa com a postura ereta, de olhos fechados e exclamou:

– Mãe!!!

Flávia se mexeu e eu a soltei imediatamente, e olhando para Daniel notei que o menino tinha os olhos arregalados, e me encarava com atenção. Ele disse muito assustado para Flávia:

– Mãe, tem um homem atrás da senhora. Ele estava abraçando a senhora!

Flávia levou tamanho susto que soltou o pesado ferro a carvão e ele foi ao chão, abrindo e espalhando algumas brasas pequenas no chão de madeira. Vendo isso, ela pisou com os pés calçados nas brasas, deixando manchas de fuligem pela sala, e virou-se para Daniel:

– Quer me matar do coração, meu filho? Que história é essa de "homem me abraçando"? Não vê que não tem homem nenhum aqui? Deus me livre... só me faltava a essa altura um homem dentro dessa casa me atacando!

O menino me acompanhava com os olhos muito abertos:

– Não é "homem vivo", mãe! E ele está logo ali agora! Vestido de branco!

Notei Flávia se benzer efusivamente. Então Daniel estava me vendo. Sorri para ele e acenei, ele me sorriu de volta, finalmente perdendo o medo, e eu lhe informei que era seu pai. Os olhos dele se encheram de lágrimas.

– Ele disse que é o meu pai, mãe! E deve ser, porque está sorrindo bonito para mim!

Flávia, como toda gente do interior, já tinha ouvido falar em fantasmas e aparições, mas nunca em sua vida achou que ia ter um em sua casa. Sentada na cadeira, trêmula de susto, ela ora olhava o filho, ora olhava o espaço vazio que ele fitava, na esperança de também enxergar o que ele via. "Ouvia" o pensamento dela com clareza, para meu espanto, ela não teve medo: "Ah, o que eu não daria para ver Tobias mais uma vez!", minha mulher disse ao filho:

— Como ele é Daniel?

O menino sorriu:

— Não é claro como a senhora. É exatamente da minha cor. Cabelo cortado bem curto, alto, forte. Dentes brancos, bonitos. Acho que quando crescer vou ficar bem parecido com ele... apesar de ser grande, não tenho medo dele. É bem simpático.

Flávia suspirou e chorou. Não tinha retratos meus e o menino me descreveu à perfeição... vendo a mãe chorar, Daniel sentou ao lado dela e lhe deu um grande abraço, dizendo:

— Não chore, mãe. Se soubesse que ia chorar assim, nada tinha dito! Tão triste lhe ver chorar!

Ela olhou o filho um tanto brava:

— Não senhor! Trate de me contar sempre que o enxergar por aqui! Não sabe a dádiva que é enxergar uma pessoa como seu pai, nunca houve homem melhor e meu grande orgulho é você se parecer tanto com ele!

Daniel ficou sério, e depois disse:

— É engraçado, eu pensei que as pessoas da família fossem mais parecidas. Eu me pareço com ele, mas ele não se parece com tia Marialva!

Flávia riu-se:

— Realmente, não se parecem em nada! Seu pai puxou fisicamente à família de seu avô, já Marialva saiu à família de sua avó. Dizem que seu avô, apesar de não ter um caráter muito sério, era um homem bem bonito.

Desapareci das vistas de Daniel tão logo pude, para que ele descansasse e dormisse seu sono de menino, mas não sem antes dizer que estaria sempre por perto quando ele precisasse de mim, palavras que ele contou a mãe, e que a deixaram feliz.

Minha mulher acendeu uma vela, e se pôs em oração. Flávia sempre tinha tido fé, apesar da vida dura que levava. Observei-a em oração fervorosa, como sempre fazia todas as noites, dessa vez agradecendo a dádiva de Daniel ter me enxergado. Apesar de católica de formação, ela intuitivamente acreditava nos espíritos que seus avós negros a tinham ensinado a acreditar. Não comentava isso com ninguém, mas sua avó negra também tinha o dom de Daniel e os via e ouvia com perfeição, assombrando os patrões brancos com suas previsões. Tinha tido sorte e muita esperteza por não ter sido queimada por conta disso, sessenta anos atrás. Flávia sabia ser preferível que ninguém soubesse dos "dons" de seu menino! Eu, aqui do meu canto, concordei imediatamente com ela. Já nos bastavam os preconceitos pela cor da pele!

Observei-a deitar e tentar pegar no sono, o olhos claros e os cabelos quase negros espalhados pela fronha branca, muito limpa e o ciúme me atingiu em cheio novamente. Não queria que cantasse em público, ia chamar muita atenção! Sentado ali do lado dela estava um Tobias zangado e ressentido por nada poder fazer, foi quando ouvi uma risada feminina e maliciosa: era minha irmã Dita.

CAPÍTULO 11

# A VISITA

### Narrativa de Tobias

Virei-me devagar para ver minha irmã, que o som daquele riso tinha ficado gravado na minha mente. Lá estava ela, com a mesma aparência: abatida, o vestido verde desalinhado, descalça, parecendo uma "mulher da vida" em final de carreira. Dos lábios descorados, no entanto, vinha aquele som debochado, de quem se divertia com o meu sofrimento e ela realmente estava quase feliz, quando disse:

– Era "até que a morte os separe", irmão! E você está morto, esqueceu? Não tem mais direitos sobre ela!

Olhei-a com ódio por tripudiar em cima de meu sofrimento:

– Não notou ainda que não existe morte, mulher cruel? Acha que é fácil ver minha mulher e meu filho expostos à maldade humana sem que eu os possa proteger?

Ela irritou-se:

– E eu acaso tive quem me protegesse? Morri num bar nojento, meu assassino sequer foi preso! Por que Flávia é melhor? Ela sempre soube se dar bem, não tenho pena dela!

Parei na frente dela e dominado pelo ódio, segurei-a pelo cabelo já seco e sujo e pela primeira vez vi medo em seu olhar. Não notei o quanto o ambiente terreno já agia negativamente em mim, tornando-me mais agressivo do que jamais tinha sido:

– Ordinária! Morri tentando te proteger, não sabia? Estava na sua busca quando me mataram, justamente tentando ajudar a quem não queria voltar para casa! Se soubesse o que você pensava e queria, tinha te deixado ir!

Soltei-a, afastando-me dela, que me olhava com os olhos arregalados. Tornei a falar, rouco de ódio:

– E não se atreva a ter inveja de Flávia, que ela não tem sorte, tem é juízo! Fosse ambiciosa e preguiçosa como você e Marialva, teria tido o destino sórdido de vocês duas.

Ela olhou-me curiosa e perguntou:

– Marialva? Mas ela não está casada com aquele bobalhão do Lourenço?

Tive vergonha das minhas duas irmãs, mas respondi a ela:

– Não sabe então que ela está aqui, sendo sustentada por Flávia? A tola foi violenta demais com o marido, que resolveu abandoná-la, o que aliás, fez muito bem! Está dormindo ali, no quarto de Daniel!

Foi eu terminar de falar e ela se encaminhou para o quarto ao lado, curiosa por ver como estava a irmã que há mais de uma década não via. Parou do lado da cama e observou o corpo parcialmente coberto de Marialva, primeiro franzindo a sobrancelha, como se tentasse ver melhor, e depois caindo na risada:

– Tem certeza que é nossa irmã? Mas não é possível, ela deve estar perto dos quarenta, mas parece ter sessenta anos! E essa gordura toda... deve comer por três, coitada da Flávia! As pernas cobertas de varizes, não deve prestar para serviço nenhum... o tempo não foi nada bom para ela! Dá para perceber por que o marido foi embora...

Permaneci quieto. Se ao menos Marialva tivesse um bom gênio, tudo aquilo seria apenas um detalhe. Se fosse boa, amorosa e chegada ao trabalho, sua vida seria outra! Dita continuou:

– É certo que ela nunca foi bonita, mas isso! Como relaxou! E ficou violenta, é? Vou te contar um segredo, meu irmão: ela sempre foi meio violenta, ao menos comigo, quando ninguém olhava... eu não dizia nada, que ela me moeria de pancadas, mas era a sujeita mais falsa que eu conheci na vida! Por fora, só sorrisos. Mas por dentro, pura maledicência! Eu sempre disse a ela que queria um homem rico, e ela ria de mim! Era má mesmo, talvez porque soubesse que nunca teria a chance de conseguir um homem bem de vida.

– Como assim, era má? Nunca a vi fazer nada de errado!

Dita riu-se da minha inocência:

– E ela era tola de fazer às claras? Espalhava uma intriga que era uma perfeição, vi um monte de casais desconfiarem dos parceiros por conta dela. Se ela notasse um "nadinha" de ciúme, ela incentivava, era uma artista em atazanar a vida alheia! Você era muito novo, não notava!

Lembrei-me no entanto, das vezes em que ela tentou me indispor com Flávia, dizendo que ela tinha olhado para este ou aquele rapaz. Mas como eu "vigiava" e nunca via nada demais, achei que ela estava ficando era doida. Isso, no entanto, me causou algumas noites maldormidas! Dita continuou:

– E a criação, lembra? De vez em quando aparecia uma galinha sem dedo, ou um pintinho morto, não era? Mamãe achava que era um bicho qualquer, mas era Marialva, que se divertia com essas "doidices". Ela não teve filhos, teve?

– Não. Não vi nenhuma criança com ela – respondi.

Dita suspirou:

– Graças a Deus! Não daria uma boa mãe, mesmo!

Fiquei olhando Marialva pensativo, eu de início a achava apenas tola e preguiçosa, uma espécie de "vampiro", desses de quem a gente deve fugir quando tem algum juízo. Mas, depois de ouvir falar o Lourenço e a Dita, tive muita vontade de tirá-la da cama na base do tapa dizendo: "passa fora! Já!!!", mas nada disso seria assim tão fácil. Ela não tinha onde ficar...

De seu lado, Dita observava a irmã, divertida, que deitada de barriga para cima na cama, tomava quase todo o espaço desta, roncando alto e fortemente. Vi nos olhos dela a diversão ir virando repentinamente uma maldade, e ela levou as duas mãos de unhas extremamente compridas, às têmporas de Marialva e fez uma pressão, como se quisesse espremer a cabeça dela por entre os dedos. Olhei para aquilo fascinado, pois nunca tinha visto nada igual: Marialva cerrou as sobrancelhas como se sentisse forte dor, encolheu-se na cama, levando as próprias mãos à cabeça num esforço bárbaro de tirar dali as mãos de Dita.

Vendo a situação dolorosa a que uma irmã submetia a outra, avancei sobre Dita e a tirei de cima de Marialva, que a essa altura, ainda dormindo, se sentou na cama desesperada, agitando os cabelos e as mãos sobre as próprias têmporas, em desespero, enquanto abria os olhos e dizia:

– Jesus! Que dor! Que pesadelo horrível! Ainda bem que está passando...

Segurando Dita que gargalhava no chão, passei-lhe um sermão como nunca em vida lhe tinha passado:

– Tola! Queria que ela morresse? Não sabe que imensa como ela está pode ter um ataque do coração? Quer mais esse crime em sua consciência?

Ela ficou séria e me encarou firmemente:

– Tolo é você, que deixa meu sobrinho junto com semelhante criatura! Se a tivesse levado, seria um favor que lhe prestaria, e que, com certeza, cobraria no futuro.

Fiquei zangado:

– Não desejo esse tipo de dívida, principalmente se lhe trouxer mais dor e desespero! Não aprovo o seu comportamento, mas não lhe desejo mal, Dita. Você é minha irmã! Está perdida, mas é minha irmã!

Ela me olhou com tristeza, raiva e um carinho desconhecido:

– Por que tivemos tão pouco tempo juntos, Tobias? Por que eu tinha que ser tão ambiciosa? Só damos valor às coisas, depois que não as temos mais!

Eu queria ter dito a ela que ainda tínhamos todo o tempo do mundo, mas mal ela disse isso, desapareceu! Fiquei ali no quarto de Daniel, olhando Marialva sentada na cama com o cabelo completamente desgrenhado, olhando confusa para o ambiente, como se tentasse entender o que tinha acontecido. Ela encaminhou-se para a cozinha onde pôs para ferver o leite, e o colocou num caneco grande, com três grandes colheres de açúcar. Estava nervosa, as mãos tremiam e ela olhava para os lados muito cismada.

Pensei que se ela soubesse a causa de seu "pesadelo", teria mais medo ainda! Tinha ela feito muito mal a Dita, quando elas viveram juntas, e minha outra irmã não perdoava facilmente... sem o corpo físico, nós espíritos podemos nos tornar uma forte fonte de energia, disso eu já sabia, mas como ela tinha feito para causar em Marialva tamanho prejuízo? Um efeito físico... será que eu conseguiria isso? Eu queria aprender, pois isso poderia me ajudar quando fosse preciso.

Minha irmã custou a dormir, enquanto Flávia e Daniel dormiam como duas crianças inocentes. Levantaram no mesmo horário de sempre e minha mulher aproveitou o sono pesado de Marialva para conversar com Daniel: disse claramente ao filho que nunca comentasse com ninguém que tinha visto o pai, explicou do preconceito que as pessoas tinham, o que muito o chocou, pois não tinha ideia de que tal acontecesse, e quando ele perguntou se poderia falar com a tia, Flávia foi ainda mais enfática:

– Nem pensar. Marialva, não deve saber nunca dessas suas visões.

Daniel arregalou os olhos:

– Mas por quê, mãe? Ela não é "da família"?

Flávia piscou um olho para ele:

– É, mas também é muito "faladeira"! Quando enxergar algo,

nada de comentar na frente dela. Me chame para o pátio dizendo que quer me mostrar uma flor nova que nasceu, vamos até lá e você me conta, certo?

Daniel ouviu com atenção, gostou do "código" e sorriu:

– Pode deixar!!! Flor nova, não é?

E nos dias seguintes desabrocharam algumas flores, que Marialva muito preguiçosa, nunca teve a curiosidade de ir ver!

CAPÍTULO 12

# Laços de família

### Comentário de Ariel

Eu, que ouvia a história interessado, estranhei o imenso ódio entre as irmãs, uma desavença que varou a morte e seguia com uma força absoluta, num silêncio que tinha durado uma vida inteira dentro da mesma família. Clara, que sentia o mesmo que eu, disse a Tobias:

– Que coisa impressionante esse ódio entre suas irmãs! Elas brigavam muito em casa?

Tobias respondeu:

– Nem tanto! Dita quando moça era mais alegre, tinha mais pretendentes por ser mais bonita. Marialva era mais calada, mais moralista, criticava a irmã por bobagens... mas não era nada que parecesse sério. Eu mesmo achava que elas se gostavam!

A menina Olívia deu um sorriso meio triste e disse:

– É, às vezes não dá muito certo...

Tobias perguntou:

– O que não dá "muito certo"?

Ela estava sentada no banco de madeira, enlaçando os joelhos com as mãos, pensativa, quando respondeu:

– Um dos objetivos da reencarnação é sanar antigos ressentimentos, tornar a alma mais pura, sanar as vinganças, por isso às vezes são escolhidos os laços de sangue. Nem sempre funciona. O ser humano é muito complicado!

Lourenço, que pouco falava, mas ouvia com atenção, pediu que ela explicasse melhor e ela continuou:

– Ora, você tem dois espíritos que se odeiam há muitas vidas, causando sofrimento um ao outro. Se ambos não têm ainda a capacidade de escolher com quem vão reencarnar, alguém escolhe por eles, se já têm um grau de evolução suficiente, eles mesmos escolhem. No caso de suas irmãs, pelo nível de sofrimento das duas, eu acho que escolheram por elas...

Tobias perguntou:

– Colocaram duas inimigas juntas? E isso é bom?

A resposta de Olívia veio firme:

– Preste atenção, Tobias: junto com elas, veio a sua mãe, uma pessoa de fortes valores morais, boníssima, que cumpriu sua tarefa de mãe com distinção! E ainda tiveram você, que em tudo as apoiou enquanto viveu. E que melhor jeito de perdoar um inimigo do que nascendo junto a ele, na mesma casa, do mesmo sangue, sem se lembrar de nada de mal que ele lhe possa ter feito? Irmãos são naturalmente ensinados a se gostarem, ou a no mínimo auxiliarem um ao outro no caso de algum apuro, só isso já auxiliaria no perdão de alguma falta passada. Os pais geralmente incentivam isso, ou, na falta deles, a própria vida e suas dificuldades.

Lourenço respondeu:

– Faz sentido. Mas, nem sempre funciona, não é?

Olívia apoiou os cotovelos na mesa de madeira:

– É. Chama-se livre-arbítrio, a pessoa sempre escolhe como agir. Nesse caso, como já disse, as duas também tiveram a bondosa influência de sua mãe, imagine se não tivessem! Não são raros os casos de pessoas que se matam em família, ocasionando tragédias sem fim, causando escândalos e mais sofrimento. É uma pena, vingança não leva a nada! Quando notar a maldade alheia, é só se afastar, já basta. Podendo, reze por eles, ninguém com maldade no coração é feliz! Ainda bem que pessoas que se amam, também se encontram, e se tornam irmãos sob o mesmo teto, ou pais e filhos...

Fiquei olhando minha amiguinha tão iluminada naquele ambiente onde a luz era tão escassa e pensando na facilidade com que as pessoas escolhem seus próprios abismos. Olhei para o menino Daniel, com a expressão tão mais bonita, e para Tobias, que parecia se lembrar de algo triste e só então perguntei a ele:

– E então, meu amigo? Flávia cantou na quermesse?

Ele levantou os olhos para mim, e eu vi nele uma dor difícil de descrever:

– Cantou sim... e como!

## Narrativa de Tobias

A semana antes da quermesse passou rápida. Flávia, animada, foi provar o vestido, de um cetim verde-esmeralda, um pouco decotado para o meu gosto, mas tinha que admitir que era bastante vistoso. Não fiquei nada feliz com o resultado: ela chamaria muita atenção! Marialva dentro de casa se roía de inveja e reclamava que "não tinha roupa para ir ver Flávia cantar!".

Se achava que com isso ganharia um vestido, deu-se mal. Flávia não tinha dinheiro sobrando, mas tanto ela reclamou e chorou, que uma vizinha arrumou para ela um vestido emprestado, que ficou um tanto "justo demais", mas serviria, segundo ela. Daniel tinha uma "roupinha de festa" e estava animado, tanto com as cocadas da mãe, como em vê-la cantar no coreto. "Vai ficar que nem uma artista de rádio", gabava-se ele para os outros meninos da classe.

A verdade é que Flávia era amada na escola, e respeitada na igreja. O único que tinha uma séria restrição com aquela quermesse era eu mesmo: não me agradava em nada! Mas vendo ela e Daniel tão felizes, o que eu poderia fazer? Eles mereciam um pouco de alegria, depois de uma vida tão sofrida!

No ensaio, na quinta-feira, conheci os músicos: um violão, um baixo e um cavaquinho. Ao fundo ainda estava um baterista, para dar o ritmo, tudo isso no salão dos fundos da igreja, que tinha uma razoável acústica. Quatro homens de idades variadas que quando viram entrar a bela mulata de olhos verdes se abriram num sorriso e foram muito gentis... notei ela tímida, mas com o padre por perto se sentiu logo protegida, e aos poucos foi conhecendo o repertório e soltando a linda voz.

Pensem num sujeito irritado, era eu! Depois que notaram que a bela morena cantava, eles pediam uma música depois da outra, e no final da noite já perguntavam a Flávia se ela não gostaria de cantar na Capital, com salário fixo, eu disse um tamanho "não" no ouvido dela, que ela recusou de imediato. Influência minha? Vai saber... quase nove horas da noite, encaminhou-se ela para casa, onde encontrou Marialva a comer biscoitos e esperar por ela:

– E então? Como foi o ensaio?

– Foi bem... não se preocupe com o microfone! Fico a quase um palmo de distância dele. Você ia gostar de ver os rapazes, os músicos. São simpáticos...

Marialva interessou-se:

– São mesmo? E quantos são?

– Quatro. O baterista deve ter uns quarenta anos, branco, muito educado. Esqueci o nome dele agora! O do cavaquinho se chama Elias, é mais novo, deve ter uns trinta e poucos anos, negro, bem-apessoado, muito alegre!

Notei minha irmã ficando bastante interessada:

– E os outros dois, como eram?

– O do violão também era negro, uns quarenta anos, mas bem sério, chama-se Neto. Gostou de minha voz, um talento no instrumento! E o do baixo era mulato, sorridente, uns cinquenta anos, brincalhão, camisa de seda, tinha que ver! Eu e o padre demos umas boas risadas com ele!

Marialva estranhou:

– Risadas é? E por quê?

– "Seu" Eurídice sempre tinha uma história engraçada para contar enquanto os outros escolhiam as músicas. Pareceu-me uma boa pessoa!

Marialva animou-se e disse:

– Pois amanhã quero ir ao ensaio contigo. Pode deixar que eu levo o Daniel. Vai ser bom para ele ver a mãe cantar no ensaio!

Flávia sorriu:

– Pois eu acho ótimo! Assim não volto sozinha para casa. Não que haja perigo na vila, mas nunca se sabe, uma mulher sozinha...

Vendo que minha mulher se encaminhava para o banheiro para lavar o rosto e ir dormir, minha irmã aproximou-se e fez suas derradeiras perguntas:

– Notou se algum deles é casado, Flávia?

Ainda com o rosto cheio de sabonete, Flávia respondeu:

– Sabe que não? Nunca reparo nessas coisas e hoje estava tão preocupada com as músicas, que nem notei mesmo!

Minha irmã não se conteve:

– Vai me dizer que não reparou se eles usavam aliança?

– Reparei não! Não me chamaram a atenção dessa forma! Só vou cantar com eles, nada mais!

Não é preciso dizer o quanto essas palavras acalmaram o meu coração, ante o espanto de minha irmã, ela ainda completou:

– Sabia que eles me convidaram para ir cantar com eles na Capital com salário fixo? Disseram-me que eu ia fazer sucesso por lá...

A isso, os olhos de Marialva brilharam: a capital era seu sonho desde menina!

– E você, o que respondeu?

– Que não ia, é lógico! Ora já se viu, largar meu sossego aqui, junto com meu filho, tendo emprego e minha casinha para me aventurar com gente que mal conheço! Veio uma intuição que eu nem pensei duas vezes: não, muito obrigada!

Minha irmã ficou furiosa:

– Você só pode ser doida! Recusar uma chance dessa para ficar aqui numa casa que nem é sua, dando aula por uma miséria e ainda lavando roupa?

Flávia tinha muita paciência, mas nem tanta:

– Pois se quer ir para a capital, amanhã no ensaio, suba lá e cante! Eles estão precisando de cantora, quem sabe não te levam? E se acha que o que ganho é uma miséria, é essa mesma miséria que tem te sustentado! Porta da rua é serventia da casa, trate de achar seu caminho num pouso melhor!

E bateu a porta do quarto na cara dela.

Vendo-se frustrada, foi impossível descrever o ódio de minha irmã, que sabia perfeitamente que não tinha para onde ir e muito menos o talento de Flávia para cantar. Observei-a olhando-se no espelho do banheiro e pensando: "Se ao menos eu fosse jovem e bela!", mas não era... maldizia a sorte em grossas lágrimas que lhe escorriam pelo rosto.

Triste é o destino do preguiçoso que fica sempre na dependência de quem lhe garanta o sustento! Ela tinha se esquecido de uma regra fundamental: não agrida a quem lhe dá o pão e o teto sobre a sua cabeça! Não cuspa no prato em que come! De que lhe tinha adiantado ofender Flávia? Agora ela não a queria mais em casa! Como fazer para que ela voltasse atrás?

Admirei-me com os pensamentos que varriam a sua mente numa velocidade impressionante: via-se encurralada, com a idade chegando a passos rápidos e nenhum lugar para onde ir. Pensou que se a casa fosse de Flávia, poderia matá-la e ficar ali com Daniel, mas a casa era de aluguel... quem pagaria o aluguel se Flávia morresse? Ninguém. Tinha então que conseguir que ela a deixasse ficar...

Podia fingir uma doença séria, a cunhada era bondosa, não

colocaria uma doente na rua. Mas isso funcionaria? Flávia já tinha dito que a levaria para um sanatório, certamente já desconfiava de suas mentiras, não era nenhuma tola! Mesmo assim tentaria... que tinha a perder?

No dia seguinte manteve a porta fechada até minha mulher e Daniel saírem de casa, e ficou trancada no quarto quando eles voltaram. Perto das seis horas da tarde, apareceu arrumada para irem ao ensaio e Flávia estranhou o "aparecimento":

– Vai ao ensaio, então? Achei que estava doente, não saiu do quarto para nada!

Ela fez um ar de dignidade:

– Não vou deixar você voltar sozinha com o menino, não ficaria bem.

Minha esposa não estava com disposição para discutir, colocou um paletó em Daniel, segurou-o pela mão e foi na frente com ele para a igreja enquanto minha irmã ia atrás com certa dificuldade, por conta do excesso de peso. Chegando lá, o padre vendo o menino, logo conseguiu para ele alguns confeitos, e o pôs sentado num dos bancos da frente para que ele visse "como a mãe canta bonito!". Sentada nos fundos do salão, Marialva, que esperava ser apresentada aos músicos, remoeu seu ressentimento, pois Flávia não lhe deu atenção.

Aos poucos ligaram o som, e a música encheu o ambiente. Ela cantaria doze músicas de sucesso da época e no ensaio, tudo correu à perfeição, deixando Daniel muito orgulhoso da mãe. Ao final, o padre e os músicos a aplaudiram, e o violonista, justo o mais sério, disse que ela devia realmente insistir na música, pois tinha um talento natural, desses raros de aparecer.

Marialva, que tinha ficado admirada com a cunhada, resolveu ela mesma se apresentar aos músicos, que muito educadamente a atenderam. Tentou conversar com eles sobre assuntos triviais, mas não foi bem-sucedida, passou por curiosa demais, pois logo foi querendo saber se eram casados ou não. Para espanto dela todos se declararam muito bem-casados.

Voltaram para casa com Daniel tagarelando sobre o talento de sua mãe, Marialva irritada por não ter conseguido a atenção que desejava, e Flávia irritada com a falta de discrição da cunhada: "que perguntas impertinentes!" – disse ela – "só faltou perguntar o quanto eles ganhavam por mês!".

Chegando em casa, colocou Daniel para dormir com um beijo na testa, e voltou a falar com a cunhada, de quem não conseguia mais suportar a presença, tão mal se sentia perto dela:

– Marialva, eu realmente sinto muito, mas não está dando certo morarmos juntas. Pensei no início que você ao menos nos ajudaria com a despesa, pois vê como luto diariamente para conseguir o que você chama de "uma miséria". Se eu tivesse mais condições, não me oporia a morar contigo e te sustentar, mas não tenho! Peço-lhe que arranje outro lugar para ficar, na maior brevidade possível, não acho que devemos ficar mais juntas.

Minha irmã ficou estática, mas respondeu logo:

– O problema, então, é o dinheiro curto, não é?

Passou pela cabeça de minha esposa, que o problema não era só o dinheiro, mas a mesquinhez e a preguiça dela. Mas, para abreviar a conversa e evitar discussões inúteis, Flávia disse:

– Sim. Não posso mais sustentá-la a contento e ao meu filho. Sinto muito.

Marialva baixou a cabeça e murmurou:

– Entendo...

E retirou-se para o quarto em silêncio. Não são raras as vezes que as pessoas acreditam que os espíritos preveem o futuro, mas não é bem assim... tivessem o dom de ler os pensamentos como muitos de nós temos, despidos da carne, "adivinhariam" também o futuro sem muita dificuldade. O silêncio de minha irmã que parecia de resignação, na realidade não tinha nada disso!

Marialva entrou no quarto profundamente revoltada, se pudesse mataria Flávia ou Daniel para continuar naquela casa, mas nada disso a manteria por ali. O pavor da miséria a atingiu de forma absoluta, apertando-lhe o peito: onde conseguiria um lugar para ficar? Na realidade, sequer para um emprego tinha qualificações! Não sabia cozinhar a contento, sempre tinha sido lerda na arrumação, não poderia dar aulas, pois mal conseguia ler rápido como a cunhada... na lavoura, talvez? Mas estava muito gorda, as pernas doeriam demais!

Finalmente arrependeu-se de não ajudar na casa pequena e confortável, na lavagem de roupa que poderia significar "uns cobres" a mais. Não teria sido nada difícil perto da vida que a esperava agora! Mas, acostumada à vida com Lourenço onde nada fazia e tudo exigia, tinha ficado preguiçosa... a tudo isso eu observava sentado aos pés da cama de minha irmã.

Sem conseguir dormir, ela notou que Flávia tinha se recolhido e foi procurar na cozinha alguns biscoitos, mas nada achou. Ao invés disso, notou uma boa quantidade de cocadas feitas para a venda na quermesse no dia seguinte, e pensou que se comesse umas duas, Flávia não daria falta. Assim, pôs-se a comer os doces, enquanto tentava raciocinar sobre o que fazer.

Nunca tinha visto alguém comer com tamanha rapidez, o que me deixou irritado, pois sabia o quanto tinha dado trabalho a Flávia fazer os doces! Primeiro ralar aquela quantidade enorme de coco, cuidar do ponto na imensa panela de alumínio, quase se queimar mais de uma vez! Tão irritado fiquei que fui direto ao quarto de Flávia e tentei acordá-la de toda forma, pois perderia logo todo o trabalho feito, mas minha mulher dormia um sono profundo. Desisti dela e fui imediatamente para Daniel, e disse ao seu ouvido num tom bastante alto: "acorde sua mãe, Marialva está comendo as cocadas!".

Deu certo! Daniel chegou a sentar-se na cama e logo observou a luz acesa na sala e na cozinha, e sacudiu Flávia com vigor:

– Mãe! Acorda! Marialva está comendo as cocadas todas!

Flávia parecia que ia demorar a acordar, mas assim que ouviu as palavras "Marialva" e "cocadas", pôs-se de pé exclamando "ai, meu Deus!" e foi para a sala ainda tonta de sono, dando com a glutona com um dos potes no colo. Tão assustada ficou minha irmã, que paralisou de imediato.

Tamanha descompostura passou-lhe minha esposa, dizendo-lhe da gula excessiva e da falta de consideração, que a outra se retirou para o quarto sem dizer palavra. Feito isso, Flávia tratou de levar os potes para dentro do próprio quarto, escondendo-os debaixo da cama e dizendo a Daniel:

– Como foi que soube que a criatura estava comendo tudo? Ouviu algo? Eu ia ter que fazer tudo de novo amanhã, sem dizer no dinheiro que ia gastar!

Meio tonto de sono, Daniel respondeu:

– Não sei... acho que sonhei com o papai! Foi isso, acho que ele avisou.

Flávia olhou para ele meio sem acreditar, mas abraçou-se ao filho pensando: "que ouvidos tem esse moleque!". E dormiram tranquilos finalmente.

Do seu lado, Marialva ainda tremia de susto e pensava: como Flávia era egoísta, tinham sido só umas cocadas! É, o dinheiro realmente fazia falta... então era isso, o dinheiro! Se Flávia tivesse dinheiro, tudo estaria resolvido, ela não teria que ir embora, e viveriam muito melhor!

Observei minha irmã com um frio na espinha, enquanto ela desenvolvia seu pensamento: "Flávia era uma tola mesmo! Com aquele corpo, com aquela voz, não faltariam pretendentes e pretendentes ricos! Não apareciam aos montes porque ela nunca saía, estava sempre ou na igreja, ou na escola, mas amanhã estaria na quermesse, na vista de todos. Então, quem sabe?".

Se eu pudesse avisar, diria para tirar aquela mulher imediatamente de dentro de casa, pois ela significava problemas, e dos mais sérios, já que estava desesperada e cheia de más intenções. Diriam que eu estava prevendo o futuro, mas esse, a Deus pertence! Estava mesmo era somando dois mais dois, vendo uma situação de um ângulo a que Flávia não tinha acesso, apenas isso.

No dia seguinte, chegou o vestido de minha mulher, e ela o

experimentou diante do espelho. Verdade seja dita, ela ficava belíssima até vestida de chita, mas com aquele vestido verde esmeralda, muito bem cortado, realçando suas belas curvas sem ser vulgar, estava deslumbrante. Os belos cabelos negros iam pelo meio das costas em cascata, formando os belos cachos largos e naturais, as pessoas acostumadas a sempre vê-la em vestidos mais largos e cabelos presos, levariam um bom susto.

Bijuterias emprestadas pelas amigas a enfeitaram um pouco mais, mas eram discretas e os sapatos podiam ser antigos, mas eram de couro e estavam bem engraxados. Em resumo: ela faria bonito em qualquer salão de sociedade! A mulata clara, de olhos verdes e pele perfeita. Pela primeira vez, Marialva não teve inveja, aliás, ficou feliz de ver a cunhada chamando a atenção!

Daniel inchou o peito de orgulho e deu a mão à mãe, dizendo que ela ia ser a mais bonita da festa! Flávia riu-se muito, mas respondeu que já estava ficando velha aos vinte e nove anos e que com certeza, muitas moças de dezoito anos chamariam mais a atenção. Ele só perguntou:

– E elas cantam também?

O padre tinha mandado buscar as cocadas cedo, e mandado perguntar se podia colocar Marialva para tomar conta da barraca de cocadas. A resposta foi simples: "de jeito nenhum, que ela come tudo!", a isso, o padre providenciou outra pessoa. Vendo-a entrar, ele arregalou os olhos de espanto, e Flávia ficou sem jeito:

– Ficou decotado, padre? Falei com a costureira para não decotar, mas ela disse que estava bom! Se quiser eu troco por coisa mais simples...

O padre, bonachão nos seus sessenta anos, disse:

– Mas nem se atreva, filha! O decote está muito bom, não mostra nada de mais! É que ficou muito bonito! A filha ficou parecendo artista de cinema!

Ela ficou bem vermelha, e o padre a levou para o salão de trás da igreja, onde estavam os músicos, que também se admiraram com o traje dela. O do cavaquinho chegou a assoviar e disse:

– Tem certeza que não quer ir para a Capital? Ia fazer um sucesso e tanto por lá!

Ela só acenou que não com a cabeça, e eles ensaiaram sem o microfone e o som dos aparelhos, que já estavam instalados no coreto. Vendo-se ignorada, apertada em seu vestido emprestado, Marialva resolveu dar uma volta na frente da igreja e ver as barracas montadas. Tinha de tudo um pouco, na quermesse de São Sebastião, artesanato, perfumes, garrafadas de ervas, jogos de argolas, doces... ela suspirou: tanta coisa que queria comprar e não podia! Se ainda fosse casada, obrigaria Lourenço a lhe dar ao menos um perfume! Começava a chegar gente de todos os lados, será que ele não apareceria por ali? Se aparecesse, ia falar com ele, afinal, eram casados e casamento só acaba com a morte!

Sentou-se num banco da praça, pois as pernas doíam, e o vestido apertado incomodava bastante. Se tivesse dinheiro iria se vestir bem como aquelas senhoras que passavam gastando nas barracas! Por que não tinha? Deus não tinha sido justo com ela, não tinha lhe dado beleza! Se tivesse nascido bonita como Flávia, iria ser rica, imagine se ia perder tempo lavando roupa e aturando menino pobre em sala de aula! Nasceu bela, é fato, mas como era burra!

Os pensamentos dela começaram a me revoltar: será que não notava que este tipo de raciocínio é que a levava para o seu declínio completo? Não tinha dinheiro, porque não trabalhava; não tinha amigos, porque não era boa; não tinha marido, porque o tinha infernizado! E Flávia é que não era inteligente? Antes dela aparecer, estava prestes a comprar a sua casinha com o suor honesto de seu trabalho, não precisava do favor de ninguém, e era cercada de bons amigos! Quanto a não ter companheiro, a hora que decidisse, teria um! O círculo vicioso de seus pensamentos me deu certo asco, e eu me afastei para ver outras pessoas enquanto não dava o momento de Flávia se apresentar.

E de fato, como acontece nos "ajuntamentos" humanos, a apenas uma centena de metros de Marialva, estava Lourenço, escondido pelos passantes e ainda às costas dela, para sua sorte. Como todo homem do campo, olhava admirado aquele amontoado de barracas, o coreto enfeitado, as luzes coloridas e as belas moças passando de um lado para o outro. Vestia-se até com certo apuro, tinha um chapéu comprado ali mesmo na vila, de feltro, novo em folha, de preço caro. Era um luxo a que não podia se dar quando casado, já que a mulher consumia todo o seu dinheiro e ele pensava justamente em como tinha sorte de ter se separado dela: "Deus me livre de estar de novo com Marialva, tem mulher que é um atraso na vida da gente!".

Tive que rir com a diferença de pensamento de um para o outro, quem mandou minha irmã abusar tanto do marido? Tivesse sido uma boa esposa, ainda estaria com ele e não perturbando Flávia!

Lourenço olhava as moças e separava mentalmente as que eram "de família" (para essas, ele baixava os olhos, respeitava, pois eram sérias) das que eram mais "desfrutáveis". Gostava das do segundo tipo, sempre alegres, festeiras, dizendo coisas agradáveis. Nunca mais quis compromisso sério, e dizia a quem quisesse ouvir que já tinha cometido "um grave erro" na vida, não queria saber de outro. Imaginando o casamento que tinha tido, não o culpava, e achei divertido quando ele, segurando a aba do chapéu, foi se encaminhando para uma mulata jeitosa que olhava justamente de "olho comprido" para uma barraca de confeitos. Cavalheiro, foi lá e comprou logo um doce para a moça, que abriu um sorriso de aprovação, saindo para um lado diferente de onde estava Marialva. Graças a Deus!

Foi quando as luzes do coreto se acenderam, e o padre se encaminhou para lá, testando o enorme microfone e apresentando os músicos do Quarteto Harmonia que tinham vindo direto da capital para alegrar a quermesse de São Sebastião. Anunciando um por um eles foram entrando no coreto, sob uma onda de aplausos e começaram com um instrumental digno de se ouvir: um chorinho muito em moda nas rádios da época. O povo foi se juntando em volta do coreto, inclusive Marialva, apesar da dor nas pernas, envolvida pelo som da melodia, ainda longe de Lourenço, que a essa altura, já estava de braços dados com a mulata.

E quem de nós que ali estávamos poderíamos prever o que aconteceria depois de uma coisa tão simples, que era uma linda mulata subir num pequeno palanque e cantar músicas numa quermesse de igreja no interior? Mas... foi ali que começou a mudar tudo.

CAPÍTULO 13

# A QUERMESSE

### Comentário de Ariel

Olhei para Tobias que tinha um ar abatido e para Lourenço que olhava a cabana onde o velho senhor estava. Dei por mim que não tinha notado Olívia sair de perto de nós, envolvido que fiquei na narrativa de meu novo amigo, e perguntei a Clara:

– E Olívia? Onde está?

Clara me sorriu divertida:

– Ela é mesmo leve como uma pluma, não? Está na cabana, com aquele senhor novamente. Foi lá levar-lhe um pouco de água.

Notamos certo desconforto na mesa até que Lourenço finalmente perguntou:

– A mocinha sabe se cuidar sozinha? Parece muito pura, muito inocente... aquele lá não é boa coisa! Não era melhor eu ir para proteger?

Lembrando-me da força e da fé da pequena e iluminada menina, espírito muito mais adiantado que eu, que apenas se apresentava naquela aparência, disse ao bom Lourenço:

– Não se preocupe, Lourenço. E acredite, quando nos envolvemos em algum apuro, o normal é que "ela" nos ajude. Não é mesmo, Clara?

Lembrando-se de situações passadas, em que Olívia realmente "salvou" a situação, Clara riu-se:

– Não faz ideia de como uma menina tão graciosa pode ser tão cheia de fé!

Lourenço franziu a grossa sobrancelha tentando entender, mas aceitou a explicação. Já tinha visto tanta coisa estranha nesta terra de meu Deus, pensou, por que não uma menininha valente?

Já em Tobias víamos um semblante triste, como se espiasse o passado. Sentia nele um misto de melancolia e culpa difíceis de traduzir. O menino Daniel, emudecido, escorava-se no ombro de seu pai, quando eu finalmente perguntei:

– Em que é que tanto pensa, meu bom amigo?

– Em como, mesmo querendo fazer o bem, a gente acaba por fazer o mal.

Ali estava o arrependimento. Coisa comum em Tobias.

– Lembrando-me disso agora, eu talvez concorde com meus amigos da Colônia, porque eles tinham realmente razão. Desencarnado não deve mesmo ficar muito tempo na Terra, as energias são muito densas e a nossa ação tão limitada! A Terra é para os vivos, vestidos na carne! No máximo para breves visitas de quem tem muita fé... eu, não tinha mais tanta fé assim. Para ser franco, tinha perdido quase toda ela, ou estava para perder.

Clara o olhou admirada, não esperava aquilo dele, que continuou o seu desabafo:

– Coisas estranhas acontecem quando você perde a sua fé, moça. Coisas que eu nem sei como contar.

Clara o olhou com a compreensão das mulheres e o aconchego das mães:

– Quem aqui nunca errou, Tobias? Não sabe você das

muitas encarnações? Quem sabe contando você desabafa e melhora?

Ele cruzou os braços em frente ao peito, numa clara demonstração de não querer falar no assunto, mas ao me olhar e ver que em mim também não haveria julgamento, colocou as mãos na mesa de madeira e disse:

– É verdade... quem nunca errou em tantas vidas? Talvez Jesus, e nem ele julgou ninguém!

E assim deu prosseguimento à sua história.

## Narrativa de Tobias

É certo que a ação dos espíritos sobre a Terra é limitada, mas em determinadas coisas, podemos influir. E acima de tudo, sabemos esperar! Se os pensamentos alheios nos varrem a mente e nos fazem sofrer, também nos informam, nos avisam de suas intenções, as máscaras do bom convívio social e de uma pretensa respeitabilidade caem como folhas secas, quando a verdade é revelada por trás de um sorriso falso. O ser humano às vezes pode ser cansativo... e se não vigiarmos, a maldade alheia termina por nos contaminar.

Flávia subiu ao pequeno e improvisado palco no seu belo vestido verde de uma forma que as pessoas do vilarejo, ali reunidas em quase mil e quinhentas para assistirem o número, nunca a tinham visto antes, simplesmente porque ela era bastante modesta, e tudo fazia para não chamar atenção.

A viuvez quando moça a tinha marcado duramente e ela tinha resolvido viver para o filho até então. Já tinha tido pretendentes indesejados, e por isso, usava roupas mais largas, que não lhe marcassem o corpo, prendia sempre os lindos cabelos, não usava nenhuma maquiagem e andava olhando para o chão, escondendo o rosto. Naquela noite ei-la com um vestido normal, realçando-lhe as formas, ainda que de forma discreta, os lindos cabelos soltos, o rosto discretamente maquiado, um gingado que era próprio da raça e uma voz difícil de esquecer.

Ela brincava no palco, inocente, sorrindo com a dentadura perfeita, os lábios vermelhos, para os amigos de sempre, mas se de início causou um silêncio absoluto pelo susto de a reconhecerem daquela forma, depois a reação foi se transformando aos poucos. Primeiro foi o encantamento de ver que a professora humilde parecia uma artista famosa que cantava como as cantoras do rádio, voz maviosa, ainda que um pouco tímida de início. Mas que cantora era assim tão bonita?

Logo, ela se soltou, pois os aplausos foram muitos e ela identificou os amigos da igreja, os músicos sorriram, e como Flávia não era de pensar mal de ninguém, não passou pela sua cabeça que pensariam mal dela. Mas alguns pensaram... passado o susto inicial, nas duas primeiras músicas as pessoas ainda estavam meio que hipnotizadas pela novidade, mas daí para frente, comecei a ouvir alguns comentários maldosos, feitos por algumas senhoras que possivelmente se sentiram "um tanto ofendidas", pelo interesse de seus maridos nas "novas modinhas da música nacional". Como aplaudiam, não? Alguns até assoviavam!

Eu acabei achando graça na coisa, mas ao "ouvir" o pensamento de algumas delas, deixei de achar. Algumas já pensavam em reclamar com o padre, que "aquela moça" estava "muito vulgar". Olhei para Flávia, que não estava vulgar, mas deslumbrante, e pensei comigo mesmo: "a beleza incomoda"...

Passei por mais adiante e vi Lourenço, feliz da vida com seu chapéu de feltro e a mulatinha nova na mão. Ao ver Flávia, ele ficou feliz e dizia alto, para todo mundo ouvir: "vê que belezura! É minha cunhada, moça direita! É viúva e professora, muito honesta! Só canta porque é para a igreja!"

Afastei-me rindo, continuava a boa pessoa de sempre, orgulhoso de Flávia, contando vantagem de conhecê-la e defendendo-a das más línguas... gostava dele, tomara que não se encontrasse com minha irmã, ou aquela alegria ia virar fumaça.

Passei por alguns homens, que sentados no banco da praça, ouviam a voz da minha amada, mas antes não tivesse passado! Certas coisas melhor nem saber... claro que achavam minha mulher muito bonita, mas os pensamentos não eram muito "católicos". Afastei-me logo, lembrando que também tinha sido moço e não querendo me irritar. Foi quando vi, escorado num poste de luz elétrica, fumando um cigarro de palha, mas bem-vestido, com um terno de linho acinzentado, o demônio do Eleotério.

As pessoas passavam por ele num ir e vir contínuo, para assistir melhor ao número, e ele lá parado, sozinho, a observar Flávia como um predador observa uma presa muito especial. Lendo seu pensamento pude ouvir claramente: "onde estava essa mulher que eu nunca a tinha visto antes? O vestido tem brilho, mas é discreto, não é de bordel... a dança também não é de bordel, parece até inocente! Parece até mulher séria! Mas cantando desse jeito, profissional? Será? Tenho que descobrir de que lugar surgiu essa pérola...".

O calafrio que me deu foi infame. Tentava decidir em sua mente se Flávia era uma mulher de vida fácil ou não. Segui-o em seu caminho tortuoso, por entre as pessoas até que ele jogou o cigarro fora e chegou perto dela o tanto que era possível, para meu profundo desgosto. Segui seu pensamento: "mas que pele bonita! Isso não é pele de mulher que bebe ou fuma! E os cabelos, então? Mulata clara... mais bonita nunca vi! Com certeza, não é dama da noite!".

Vendo que Flávia acenava a um garotinho de dez anos da multidão que gritava e sorria para ela, ele se aproximou e perguntou:

– Menino, quem é essa moça? Conhece?

O pequeno, já afogueado de tanto gritar no meio das músicas, olhou para ele como se estivesse fazendo a pergunta mais tola do mundo, e respondeu:

– É claro! É a minha professora Flávia! Viu como canta bem?

Ele achou que não tivesse escutado direito:

– Professora? Daqui da vila mesmo?

O menino riu-se:

– Lógico! Professora sim, e de onde mais seria? Daquela escolinha ali!

E apontou para a pequena escola que ficava bem perto da igreja. Eleotério olhou a escolinha pobre, depois olhou Flávia, e sorriu. Pensou consigo mesmo: claro que não conheceria mesmo a moça, nunca passava por ali...

Cruel apreensão se apossou de mim, enquanto eu me colava nele absorvendo seus pensamentos, percebendo o fascínio que dele se apoderava na medida em que observava a minha esposa. Estava com um sorriso tolo no rosto, e pensava: "mas que linda! E parece que é moça séria! E que voz... podia fazer carreira se quisesse! Será que alguém por aqui sabe mais dela?".

Nisso, reparou em meu filho Daniel, bonito, mas mais escuro que ela, sentado logo atrás dos músicos no palco, batendo palmas enquanto a mãe cantava. Flávia jogou-lhe um beijo com as mãos e ele sorriu feliz e orgulhoso... O homem logo pensou: "será filho? Será casada?".

Tão absorto estava em Eleotério e em suas intenções que não notei Marialva se aproximando dele e muito me assustei quando ela disse a ele sem a menor cerimônia:

– Bonita a cantora, não?

Eleotério olhou a gorda senhora que vinha lhe "puxando assunto" sem muita simpatia, mas respondeu de forma evasiva:

– Muito. E canta muito bem. Conhece?

Era a pergunta que ela esperava: ergueu o busto e fez ares de importante antes de responder, como se estivesse de posse da mais fina mercadoria:

– Claro. Moro com ela... é minha cunhada.

Eleotério afastou-se uns dois passos para ver Marialva melhor: analisou o vestido justo, os sapatos pobres, o jeito interesseiro. Terminada a análise perguntou o que queria:

– Então é casada a moça? Como ela se chama?

Ela riu-se:

– Não senhor... imagine! Se meu irmão fosse vivo não ia gostar que ela cantasse assim em público! Tobias era um homem de respeito. Ela se chama Flávia.

Ele estreitou os olhos, e murmurou para si mesmo o nome de minha mulher, como se saboreasse as letras: "Flávia". Em seguida, perguntou a Marialva:

– Por quê? A moça não é de respeito?

Minha irmã maldisse a própria língua:

– Mas é claro que é. Só está cantando a pedido do padre! É que meu irmão era muito rigoroso. Ela nunca tinha cantado antes...

Ele olhou Flávia feliz no palco, encantando a plateia, e perguntou:

– E não vai querer fazer carreira agora? A moça canta direito, é bonita, convite não vai faltar...

Marialva respondeu quase com mágoa:

– Convite já fizeram, mas é uma tola. Chamaram até pra cantar na capital, mas cismou de ficar aqui e dar aula, acredita? Podia ganhar muito mais! Iríamos viver à larga!

Eleotério olhou para ela um tanto ressabiado:

– A moça tem juízo, isso sim! Deus sabe o que pode acontecer na capital!

Estranhei o tipo de assunto, e os dois fizeram silêncio para ouvi-la cantar sua última música, a "Ave-Maria". Ao som dos instrumentos de cordas, a voz de mezzo-soprano de Flávia fez-se um silêncio absoluto e mesmo eu me vi em lágrimas, tamanha a beleza da música. As luzes simples da feira num repente pareciam estrelas caídas do céu, e as pessoas simples da vila pareciam tingidas de certa inocência e enlevo, que só a magia da música pode produzir, ainda que por poucos instantes.

Dada a última nota, voltamos à Terra para cumprimentar os artistas, Flávia sorriu, pegou Daniel e correu para a igreja, os músicos indo logo atrás, Eleotério que parecia saído de uma visão, perguntou logo a Marialva:

– Ela é professora, então. Vocês moram por aqui?

Marialva tinha notado as roupas caras, o sapato de couro, o cheiro de fumo diferenciado. Ainda assim, conhecia bem Flávia para saber de seus valores morais, por isso perguntou:

– O senhor é casado? Minha cunhada é moça muito séria, já rejeitou partidos muito bons.

Eleotério empertigou-se muito quando respondeu:

– Sou viúvo há algum tempo! Não me atreveria a fazer uma proposta a moça séria se não estivesse desimpedido. Mas agora, depois de aparecer assim em público, podem aparecer outros interessados. Onde vocês moram?

Marialva logo mostrou e ele combinou com ela de passar lá em poucos dias. Deixou com ela uma quantia para comprar uma lembrança que fosse do gosto de Flávia, em agradecimento pela emoção da apresentação, o que deixou minha irmã muito bem impressionada, e frisou bem: "não lhe dê o dinheiro, que não fica bem, dê-lhe flores ou um mimo bonito!".

Logo depois que ele se retirou, Flávia saiu coberta com um xale e com Daniel pela mão. As pessoas queriam abraçá-la pela atuação e ela, distribuiu sorrisos, pegou uns doces para o filho e correu para casa que "os pés estão me matando!", conforme disse a Marialva, que ficou mais um pouco na festa. Chegando em casa colocou o filho a seu lado na cama que caiu no sono assim que colocou a cabeça no travesseiro.

Olhei minha bela esposa que soltava finalmente os grampos do cabelo, e massageava os pés machucados pelo calçado. Que linda tinha estado no palco e que bobagem Marialva dissera! Claro que se estivesse vivo a teria deixado cantar, por muito ciúme que tivesse... não tinha vulgaridade a minha mulher, tinha me lembrado da pureza da sua fé com a sua Ave-Maria.

Cheguei perto dela e agradeci por tão belo momento na praça, e depois me preocupei com a atenção que ela tinha despertado em um homem tão mau, que tinha contribuído tanto com o desvario de minha outra irmã, a Dita. Aquele ser parecia estar ligado à nossa família de alguma forma, não podia provar porque não tinha como, mas a impressão era forte de seu envolvimento em meu assassinato.

Não acho que teria chance com Flávia, desprendida que era de valores materiais. Eleotério era grosseiro, contava com a aparência vulgar de quem tinha abusado de muita bebida e fumo, os olhos amarelados, os dentes escurecidos de fumo. Se fosse um homem bom, de elevados valores, sem vícios sérios, até podia ser... mas era dado à prostituição. Saberia lidar com uma moça trabalhadora, que prezava a honestidade, como aquela? Eu duvidava...

CAPÍTULO 14

# LÁGRIMAS DE MÃE HONESTA

### Comentário de Ariel

A ESSA ALTURA, MINHA querida Clara o olhava pensativamente, por fim perguntou:
– Toda essa situação não lhe angustiava, Tobias? Como marido não ficava perturbado de ver Flávia poder ser assediada por um homem de moral tão discutível e de posses financeiras que certamente influenciariam Marialva? Quando estamos encarnados, podemos conversar, interferir positivamente de forma mais clara... mas como espíritos, fica mais difícil como você bem sabe.

Tobias a olhava em silêncio, talvez pensasse em como dizer à moça tão suave, dos caminhos tortuosos que tinha tomado dali para frente. Só então falou:
– Sempre fui inteligente, moça. E isso não se perde... mas nem sempre a nossa inteligência nos leva para o lado do bem.

## Narrativa de Tobias

Observei minha linda Flávia a dormir sossegadamente, abraçada a meu filho Daniel. Dentro de mim, mil pensamentos turvavam o meu espírito e quando notei, estava ao lado de minha irmã Marialva na quermesse, que estava ainda animada, embora fossem quase dez horas da noite.

De posse do dinheiro que Eleotério tinha lhe dado, ela tinha ficado feito criança em loja de doces, e já tinha comprado para ela mesma alguns mimos como perfume barato, bijuterias e doces. No rosto, o sorriso feliz de quem há muito esperava por ver pequenos sonhos satisfeitos. Sobrava ainda muito dinheiro e ela pensava contrafeita: "que vou comprar para Flávia? Que sorte tem aquela lá! E tenho que dar um presente razoável, ou fica feio... o homem vai lá em poucos dias, que compro para ela?".

Sentou-se num dos bancos da praça, pensando em seu dilema, até que viu passar uma senhora bem-vestida e seu marido. Olhando a estampa do vestido da mulher pensou: "Para Flávia um corte de tecido bom, e com o que sobrar, um brinquedinho para Daniel. É... o menino tem poucos brinquedos! O que sobrar, fica comigo".

Assim decidido, encaminhou-se para casa, satisfeita consigo mesma e a ideia de presentear também ao menino. Em sua cabeça começava a se formar um plano de permanecer na casa de minha esposa, principalmente porque ela teria um pretendente rico. É... porque se soltou aquele monte de dinheiro só para dar a Flávia um "presentinho", devia mesmo ter posses! O problema era fazer ela aceitar o pretendente.

Na cabeça de minha irmã não existia mulher mais tola do que Flávia, que levantava cedo, dava aulas, lavava tinas de roupas, sustentava filho sozinha e abria mão da vida fácil que o dinheiro de um homem podia dar. Não lhe passava pelo pensamento que para uma mulher como a minha, dormir com um homem que não amava seria o pior dos sacrifícios, e que ela preferia a isso, suas tinas de roupa para lavar.

Sentia-se já numa casa grande e luxuosa, quem sabe se já não teria até criados. Flávia era linda, conseguiria tudo aquilo fácil e ela iria junto. Eu, ao lado dela, tinha ímpetos de dar nela boas bofetadas e dizer que arrumasse um serviço, em vez de ficar sonhando com mordomias que não lhe pertenciam! Ela entrou na casa devagar, escondeu entre os seus pertences os mimos que tinha comprado, tirou o vestido apertado e só então deitou-se na cama que era de Daniel, comendo os doces da quermesse. Como faria para seduzir Flávia? O homem tinha ficado muito interessado nela, enfeitiçado mesmo! O problema era a "santarrona" da cunhada, cheia de "não me toques!".

Ficou naqueles pensamentos boa parte da noite, comigo lhe "embaralhando" as ideias, para que nenhum plano se formasse, só então, com uma dor de cabeça infernal, ela resolveu fechar os olhos e dormir. É verdade, obsidiei minha irmã para proteger minha mulher, e ao menos naquela noite funcionou.

Cansado a não mais poder, adormeci por um longo tempo, e a primeira coisa que ouvi foi a voz de Dita nos meus ouvidos, junto com um cheiro que misturava bebida alcoólica e um perfume doce e barato:

– Dormindo por aqui, Tobias? O mundo acabando e você dormindo?

Sentei-me de imediato, e encarei os olhos avermelhados dela:
– Mundo acabando? Como assim?

Ela deu uma risada feroz, como se estivesse ferida no seu íntimo:

– Não vê o que Marialva está tentando fazer? E justo para o Eleotério, que me jogou na vida?

Levantei-me rápido e fui para a sala da casa. Anoitecia e Marialva entrava com dois pacotes pela soleira da porta: um parecia-se realmente com um pacote de tecido, mas o outro era um embrulho bem maior, cheio de fitas, como se fosse presente de criança. Flávia, que estava fazendo a janta, estranhou bastante tudo aquilo. Marialva trazendo embrulhos? Ela nunca tinha dinheiro para nada!

Notei pelo movimento da rua, que eu tinha dormido o domingo inteiro e estava acordando apenas no anoitecer de segunda. Pouco acostumado a obsidiar quem quer que fosse, aquilo tinha me consumido enorme energia! Que será que tinha acontecido nesse dia perdido? Prestei atenção, e notei Flávia a franzir a sobrancelha e perguntar a ela:

– Que embrulhos são esses, Marialva? Ganhou presentes de alguém?

Minha irmã, que vinha afogueada da rua e da pequena ladeira que subira, os colocou em cima da mesa, e disse:

– São presentes sim, mas não para mim. São para você e Daniel!

Minha mulher nunca tinha sido tola, ainda de sobrancelha bem cerrada, perguntou:

– E quem foi que mandou isso? Algum abusado? Porque se foi, pode devolver! Não aceito presente de estranhos.

O rosto de Marialva chegou a empalidecer, mas ela não perdeu a compostura. Colocando a mão nas cadeiras e tomando um copo de água, enquanto Daniel olhava curioso os pacotes, ela sorriu inocentemente falando:

– Ora, Flávia, não seja "carola"! Você foi muito bem cantando na quermesse, não houve quem não comentasse! Não te elogiaram hoje, na escola?

Meio sem jeito, minha mulher disse:

– É verdade... não esperava tanta atenção, mas logo eles esquecem! Os alunos até me levaram flores, fiquei comovida. Mas é uma bobagem, que eu não nasci para artista: tenho os meus pés muito bem plantados no chão!

Dita, que estava atrás de mim, sussurrou no meu ouvido: "Olhe bem como a cobra vai encantar o passarinho!", e eu só pude observar quando Marialva falou:

– Pois muito bem! Lembra quando você cantou a "Ave-Maria" e foi aquele "silêncio", todo mundo escutando, admirado...
Flávia recordou-se e disse a ela, meio hesitante:
– Sei...
Minha irmã se animou com a atenção dela:
– Pois um senhor que estava do meu lado se emocionou até as lágrimas, coitado! Tão religioso! Ficou tocado com a sua interpretação, disse que nunca ouviu coisa tão linda, que parecia a voz de um anjo. Então eu disse que era sua cunhada e que aquele belo menino, era seu filho, Daniel.
Ainda assim Flávia não tinha gostado muito da história, e disse:
– E só por isso vai mandar presentes? Estranho...
Marialva não se deu por vencida:
– Mas ele disse que não são presentes, Flávia. Que é uma retribuição pelo que sua voz lhe trouxe de lembranças com a "Ave-Maria", que é sua Santa de devoção! É só um agradecimento pela sua interpretação na praça.
Enquanto Flávia ouvia as palavras "devoção à Santa" e ponderava, Marialva rapidamente desembrulhou o pacote e mostrou a Daniel o mais lindo caminhão de madeira pintada que o menino já tinha visto. O deslumbramento do menino que só tinha tido brinquedos muito humildes foi tamanho que ele soltou um grito de alegria, dando pulos em volta do brinquedo. Ele nunca tinha pedido a Flávia nada sequer parecido, sabedor da situação da mãe que era humilde e trabalhadora, mas o presente de seus sonhos ali estava, melhor ainda que o desejado!
Muda perante a reação do menino, Flávia olhou Marialva um tanto zangada de início, mas Daniel lhe deu tantos abraços, beijou-a tantas vezes, que ela desligou a sopa, sentou-se na cadeira, e emudeceu, ouvindo ao longe a cunhada dizer: "viu que lindo, Flávia? Ele nunca teve um destes!". Ela se sentiu como se de repente não tivesse dado ao filho o suficiente para ser feliz, como se ter sido pobre fosse um castigo cruel.

Quantas vezes tinha visto roupinhas bonitas que não podia dar a Daniel? E brinquedos? Nunca tinha visto o filho tão feliz antes... ela abraçou o filho, disse que podia ficar com o brinquedo, olhou o outro pacote que estava em cima da mesa com certo desprezo e disse a Marialva:

– Pois diga a esse senhor, que agradeço muito a alegria que deu ao meu filho, mas que eu não preciso de presentes. Que a música que cantei foi para todos que têm fé e se ele tem, sorte dele. A fé é o que me move todos os dias.

Dito isso, foi para o quarto, triste de não poder ter dado ao filho uma vida com mais conforto do que tinha dado. Soubesse ela a fortuna que já tinha dispensado ao filho em valores morais que não perecem com o tempo, não verteria aquelas lágrimas. O amor e o exemplo que Flávia deu ao filho, são difíceis de encontrar em qualquer parte e nenhuma loja cara poderia vender.

Porém, minha amada Flávia só conseguia agora lembrar das coisas que ele poderia ter tido e não tinha. Bons sapatos, roupas que não fossem de segunda mão... ela deitou-se na cama limpa e pobre, lembrando das contas a pagar no armazém, cada vez mais altas, por conta de hospedar mais uma boca que comia por três e em nada ajudava. Não era por maldade que queria Marialva longe dali, já fazia seis meses que estava em sua casa e suas economias tinham findado, não havia mais como sustentá-la. Estava exausta com o excesso de trabalho, triste com as dívidas que começavam a se formar, e irritada em notar que a outra nada fazia para ao menos bancar o próprio sustento.

"Como pode" – pensava Flávia – "que pessoa nascida em meio humilde não se convença de que tenha de trabalhar para seu sustento? Não vê que assim terminará na mendicância?" e ao pensar assim deixava cair as lágrimas em seu travesseiro. Suas vizinhas, que sabiam da real situação, diziam que não sabiam como ela ainda aturava semelhante desaforo, mas o fato era que ao pensar na cunhada passando frio na rua, sem ter o que comer, seu coração se enchia de pena.

Mas, pensou ela, se ela ficasse ali, a falência seria dos três, ou então teria que tornar a vida de seu filho ainda mais pobre e desventurosa. Não faria isso com Daniel, que já tinha se privado de tanta coisa! Tinha prometido a mim, no meu túmulo, que tudo faria pelo nosso menino e que nada faltaria a ele.

Dita, que estava ao meu lado, observando toda a cena, comentou comigo:

– Bom seria que o cafajeste do Eleotério tivesse se interessado por Marialva, e não por esta aí... minha irmã bem que merecia um tipo daqueles, que bate em mulher, acaba com a vida delas!

Eu dei uma risada amarga:

– Pois olhe bem as duas, Dita: esta formosura aqui, e a velha que se tornou a nossa irmã aos quarenta anos, por puro desleixo, naquela sala! Por quem acha que ele se interessaria? Sem falar que quando abre a boca, Marialva não diz nada que preste, é vazia, fútil, egoísta! Um vampiro que só sabe sugar os que estão em volta.

Ela andou com um ándar requebrado, as mãos nas cadeiras, e jogou a cabeça para trás, num gesto de rebeldia:

– Nunca te imaginei nessa fúria, meu irmão... sempre foi tão calmo. Olha que me surpreende! Marialva tem lhe dado trabalho, é? Não tá conseguindo proteger sua preciosa?

Falava com ironia, mas eu lhe respondi com a verdade:

– Trabalho é pouco! Essa cretina agora quer que Flávia se arranje com Eleotério para que fique na "vida mansa". Posso eu permitir isso? Na noite de sábado ainda a atormentei noite afora para que não conseguisse colocar um pensamento em ordem, falei em sua cabeça sem parar, por um minuto teve uma dor de cabeça tão forte que quase endoideceu. Mas depois, fiquei tão cansado que dormi por um dia e meio, ela se recuperou e trouxe os presentes. Veja como ficou Flávia!

Apontei para minha mulher ainda em lágrimas na cama, triste que só ela, sem antever solução para seus problemas. Eu continuei:

– Claro que já entendi que posso influenciar, mas a que custo! Daniel, por outro lado, não tem me visto tanto como via... não entendo o que acontece...

Eu não sabia na época que Daniel não me via mais porque estávamos em vibrações diferentes: eu era ódio e raiva, meu filho inocência e amor. Ele via no máximo o meu vulto, e rapidamente... Dita me olhava de olhos arregalados, e quando terminei minha narrativa ela deu uma gargalhada tapando a boca com a mão, para que eu não visse o estado de seus dentes, que quando encarnada já não eram bons pelo excesso de bebida e as brigas constantes no baixo meretrício. Depois de rir-se muito, ela disse:

– O "santo" do meu irmão está "obsidiando" a minha irmã? Se me contassem eu não acreditaria! Virou assombração agora, Tobias? Não tem vergonha?

Um ódio sem tamanho me subiu ao peito:

– E quem é você para me julgar, rameira? Quer que eu deixe que ela faça mal à minha mulher e meu filho? Antes disso eu afundo com ela nos quintos dos infernos!

Ela parou de rir e me olhou séria, os olhos frios me encararam e eu a encarei de volta. Foi quando ela me disse:

– Quer mesmo fazer algo contra Marialva e Eleotério para proteger os seus? Eu quero mesmo me vingar de Eleotério e nunca gostei de Marialva, posso te ajudar, quer?

Tão desesperado eu estava que a minha resposta foi:

– Quero.

CAPÍTULO 15

# A DESPEDIDA

### Comentário de Ariel

Envolvidos que estávamos pela narrativa de Tobias, não notamos a expressão de Daniel, ao escutar a história do pai pela primeira vez. O rapazote olhou para ele e perguntou, em sua voz de adolescente:

– Então o senhor estava lá quando ganhei o caminhão? Minha mãe chorou no quarto?

Meio triste, Tobias concordou:

– Sim. Ninguém nunca soube o quanto sua mãe te amou de fato, nem o tanto que sempre foi honrada. A vida não foi fácil para Flávia, mas ela era feliz contigo, até Marialva aparecer.

Daniel franziu as sobrancelhas:

– Não sentia mais tanto o senhor como antes. Achei que tinha "perdido o dom", fiquei triste.

De súbito, Olívia surgiu por trás de Clara, e respondeu:

– Não perdeu "dom" nenhum, é que seu pai estava cheio de ódio, e você não. Estavam em vibrações diferentes, eis tudo.

O menino continuou curioso. Tinha visto muitos "vultos" em sua curta existência:

– Então, quando a gente vê "vultos", estão todos irritados como estava o meu pai? São espíritos zangados?

Olívia riu-se, vendo o olhar assustado dele:

– Não, Daniel! Isso depende de tanta coisa! Muitas vezes são até bons parentes fazendo visitas, ou até alguém só de passagem. Espíritos maus costumam vir carregados de uma energia má. Depende também do grau de vidência do médium, que se for muito potente verá os bons e os maus a maior parte do tempo, independente da energia que exale. Você tinha um grau de vidência razoável, mas ainda não estava preparado para ser um médium de tamanha responsabilidade.

Olhando a amiga, Clara sorriu:

– Médiuns videntes têm que ter muita força espiritual. Não é fácil, a incompreensão costuma ser grande. Foi tudo bem na cabana?

– Claro, por que não iria?

Lourenço, que tinha ficado preocupado com ela, disse:

– A menina deve tomar cuidado com aquele lá, sujeito perigoso!

Olívia deu um de seus sorrisos mais puros, e respondeu:

– Não é engraçado? No início, "ele" teve medo de mim! "Que luz é essa?", ele disse. E eu respondi: "vou aonde sou necessária, não se preocupe!".

E olhando para Tobias, que tinha até perdido o "fio da meada", pediu:

– Eu estava escutando também a sua história, lá de dentro da cabana. Com que então fez um "pacto" com sua irmã Dita. E que aconteceu, então?

Ele suspirou fundo, e mergulhou em suas lembranças:

## Narrativa de Tobias

A gente acredita saber tanta coisa sobre nós mesmos... eu me achava um bom sujeito, incapaz de ferir ou magoar quem quer que seja, de fazer um mau ato, de mentir, ou trapacear. Mas ao ver Flávia e Daniel expostos a pessoas de tão má índole, em vez de pedir ao Criador que lhes desse força e coragem para passar por essa provação tão dura, que fiz eu? Arvorei-me de protetor dos dois, senhor absoluto de seus destinos, como se pudesse manobrar todas as vertentes de seus atos. Vaidade insana, orgulho sem tamanho, vingança sem fim.

Notei com o passar dos dias uma tristeza se apossar do coração de Flávia, que se antes brigava com a cunhada por sua preguiça, agora parecia querer se preservar um pouco das adversidades. Estava cansada dos aborrecimentos contínuos e pela primeira vez sentia que não sabia como ia pagar toda a conta do armazém, coisa que lhe apertava o peito de tal forma que lhe fazia difícil a respiração. Alheia a tudo, Marialva só pensava na visita que lhes faria o Eleotério dali a poucos dias, tinha se encontrado com ele na rua, em frente a igreja, e dito que "o caminho para o coração da mulher que deseja, passa pelo menino". A tudo isso ouvi, espantado com a esperteza de minha irmã, que sequer desconfiava do quanto que estava certa.

Desanimada, Flávia continuava com as suas aulas, lavando as suas roupas, se esforçando para sorrir para Daniel, mas ao passar pela porta do armazém onde fazia suas compras, se encolhia um pouco, de vergonha. Como me doía ver minha esposa em tal situação! Comecei a influenciá-la para que pusesse Marialva na rua o mais depressa possível, antes que ela e Daniel se atolassem ainda mais, lembrei-lhe da responsabilidade de mãe honesta e direita e, enfim, chegando em casa, deu com a cunhada refestelada no sofá, e assim a vendo, sentou-se na cadeira de madeira em frente a ela, e disse:

– Sinto muito, minha cunhada, de tudo tentei para que isso

não ocorresse. Deus é testemunha de minha paciência contigo, mas agora não tenho mesmo outra alternativa.

Deitada no sofá, a outra, que estava de olhos fechados sequer os abriu, e colocando o pulso na testa disse, em voz rouca:

– Não podemos conversar mais tarde, cunhada? Tenho uma dor nas costas que me mata! Tentei lavar umas roupas, mas foi em vão!

Se ela esperava que Flávia ficasse irritada, se enganou. Minha mulher estava cansada demais para ficar irritada...

– Se eu esperar que você esteja bem-disposta, nunca conversaremos! Está sempre doente, ou com alguma dor... o problema é que come demais, e com isso, deve estar prejudicando os seus ossos. Não é ainda uma mulher velha, Marialva. Acabou de fazer quarenta anos, sua mãe trabalhou duro até depois dos sessenta!

A outra sentou-se com um pouco de dificuldade e a olhou enraivecida:

– Está dizendo que sou preguiçosa? Se passasse o que passo não me diria isso! Deus é testemunha de que tento lhe ajudar e não consigo!

Flávia continuava estranhamente calma, sem se alterar. Olhou duro nos olhos da outra que a continuava encarando e disse:

– Não tenho como saber o que passa, mas tenho como saber o que passo. Estou há seis meses sustentando-a, minhas economias se foram e vou, pela primeira vez na vida, ficar devendo no armazém. Nunca devi antes, e não pretendo dever no mês que vem. A continuar com você aqui vamos, meu filho e eu, passar a água e farinha de tanta dívida acumulada. Você amanhã sai dessa casa.

Ela levantou-se numa rapidez difícil de acreditar para quem dizia ter tanta dor nas costas. Olhou Flávia num ódio difícil de descrever, colocou as mãos nas cadeiras como se fosse avançar nela ou coisa parecida. Minha mulher levantou-se da cadeira, bela, erguida e forte, mais alta e ágil que Marialva, que finalmente deu um passo atrás, e disse com fúria disfarçada em mágoa:

– Como pode? Eu nem dou tanta despesa! Colocar uma pessoa da família na rua, uma mulher velha e doente como eu! Não tem coração? E se diz cristã!

Flávia a olhou finalmente zangada:

– É essa a paga por tê-la acolhido todo esse tempo? Por ter tirado meu filho da cama dele e ter te alimentado todos esses meses? Que cobra coloquei em baixo de meu teto! Nem velha e nem doente, e da minha família, muito menos! Acolhi você em respeito à sua mãe e ao meu amado Tobias, mas acredito que eles, vendo como você tem se comportado, me darão razão. Vá tratar de sua vida, que cunhado não é parente!

A gritaria se ouvia da rua e Daniel entrou, um tanto ressabiado, olhando para a mãe e a tia, que agora já vertia lágrimas de desespero por não saber para onde ir. Flávia, por outro lado, estava irredutível. Não queria mais Marialva por perto e devia como mãe, pensar primeiro no bem-estar de Daniel. Como sustentaria a ela e o menino tendo que sustentar também a cunhada? Impossível!

Ouvindo os lamentos da tia, sem saber da real situação da mãe, o bom menino pediu a Flávia que a deixasse pelo menos alguns dias, até que ela arrumasse onde ficar, mas Flávia foi implacável.

– Não se preocupe, Daniel. Vou falar com o padre da paróquia que ele alojará sua tia por alguns dias até que ela arranje um serviço. Ela é pobre como nós, terá que aprender a trabalhar para se sustentar! Se não fosse tão preguiçosa e tivesse nos ajudado aqui com seu próprio sustento, nada disso ocorreria!

Dito isso, pegou sua bolsa, deu a mão a Daniel e disse para Marialva:

– Cesse já esse choro, que ele não engana ninguém! Vou agora mesmo falar com o padre, que é um bom amigo e há de me prestar esse favor... ele acolhe gente que vem das roças todos os dias, há de lhe acolher também. Arrume suas coisas, você vai hoje mesmo, que não quero cantilenas nos ouvidos de meu filho. Só me faltava essa, agora. Eu ser a ruim da história!

Saiu com Daniel porta afora, ele muito admirado da atitude da mãe. Já na rua, o menino com os olhos muito arregalados, a observava e perguntou:

– Vai mesmo colocar a tia na rua, mamãe?

Flávia parou, achou um pequeno banquinho onde os dois se sentaram e enxugando as lágrimas, ela disse:

– Meu filho, há seis meses eu a acolhi em nossa casa e ela disse que trabalharia para seu sustento lavando roupas. Sabe como a mamãe trabalha para colocar a comida em nossa mesa, não sabe?

Ele olhou a mãe, que às vezes trabalhava desde que o sol nascia até ele se pôr, dando aula e lavando e passando roupas, e só então respondeu:

– Eu sei... a mãe não fica parada um segundo. Está até juntando um dinheirinho para comprar nossa casinha!

Flávia deixou cair as lágrimas:

– Pois não há mais dinheiro para a nossa casinha, meu filho. Tive que gastar tudo com a sua tia, que nos dá muita despesa. Não notou que ela come muito mais que nós dois juntos?

Ele achou graça:

– Come mesmo! Mais ainda quando a mãe não está em casa! Sabia que chega a comer açúcar preto puro? Fora a sujeira que faz e depois me põe pra limpar...

Flávia não achou graça nenhuma:

– Pois já estamos devendo no armazém e não sei quando vamos poder pagar tudo. Não tenho mais como sustentá-la. Estou devendo dinheiro por conta das comilanças dela. Somos pobres, mas somos honrados, Daniel. Não podemos ter mais essa despesa. Não fosse ela tão preguiçosa, faríamos esse sacrifício de aturar uma estranha em nossa casa, mas pagar tanto por ela, não podemos mais! Já gastamos tudo que tínhamos. E por uma pessoa que sequer se importa conosco!

O menino ergueu para a mãe os grandes olhos castanhos:

– E como ela vai fazer? Diz que é doente...

Flávia finalmente sorriu:
– Primeiro vai emagrecer, que engordou muito lá em casa. E isso lhe fará bem... depois terá que se conformar em trabalhar. E trabalhar é bom, meu filho! É o que dá sentido à vida! Deixando-a lá em casa deitada o dia inteiro, comendo a toda hora, não a estamos ajudando. Acredite: o trabalho de início lhe parecerá um castigo, mas lhe fará bem.

Meu menino entendeu perfeitamente o que lhe disse a mãe e levantou-se indo para a igreja com ela. O padre realmente tinha um anexo na igreja onde ficavam alguns retirantes que vinham das roças à procura de algum emprego na vila, ou de passagem para a Capital. Ao saber da história de Flávia, dispôs-se a ajudar, mas avisou que se ela fizesse corpo mole durante muito tempo, a igreja a colocaria na rua novamente. Ouvindo isso, minha mulher suspirou e deu de ombros. Que fazer com quem não quer se ajudar?

Chegando em casa, viu que a cunhada não tinha feito mala nenhuma e que ainda estava aos prantos. Um tanto sem paciência, colocou seus pertences em sacolas e levou tudo para a igreja.

Marialva, ao ver-se sem mais nada dentro daquela casa, Flávia trocando as roupas de cama do menino para que ele voltasse a dormir em sua cama e ninguém falando com ela, ainda assim se dispôs a dormir no minguado sofá, que não era assim tão confortável.

De manhã tentou comer algo, mas Flávia, que tinha se levantado antes, trancou a despensa com a chave e a olhou ameaçadoramente. Vendo isso lhe deu um desespero infantil, e ela disse:
– Vai me negar comida agora, desgraçada? É assim que faz com a irmã de seu falecido marido? Deixa-a passar fome? Deus lhe castigará!

Vendo-a de cabelo desgrenhado, roupa amassada, com todo o jeito de noite maldormida, Flávia chegou a ter pena, e então disse:
– Está certo. Nunca me agradeceu pelas milhares de vezes

que lhe dei de comer, mas agora me xinga! Mandei Daniel na escolinha para avisar que não podia ir hoje, que tinha assuntos pessoais a resolver, mas não vai sair aqui de casa de barriga vazia. Sente-se aí que vou lhe servir um café. Não vai me deixar mais pobre do que já estou!

Nesse ponto Dita apareceu, divertida, observando a cena e me perguntou:

– Com que então, minha bela cunhada vai conseguir colocar Marialva porta afora?

Olhei para ela divertido:

– Parece que sim. Veja como está irritada! Flávia estava quase desistindo, mas a incentivei a tomar uma atitude!

– Ah! Então tem "dedo" seu nisso? Faz muito bem! Marialva não vale nada!

Por um momento, vendo a alegria de Dita, me perguntei se realmente tinha agido certo... vi Flávia servindo o café a Marialva e essa fermentando o ódio enquanto o tomava e tive minha resposta: tinha feito o certo, sim. Não era bom alguém que queria tanto mal à minha esposa junto a ela e ao meu filho! Não sairia boa coisa dali se a deixasse por perto.

Terminado o café, vendo que Flávia a esperava impaciente, Marialva quebrou as xícaras que estavam na mesa, disse um monte de desaforos e só então deixou a casa. Minha mulher, que tinha se levantado da mesa num gesto ameaçador perante a pequena destruição, só teve tempo de a ver correndo pela porta e descendo a ladeira rápido em direção à igreja, com medo que Flávia a perseguisse e lhe desse algum "pescoção".

Ao final dessa cena, que mais parecia uma comédia, ela riu-se muito, primeiro porque sinceramente achou graça de que uma mulher com tanto sobrepeso fosse tão ágil e corresse tão rápido ladeira abaixo. "Ainda bem que não caiu e rolou..." pensou. E veio nova crise de riso, dessa vez eu também ri, junto com Dita. Ela finalmente abaixou, catando os cacos no chão e pensando que, enfim, tudo se resolveria, conversaria com o dono do armazém e quitaria a dívida do mês em duas vezes. Sem Marialva, agora conseguiria se equilibrar.

Olhou as xícaras quebradas sem raiva nenhuma. Soubesse que seria esse o preço, as teria quebrado muito antes. O tempo que a gente perde por falta de coragem de tomar uma decisão! Não queria mal a ela, mas queria de volta a sua paz! Conseguiria?

Só o tempo sabe a resposta!

## Comentário de Ariel

Na pequena clareira onde estávamos, a noite caía e ouvíamos o som dos pequenos animais noturnos farfalhando pela mata. Alguns gemidos e outros sons não identificados também varavam a noite e eu me pus a juntar galhos secos, um tanto raros por ali, para a feitura de uma fogueira, e nos dispusemos debaixo de uma copa de árvore bastante frondosa, forrando o chão com nossos mantos.

Olívia ascendeu para esta mesma árvore num de seus altos galhos e lá pareceu se ajeitar, com o seu manto de sempre, enquanto Tobias se aproximou de mim e de Clara, solícito como sempre:

– Não preferem ir conosco para a cabana? Podemos tirar o velho de lá para que vocês se ajeitem. Aliás, ele é mais acostumado a esse ambiente do que vocês são...

Assim como eu, Clara declinou da ideia. Apesar de termos visto pouco o velho senhor, ele nos parecia muito frágil, e não nos sentiríamos bem tirando o seu abrigo. Tentei ser diplomata:

– Não, meu bom Tobias. Agradecemos a oferta, mas gostamos de dormir ao ar livre.

Ele sentou-se nas folhas secas, perto da fogueirinha que eu tinha feito, e me disse:

– Se vocês soubessem o que aquele espírito foi capaz de fazer em sua última vida, não teriam tanta pena dele.

Imaginei que se o velho passava por tamanho sofrimento,

abatido como estava, esfarrapado e com a pele deteriorada, devia no mínimo ter tido uma existência muito materialista, mas me calei. Clara, por seu lado, depois de ter ouvido a narrativa de Tobias, tinha lá suas próprias ideias, e disse:

– Flávia teve uma atitude bastante forte a respeito de Marialva. Longe de mim questionar seu gesto, já que sua irmã não era mesmo de confiança, mas você obsidiou sua esposa para que ela tomasse decisão tão forte?

Olhei Clara admirado, e depois me dei conta que era bem possível que assim tivesse sido. Flávia era uma moça decidida, mas já tinha "aturado" Marialva seis meses, e por mais que se diga, tinha uma pena absurda da cunhada, que a meu ver não era digna de piedade nenhuma, traiçoeira como ela só. Ainda assim a energia com que a tinha colocado porta afora, arrumando lugar para ela entre os retirantes na igreja com antecipação, foi de uma coragem só. Esperei para ver a resposta de meu novo amigo, que baixou a cabeça um tanto envergonhado:

– A moça tem toda razão. É mesmo verdade! Flávia estava entrando em depressão, Marialva ameaçava tomar conta da situação e colocar o Eleotério dentro de casa... não me contive! Aproveitei a mágoa e o desespero de minha esposa e a fiz relembrar todos os seus momentos ruins com minha irmã sem lhe dar descanso, aumentei a sua raiva por ela o quanto pude, redobrei-lhe a humilhação de dever ao armazém, fiz com que tomasse nojo de Marialva, com que não lhe suportasse mais o cheiro!

Clara o olhou assustada:

– E tinha o poder de fazer tudo isso? Como?

Tobias sorriu:

– Apesar do bom coração de Flávia, minha irmã abusou muito dela, que não era tola e foi com isso adquirindo uma mágoa grande. Só que os sentimentos que minha mulher, com o tempo relevaria ou mesmo perdoaria, eu fiz com que se tornassem imperdoáveis, pois Marialva repetia os mesmos erros diariamente. Se nenhum sentimento existisse, se os erros não permanecessem, eu nada poderia... mas o mal continuamente perpetrado me deu forças, a mágoa sempre impingida na forma da preguiça, da displicência, dos comentários maldosos lá estavam. Num ambiente daqueles, foi fácil. A cada gesto ou palavra de minha irmã, eu sussurrava uma frase ruim, mas verdadeira. Flávia se encheu de força, e a expulsou. Só lamento não ter feito antes.

Ele tinha o peito inchado de orgulho, e eu não gostei do que vi, assim como Clara. Não existe isso de "obsidiar para o bem". Lendo o meu pensamento, minha amiga concordou com um acenar de cabeça, e eu perguntei a ele: – E adiantou ter obsidiado Flávia? Marialva se foi para sempre, consertou?

Ele nos olhou um tanto ressabiado, cruzou os braços, pensativo, em cima do peito largo, observando a cabana em que todos se recolheram, e só então disse, num tom revoltado:

– Dependesse de mim, tudo teria sido muito diferente. Mas não depende, não é? As pessoas sempre acabam agindo pela própria cabeça, e o destino traça as linhas da forma mais doida possível. Não dá mesmo pra adivinhar...

Ele atiçou um pouco o fogo da fogueirinha, colocou um pouco mais de lenha nela, enquanto Clara disse:

– Toda pessoa, Tobias, por menor que seja, tem sua força e seu poder. Todos são filhos do mesmo Deus, e aquele que se acha poderoso demais, de certo só terá a decepção. Não acredite que realmente "domina" alguém... é tudo uma *questão de tempo*, quem hoje é senhor, amanhã pode ser escravo, e vice-versa.

Tobias colocou seus olhos castanhos nela, iluminado pelo fogo, e senti passar nele um calafrio como se fosse um presságio, ao que ele nos disse:

– Será? Será que a vingança não encontra perdão aos olhos do Senhor?

CAPÍTULO 16

# Mudanças na vida de Flávia

### Narrativa de Tobias

Dez dias tinham se passado desde que Marialva tinha saído de sua casa e Flávia estava contente dentro de sua casinha: abria as janelas até o canto, deixava entrar o sol, conversava com as vizinhas que tanto gostavam dela e de Daniel. Foi quando um dia, voltando de sua aula na escolinha, lá pela uma da tarde, uma vizinha sua muito querida, de bom coração, mas um tanto "faladeira", chegou a sua porta e bateu três palmas:

– Flávia, Flávia! Pode chegar aqui um pouquinho?

Ela, que estava começando a esquentar o almoço para Daniel, correu a abrir o portão e colocou para dentro a dona Lia, mulher de seus quarenta e cinco anos, portuguesa, animada e muito emocional. Fez para elas uma limonada que a vizinha muito apreciou, e foi logo falando o porquê da visita: Marialva tinha lhe pedido para ir falar com Flávia.

Minha mulher franziu logo o cenho, não gostou nada da atitude da outra. Mas, antes que explicasse qualquer coisa, a falante dona Lia contou das péssimas condições em que a outra estava: dormia em esteiras (imagine só, tinha até pulgas!), banho era só frio (ela estava bem resfriada) e comida, três vezes ao dia, só um pouquinho de nada! Marialva já tinha perdido dois quilos. Estava doente e abandonada pela família...

Vendo que era inútil falar qualquer coisa, Flávia deixou que ela falasse sem interromper, e quando ela finalmente "deu uma respirada", ela perguntou:

– E não apareceu emprego para ela, dona Lia?

A vizinha respondeu com ares penalizados:

– Coitada! Parece que a julgam muito velha para o serviço doméstico. E há a questão do peso também, acham que ela deve comer muito, por isso não contratam! Sabe como está a comida hoje, o preço está pela "hora da morte"! Marialva me diz que ela não come "quase nada", que não sabe como está gorda daquele jeito. E tem dores nas costas horríveis, dormir no chão, que horror, coitada!

Flávia tudo ouviu, e no fundo, embora não tivesse mais raiva nenhuma de Marialva, achou graça de como ela, que era tão "cheia de dedos", devia estar enfrentando toda aquela situação. Quando dona Lia por fim perguntou se ela não poderia aceitar minha irmã de volta, a resposta foi esta:

– Dona Lia, a senhora como sempre, um anjo para ajudar os desvalidos! O problema é que sou mãe e viúva, tendo que sustentar esse menino sozinha e Marialva nada ajuda no serviço doméstico, dava-me uma despesa que me deixou cheia de dívidas. Mil vezes pedi a ela que se esforçasse um pouco, que pegasse um pouco de roupa para lavar para ajudar nas despesas, que eu pagaria o aluguel e que ela pagaria apenas o que comesse, mas qual! Ela não movia uma palha sequer, tomava o leite do menino, comia as merendas da escola, pegava coisas no armazém que até hoje me esforço para pagar!

Dona Lia arregalou os olhos:

– Nossa! Então era assim? Ela não me disse nada disso!

Flávia ajeitou os cabelos, um tanto sem graça:

– Eu tive que escolher entre ela, e o bem-estar de meu filho. Sou uma mulher honesta, dona Lia, assim como a senhora. Não tenho homem que me banque as contas! Acredita que a desaforada me disse que arrumasse um? Ela que arrume, se quiser! Não sou "desfrutável".

Ouvindo isso, dona Lia deu completa razão a Flávia. Também ela, viúva há dois anos, era um exemplo de virtude e muito apoiou a amiga. Disse que iria de volta à igreja e diria umas poucas e boas para a folgada e que se Flávia precisasse dela ou dos filhos, era só chamar.

Minha querida esposa disse tudo aquilo, mas ficou com pena de Marialva. Pensava com ela mesma que seria realmente difícil para minha irmã arranjar um serviço: não sabia cozinhar, era lenta para a limpeza e ainda fazia malfeito, não passava a ferro nem a própria roupa (medo de se queimar), enfim, nada sabia fazer dentro de uma casa. O emprego que tinha tido antes era o de colheita de milho e de café. Na lavoura, ganhava por produção, ganhava mal, mas fazia alguma coisa...

Que ia ser de Marialva agora? Beleza não lhe restava, simpatia menos ainda... era interesseira, mesquinha. Mulher tola! Tanta chance tinha tido de aprender um ofício qualquer para não precisar de auxílio alheio! Minha mãe tinha sido doceira, por que não tinha aprendido em vez de só mexer os tachos? O que tinha feito com a própria vida? Pensou isso, mas para meu alívio, não pensou nem por um instante em buscá-la na igreja, graças a Deus.

Num tempo em que carros eram ainda raros na região, eis que vejo passar pela porta de Flávia um bonito carro azulado com pneus de tarja branca, e uma grade reluzente na frente. Não que eu entendesse de carros, criado na roça, eu nada entendia, mas via-se que era coisa de gente abastada, e quando olho para dentro do veículo quem vejo, de chapéu panamá, cigarro de palha na boca? O Eleotério.

Gelou o meu coração de ódio. Tinha descoberto a rua de Flávia e por lá passava exibindo o carro, chamando a atenção de toda a vizinhança, demorando-se diante da porta dela. Daniel, em seus doze anos, enlouqueceu quando viu o veículo e foi logo para a frente do portão olhando longamente os detalhes da belezura. Que menino não faria isso? Era exatamente o que todos os meninos da rua estavam fazendo.

Ao ver o filho parado muito perto do carro, que estava quase parando em frente a sua casa, Flávia se adiantou e puxou o menino para dentro, dizendo que "sabe-se lá o que aquele grã-fino estava fazendo ali...", e recomendando que ficasse longe. Mal sabia ela o quanto estava certa, pois era a oportunidade que Eleotério queria para fazer contato. Cismado com ele, o segui, e vi quando ele estacionou perto da porta da igreja e entrou pela lateral, indo ver justamente a parte dos retirantes que procuram emprego. Chegando lá, deu com Marialva sentada numa esteira velha e suja, um tanto descabelada com jeito de quem não tomava banho já há alguns dias.

Observei que havia, pelo menos, umas vinte e cinco pessoas no galpão, mas a única que estava afastada do resto, era ela. Entre os demais parecia ter nascido uma alegre camaradagem, mas junto a Marialva, apenas Dita. Olhei minha irmã desencarnada com desaprovação:

– Está aqui prejudicando a outra, é? Não acha que ela já está pagando por tudo que fez de errado?

Dita riu-se de mim:

– Até parece! Acha que não sei de sua "ajuda" para colocá-la aqui? Saiba que se antes ela tinha inveja de sua mulher, agora ela tem é um ódio mortal. Cada pulga que a pica, cada ração de comida ruim, cada maltrato que sofre por conta de seu gênio orgulhoso, ela culpa Flávia. Já a jurou de morte tantas vezes que perdi a conta!

Observei Marialva e vi que realmente ela parecia uma mendiga, daquelas que estão na rua já há algum tempo. Disse a Dita:

– Ela não enxergou que o erro foi dela mesma de nunca ter ajudado a Flávia em seu próprio sustento?
– Qual! Para ela era obrigação de Flávia sustentá-la sem criar caso! Não conhece a peça? Está divertido vê-la aqui. Não demora, os outros a colocarão para fora daqui também: é intrigante, fofoqueira, maldosa. Acredita que está roubando biscoitos da despensa para roer sozinha à noite? Pois está!
Observei minha irmã sentada na esteira, o calor do verão começava a ficar mais forte e as moscas a estavam cercando, deixando-a mais irritada. Foi com alívio que viu Eleotério aparecer na porta do galpão, abanando-se com o chapéu panamá, trajando um terno de linho. Ela se levantou rapidamente, calçando uma sandália e tentando se pôr apresentável o mais rápido que podia. Dita riu-se muito quando ela pegou a água de cheiro nas suas coisas e passou um pouco para disfarçar o suor:
– Até parece que vai disfarçar o cheiro! Essa porca nunca gostou de banho, sempre teve preguiça...
Os outros retirantes a olharam curiosos enquanto ela se encaminhava para o senhor bem-vestido: "será que tinha conseguido emprego?" pensavam, e torciam para que assim fosse. Mal ela chegou perto, Eleotério disse:
– Não consegui falar com o menino para chegar até a mãe. E você? Conseguiu voltar para a casa?
Ela, que vinha com um sorriso, não se fez de rogada:
– Ainda não, mas é questão de tempo. Flávia tem coração mole. O problema é que tem orgulho demais, não quer admitir que fez errado, que eu faço falta lá...
Ele não estava satisfeito:
– Já sondei pela vizinhança e soube que ela não dá mesmo chance a homem que se aventura, é moça séria. Assim que eu gosto: desde que enviuvei quero uma moça de respeito para cuidar de mim e de minha casa. Tenho os filhos já criados, não ia colocar qualquer uma dentro do lar.
Marialva assentiu com a cabeça, pela primeira vez via a mo-

ral de Flávia com alguma serventia, mas ele continuou, um tanto aborrecido:

– No fundo essa dificuldade toda em chegar perto da moça, só me fez ficar mais interessado. Comprei até carro novo, viu? Estou me vestindo melhor... não consigo tirar ela da cabeça, parece que remocei uns vinte anos!

Notei que Dita se magoava com as palavras dele, tanto que ela me disse:

– Miserável! Comigo nunca teve dessas delicadezas! Por que com Flávia?

Olhei-a de forma dura, e disse-lhe:

– Deve ser porque Flávia não se interessa por nada disso! Se ela notar que ele não tem caráter, isso tudo vai ladeira abaixo. Quem se importava com luxos era você, Dita, e essa outra tonta ali! Não aprendeu que nada é de graça nesta vida?

Ela se encolheu, deu de ombros e desapareceu. Ele continuava a falar com Marialva:

– Pois se quer que eu continue lhe ajudando, trate de voltar para a casa dela essa semana ainda. Tenho que ser apresentado a ela formalmente, como um homem distinto. Dê seu jeito!

Ela garantiu que não demoraria mais, e ele se retirou, não antes de lhe deixar um agrado. Cercava assim a minha doce Flávia de todos os lados possíveis, impaciente já com a demora.

Eu já tinha ouvido falar de paixão de homem maduro, mas era a primeira vez que testemunhava uma. Remoía esses pensamentos quando Dita novamente apareceu e eu resolvi perguntar a ela como tinha sido a vida de Eleotério, para ter certeza de com quem estava lidando.

– Dita, como foi o primeiro casamento do Eleotério?

Ela riu-se:

– Daquele traste lá? Ele me contou sua história... no início ele era tropeiro, desses que cruzam as matas levando gado dos outros. Conheceu sua mãe, o pai não... acredita que mais novo era até bonito? Meio alourado, alto. Dinheiro não tinha, mas gostava de comerciar e falava bem. A esposa era filha única de um fazendeiro médio, mas claro que o pai não queria o casamento. Eleotério foi esperto: engravidou a moça, o padre fez o casório.

Não estranhei, aquilo acontecia por aquelas bandas. Perguntei:

– E então o pai aceitou?

Ela fez que sim:

– Claro... ele tinha uma lábia boa. E depois ia deixar a menina "prenha", malfalada? Mas não gostava da moça, não. Era uma moça feia, dessas muito magras, sem graça nenhuma, um narigão de dar medo. Acho que se não se casasse assim, ia ser difícil de arrumar pretendente e o pai sabia disso. Mas ele nunca bateu nela, nem nunca exibiu amante em sua frente. Ela morreu depois de mim de doença mesmo. Teve dois meninos, os dois não se dão com ele. Gênio ruim como o pai.

Pensei comigo mesmo, que talvez Flávia, linda como era, fosse a primeira paixão dele. Deus me perdoe se fosse assim. Tornei a perguntar a Dita:

– Ele tem morte nas costas, Dita?

Ela me olhou de esguelha, como se pensasse se me contava ou não, mas depois me disse:

– Ora, Tobias, nesse meio de fazendeiros quem é que não tem? A fazenda do sogro, que hoje é dele, cresceu um bocado. Ele chama aquilo de sítio, mas é piada... é uma terra de dar gosto.

– Ele te falou isso?

Ela fez que não com a cabeça, e respondeu:

– Uma vez, estávamos numa briga feia nós dois e eu joguei uma jarra d'água nele. Um homem que era da fazenda dele ficou branco de susto e me disse: "faça isso não, moça! Teve gente que já morreu por menos!".

Ela levantou-se e ficou olhando a rua, pensativa:

– A partir daquele dia eu fiquei cismada. A gente ouve tanta coisa! Ele era mesmo traiçoeiro, vingativo! Tantas vezes vi ele se vingando por coisa pequena... dizia que no "sítio" dele tinha uns "homens de confiança". Vai saber o que era aquilo!

Pensei que numa terra com tantos pobres, não devia ser caro comprar a morte. Marialva sabia onde estava se metendo? Não... e agora semelhante criatura tinha se encantado por Flávia.
Que Deus tivesse piedade de todos nós.

## Comentário de Ariel

Tentei me imaginar na situação de Tobias, ao ver a mulher tão amada a ser assediada com paixão tão feroz por um homem como Eleotério, mas não consegui. De toda forma não conseguia aprovar sua estadia na Terra e sua fixação que agora o levava a obsidiá-la, aquilo não ia acabar bem. Nessas horas o que devemos fazer é orar e confiar na providência divina, aconselhar para o bem, mas nunca estimular o ódio. Marialva seguia qual nau sem rumo, estimulada cada vez mais ao precipício das vaidades materiais por Dita, que se esmerava em querer ver a queda da irmã e do antigo amante, enquanto Tobias, desesperado, tentava defender Flávia colocando pensamentos de ódio na cabeça da mulher para afastá-la, o que desesperava cada vez mais a outra. Claro que o resultado não seria bom! Perguntei a ele:

– Não pensou em nenhum minuto em influenciar ou orar para o bem de Marialva, para que ela seguisse o caminho do bem?

Ele me olhou como se estivesse vendo um ser de outra galáxia, de tão estranho que lhe pareci, só então me respondeu, de forma educada, mas meio áspera:

– Pelo jeito o irmão desencarnou há muito tempo e se esqueceu de como é a Terra e os que lá vivem! Minha irmã é um demônio, não havia nela um só pensamento bom! Deixá-la junto dos meus seria a última coisa a ser feita, como o senhor mesmo vai notar a partir de minha narrativa.

Olhei o menino Daniel que tinha se erguido, como em defesa do pai. Clara, de dentro de seu abrigo, prestou atenção ao que era dito e perguntou:

– Ela teve alguma culpa no suicídio do menino Daniel? Apesar da decisão de Flávia de se afastar dela, conseguiu se aproximar de novo?

Ele e Lourenço se entreolharam e depois ele abraçou o menino, só então Tobias disse:

– Moça, nem tudo corre sempre do jeito que a gente espera! O diabo sempre tem seus truques...

## Narrativa de Tobias

Na manhã seguinte à visita de Eleotério para Marialva, o bom padre veio ter com Flávia na sala de aula da escolinha. Tudo isso soube quando ela chegou em casa com o aspecto cansado e desanimado, como se de repente vinte quilos tivessem lhe sido postos às costas, como um peso insofismável. Daniel vendo que a mãe tinha vindo calada durante todo o percurso, finalmente perguntou o que ela tinha, ao que esta respondeu, sentando-se no sofá da sala, numa tristeza de dar gosto:

– Meu filho, sinto muito, mas você vai ter que voltar ao meu quarto. Sua tia Marialva vai ter que morar conosco novamente.

Daniel, que já estava feliz da vida sem a tia o aborrecendo por perto, não gostou muito da notícia:

– Mas já, mãe? Não tem nem dez dias que ela se foi! Por que vai voltar? A senhora sentiu falta dela, é?

Entristecida, Flávia fez força para não cair no choro, pois não sabia mesmo o que ia fazer dali em diante. Como sustentar os três? Não tinha como! Mudar para uma casa mais barata? Mas aquela pelo menos tinha a horta, que ajudava e o aluguel era quase de graça... mas tinha prometido ao padre não deixá-la na rua, que não seria cristão.

– Claro que não a queria de volta, Daniel, mas parece que ela ficou muito doente. Gritou ontem a noite inteira, não deixou dormir nem um retirante, o que tornou a sua permanência impossível por lá. Como também não conseguiu nenhum emprego e se queixa de muitas dores, o padre me implorou que a trouxesse de volta. Como ia dizer não ao padre? De que jeito? Daqui a pouco ela está chegando por aí.

Respirei fundo de ódio contra a minha irmã. Então era o "jeito" que ela tinha dado de voltar à casa de Flávia, que agora estava em desespero por não saber o que fazer. E de fato, meia hora depois ei-la entrando porta adentro com sua trouxa de roupas junto com o padre, de cabeça baixa, muito sem jeito, reclamando de fome. Mortificada, minha mulher deu-lhe o almoço, mas disse ao reverendo que ia fazer o possível, mas não sabia como ia conseguir dar conta de outra despesa.

Ouvindo isso, o padre olhou feio para Marialva e disse:

– A senhora me escute bem: entre os retirantes não houve como ficar, não se adaptou. Essa senhora agora lhe abre pela segunda vez as portas de sua casa, se não ajudá-la saiba que para a igreja não volta mais! Terá que ir para a caridade pública, com ou sem as suas dores, porque Deus ajuda a quem se ajuda, ouviu? Se ouvir mais queixas de dona Flávia, eu mesmo venho aqui colocá-la para fora! E agora vá banhar-se, que esse cheiro está incomodando!

Flávia ergueu as sobrancelhas de espanto, que não esperava isso do padre, em geral tão carinhoso e bonachão. Marialva menos ainda, e passou ao banheiro rapidamente. O reverendo olhou minha mulher com carinho e disse a ela:

– Não pense que a estou condenando a sustentar essa preguiçosa para sempre. Vamos apenas dar-lhe um mês, sim?

Flávia assentiu com a cabeça, e ele sorriu:

– Pois bem. Soube que ela pegava coisas no armazém por sua conta. Corte-lhe já este privilégio, que essa daí não é de confiança. A igreja vai lhe auxiliar com o leite do menino por este mês, até que esta senhora se disponha a trabalhar contigo. Se não trabalhar, a porta da rua é serventia da casa, ouviu?

Minha esposa não acreditava em mudanças, mas assentiu com a cabeça, e conseguiu até dar um sorriso para o padre, que de fato era seu amigo, e que se não fosse o escândalo de Marialva com seus retirantes, a teria mantido lá por mais tempo. De dentro do banheiro, a sonsa de minha irmã tudo tinha ouvido e em seus pensamentos maquinava que o mais cedo possível tinha que trazer Eleotério ali e firmar compromisso entre os dois. "Ao menos" – pensava ela – "estou novamente dentro dessa casa, agora há de ser fácil".

Se Flávia ficou aborrecida com Marialva de volta, eu que sabia de suas intenções fiquei enlouquecido. Claro que seus hábitos eram os mesmos de antes, só que piorados: dizia que depois de sua estada entre os retirantes, dormindo na suja esteira, suas costas estavam horrendas de tanta dor, que estava constipada, que precisava comer mais para recuperar suas forças. Admirei-me muito da paciência de Flávia, que acabou se divertindo vendo Daniel imitar a tia quando estavam os dois sozinhos no quarto. O menino se escarrapachava no chão, colocava uma toalha na cabeça para fazer de conta que era o lenço da tia, entortava a boca e dizia numa voz fina e lamentosa: "Flávia...me dê um prato de sopa", "Flávia me dê mais uma cocada...", "Flávia me ajude a levantar que quero comer um doce...". Minha mulher acabava rindo e eu também, pois rir era o que sobrava. Difícil ver pessoa mais preguiçosa!

Íamos levando daquela forma, quando o inesperado aconteceu. Devo dizer "inesperado" para Flávia e Daniel, pois eu já desconfiava que algo daquele tipo iria se passar em breve. Três dias depois dela ter se instalado de novo, estava Marialva na pequena varanda da casa, Daniel brincando com seu caminhão de brinquedo na horta, lá pelas seis horas da tarde com o sol se pondo e aparece no portão da casa, o carro de Eleotério.

Nas ruas simples, mas limpas do bairro do Flávia, na década de 1940, um carro como aquele despertava imensa curiosidade e logo se viam nas janelas, as cabecinhas de toda a vizinhança. Mesmo Daniel ergueu a sua, muito interessado no que fazia carro tão garboso parado justamente na frente de sua modesta casa. Foi quando Marialva, que tanto se queixava de dores insuportáveis, levantou-se como que por milagre e foi muito faceira em direção ao carro, requebrando os gordos quadris, postos desta vez em vestido novo, com sandálias também novas, como se estivesse esperando visita. Com uma voz aguda, mas suficientemente alta, ela disse:

– Mas olhe quem vem por aqui! Seu Eleotério, mas quanta honra! Não há de me recusar tomar um café em nossa casa humilde, vai?

Ele estacionou o carro em seguida, logo junto ao portão de Flávia, que secando as mãos em toalha de prato, veio logo ver o que se passava. Assustou-se um pouco ao ver o carro que rondava antes o bairro parado em frente a sua casa e mais ainda quando viu Marialva "íntima" daquele senhor de terno de linho branco, que vinha sorrindo para ela, cumprimentá-la. Parecia rico o homem de chapéu de palha fino, de onde conheceria uma pobre alma como Marialva?

Daniel, de olho no carro que era realmente um espetáculo para qualquer menino, saiu portão afora para olhar melhor o veículo, seguido pelos outros garotos da vizinhança. Eleotério até pensou em ir brigar, mas foi quando viu Flávia, na porta da varanda, toalha de prato muito alva nas mãos, vestidinho de algodão barato no corpo, os cabelos um pouco soltos da lida diária com a casa, um pouco molhada da tina de lavar roupas. Enfim, uma linda mulata clara de olhos verdes, com as formas do corpo um tanto reveladas demais pelo vestido caseiro e um tanto úmido.

Ele caminhou para ela extasiado e antes que ela se recompusesse estendeu-lhe a mão para o cumprimento, ao que Marialva falou:

– Esse é o senhor Eleotério, que conheci no dia de sua apresentação. Essa é Flávia, de quem lhe falei, é mãe daquele menino bonito ali, o Daniel. Foi ele, Flávia, que ficou encantado com a sua Ave-Maria!

Assim apresentado, minha esposa lhe estendeu a mão, que ele levou aos lábios cavalheirescamente para o meu desespero e que ela puxou de volta rápido e dizendo para Marialva:

– Já que lhe ofereceu um café, vá passando que não estou vestida para receber visitas. Um instante, seu Eleotério.

E correu para o quarto, morta de vergonha, pois seu vestido era para dentro de casa, não para um homem qualquer, ainda mais desconhecido, colocar os olhos. Achou um vestido apropriado, de decote fechado, colocou sapatos dignos, prendeu os cabelos e só depois apareceu na sala, dirigindo-se para o fogão, deixando que Marialva conversasse com seu visitante. Sentado na mesa pobre, Eleotério olhava tudo com aprovação: "casa simples, mas muito limpa", pensava. Falando pelos cotovelos das coisas mais banais, minha irmã tentava manter uma conversa civilizada, coisa que Eleotério não aprovou. Cansado, pois, de ouvir a voz aguda dela a lhe contar de vizinhança que não conhecia, observou minha esposa na pia e perguntou com a voz um pouco mais alta, para que Flávia ouvisse e Marialva se calasse:

– A senhora então dá aulas na escolinha da vila?! Tem muitos alunos por lá?

Funcionou. Marialva calou-se, e Flávia que estava de costas, ao ouvir falar de seus alunos, respondeu educadamente:

– Mais ou menos uns trinta alunos, de sete a quinze anos, em duas turmas. São bons meninos, mas a escola é pobre, muitos nem trazem merenda...

Marialva logo se animou a comentar:

– Já se viu, mandar filho para a escola sem merenda... essa gente não tem vergonha!

Para minha grande surpresa, provavelmente para encantar Flávia, Eleotério disse:

– É certo que os meninos estão indo sem merenda? E precisa do que, para essa merenda?

Minha mulher, que há muito tentava com o padre conseguir ajuda com a comunidade para a merenda dos mais pobres, logo se animou. Ela mesma tirava de seu minguado salário para levar algo para eles sempre que podia! Falou logo de fubá, alguma linguiça, açúcar, trigo, macarrão, leite, alguma fruta, enfim, tudo que se pudesse arrumar. Disse que as mães mesmo fariam a merenda. Ouvindo tudo, Eleotério sorriu:

– Mas isso é fácil de arrumar, e nem fica tão caro! Sabe que eu tenho um sítio? Lá tenho umas vacas leiteiras muito boas, um latão com quinze litros por dia, eu mesmo arrumo. O resto, pode pegar no armazém da esquina, que eu sou sócio, sai pela metade do preço pra mim. Vou falar com meu outro sócio e acerto com ele no fim do mês, fica tudo certo.

Flávia quase caiu sentada, não sabia como agradecer. Eleotério sorria, como se não fosse nada.

– Imagine, dona Flávia... criança com fome não aprende, não é mesmo? Soubesse eu disso antes, já tinha feito algo.

Pasmo com a conversa, só então observei meu filho Daniel entrando na sala, animado, falando da "belezura de carro" que estava lá fora. Esperto como uma cobra, Eleotério disse:

– Menino inteligente, sabe gostar do que é bom. Quer andar no carro? Pergunte a sua mãe se ela deixa.

Nesse ponto, sabiamente, Flávia já achou que era "abuso demais", e disse ao menino "que se comportasse, já se viu querer andar no carro dos outros!", ao ver Daniel meio amuado, o velho disse amigavelmente:

– Fica triste, não. Quem sabe algum dia?

E logo depois, vendo que já tinha conseguido seu intento, disse à Flávia:

– Então eu passo aqui, caso a senhora permita, depois de amanhã e a senhora me passa uma lista de tudo que precisa semanalmente para a merenda na escola. O leite já mando entregar amanhã, que sempre tenho entrega na vila mesmo. Foi um prazer conhecer uma moça que além de cantar tão lindamente é uma professora tão zelosa, dona Flávia.

E estendeu a mão para ela. Sorrindo, meio encabulada e sem saber o que dizer, Flávia achou que dessa vez ele fosse lhe apertar a mão, mas qual! Outro beijo "sapecado" nas costas da mão dela, e lá foi ele contente para o carro, depois de apenas acenar para Marialva e Daniel.

Tive que admirar a astúcia de Eleotério, pois se chegasse até Flávia na rua, sem a apresentação de ninguém conhecido, a lhe dizer galanteios, não teria chance nenhuma com ela. Na vida de Flávia não havia faltado galanteios, nenhum nunca teve sucesso! Se entrasse na casa dela através de Marialva e tivesse elogiado sua beleza, seus dotes físicos, ela teria fugido e se trancado no quarto. Mas não, ele foi justo por onde ela não fugiria de jeito nenhum: caridade a seus alunos! Generosidade não a ela, mas a seus estudantes, aos quais ela tanto amava e protegia... como ela resistiria a isso?

Observei-o entrar no carro, feliz como um menino que tivesse tirado a sorte grande. Ao seu lado, sem que ele se desse conta, estava Dita e mais alguns outros que eu não conhecia. E minha irmã me deu um sorriso de dar medo, entendi de imediato que ia levar esse mesmo Eleotério para uma casa pouco recomendável onde se servia muita bebida alcoólica e se ficava bem à vontade.

Fiquei contente que eles não tivessem entrado na casa de Flávia, não gostaria de semelhante companhia por ali. Pensei comigo mesmo que se os vivos tivessem ideia de quem os acompanha quando andam por aí cheios de vaidade, certamente se achariam menos donos de seu destino.

Em casa, a cabeça de minha esposa dava voltas, tentando entender o que tinha acontecido. De um lado estava muito contente, de outro não acreditava muito naquilo... durante tantos anos tinha tentado junto com o padre, sem sucesso, conseguir doações para os meninos da escola! É certo que eles falavam de tempos difíceis, da guerra da Europa (o ano era 1943), da pobreza da vila, enfim, de tudo... e de repente, me aparece esse senhor, Deus sabe de onde, e quer custear a merenda dos meninos. Olhando para o vazio disse em voz alta:

– Sei não... quando a esmola é muita o santo desconfia!

Ouvindo aquilo, Marialva que já sabia dos planos de Eleotério ficou muito brava:

– Por que diz isso? O homem só quis ajudar! Sabe quem é esse homem?

Flávia fez que não com a cabeça. Minha irmã se sentiu animada a falar:

– Pois é o homem mais rico aqui da vila! Ouviu ele falar de um sítio? Pois é um fazendão! Só aqui na vila ele deve ter umas cinco lojas, duas de propriedade dele mesmo, o resto de sociedade, mas ele é quem manda em todas! Acha que financiar a merenda de uma escola pequena como essa é muita coisa para ele? Pois saiba que ele não vai nem sentir!

Flávia olhou para ela desconfiada:

– E como é que você sabe tudo isso desse senhor?

Ela riu-se:

– Ora, Flávia... quando ele por acaso parou do meu lado na quermesse e perguntou sobre quem você era, perguntei na vila sobre quem ele era. É viúvo há uns dois anos, mas não se dá com os filhos, já deu a herança deles. Dizem que é muito trabalhador, mas que só agora está gastando um pouco do dinheiro que tem. Está com cinquenta e poucos anos, muita gente acha ele um partidão!

Minha mulher olhou para Marialva com cara de poucos amigos e logo disse:

– Eu, hein! Se achou um "partidão", candidate-se! Foi muito educado comigo, muito gentil, mas foi só! Não fique enfiando ideias nessa sua cabeça. E depois, ele veio ver foi a você, e não a mim. Fiquei muito zangada dele me ver em trajes que geralmente uso só em casa... se for aparecer de novo, não quero que me pegue toda molhada. Avise-me de suas visitas, ouviu?

Marialva sorriu, nunca achou que Eleotério fosse ser tão hábil. Nem desconfiava que Dita tinha caído na lábia dele por muito menos... como homem eu já sabia que na época, mulheres de família recebiam um tratamento muito diferente do que as mulheres ditas "fáceis". Era isso que revoltava Dita, que não conseguia entender o tratamento que o ex-amante dispensava a Flávia, mas nem por isso ela havia se interessado por ele. De qualquer forma, a rede em torno de minha família estava sendo habilidosamente tecida.

Além dos meus ciúmes que não eram poucos e nem fáceis, havia o fato de o homem ser violento, dissimulado e muito perigoso. Não gostaria de ter junto de Flávia nem um homem bom, ainda mais aquele, que poderia no futuro prejudicar a ela e a Daniel.

## Comentário de Ariel

Olhei o homem que me contava a sua história bem na minha frente, iluminado pelo fogo da pequena fogueira, transtornado pelas lembranças e pelo sentimento de posse tão comum em tantos apaixonados na Terra e fora dela. Clara me olhou nos olhos partilhando dos mesmos pensamentos, aquele sentimento tão daninho que muitos confundiam com amor, na realidade era mais um egoísmo disfarçado do que qualquer outra coisa. Se alguém quer ficar contigo, solte-o, que ele voltará sozinho, em seu devido tempo. Se essa pessoa te ama, também sentirá sua falta, se não sentir, que sentido faz que fique contigo? Num universo de incontáveis espíritos, nos mais incontáveis graus de evolução e beleza, que sentido faz tentar aprisionar um?

Realmente existem espíritos que estão unidos há séculos, que evoluem juntos, um fazendo com que o outro cresça e se aperfeiçoe, mas são relativamente raros. É preciso trabalho e abnegação para que se chegue nesse grau de entendimento mútuo, muitas vidas juntos, saber perdoar é uma compreensão que vai bem além das palavras.

O destempero de Tobias por Flávia, sua atitude de obsidiá-la, seu ciúme que chegava a desesperá-lo não fazia bem a ninguém. Mesmo a lembrança do ocorrido lhe deixava ainda um certo transtorno e eu me dei por contente de não ver Daniel por perto para testemunhar aquilo. Perguntei a ele:

– Tobias, achava mesmo que podia ajudar em algo estando alterado como estava?

Nosso amigo se levantou, olhou em volta a mata, e escutando alguns gemidos ao longe se pronunciou:

– Não estava muito melhor que esses desgraçados que vivem por aqui... o ciúme endoidece a gente e eu estava vendo aquele biltre do Eleotério jogar bem o seu jogo! Nunca tinha imaginado que ele seria tão esperto!

– O que achou que aconteceria? – perguntei.

Ele me olhou meio furioso, e respondeu:

– Achei que ele se aproximaria dela do mesmo jeito que se aproximou de Dita, oferecendo as coisas, sendo o mesmo ordinário de sempre! Se fizesse isso ia levar um "não" nas "fuças" que ia ser até engraçado... Flávia não é mulher de desfrute!

Olhei para ele meio desanimado, mas disse:

– Tobias, sabe perfeitamente que os homens agem de maneira diferente com mulheres como Flávia e como Dita. Parece que ele quer se casar com Flávia, não é nenhum tolo! A impressão que dá, é que ele se apaixonou...

Tobias empalideceu ao falar:

– O que me magoou de verdade, não foi isso! Foi que a minha mulher, que sempre me foi fiel, estava ficando interessada! Não falava nada, mas como era respeitoso, e não avançava em nada, ela se interessou! Flávia gostava de quem fazia caridade e ele estava que era uma seda com os meninos do colégio, inventou de levar Daniel para andar no carro, dizia até que quando ele crescesse mais um pouco, ia ensiná-lo a dirigir! Aos poucos, foi aparecendo duas vezes por semana, sempre com a desculpa de "ver o que se podia fazer para melhorar a merenda da escola", ou qualquer coisa do gênero. E sempre muito limpo, muito arrumado.

Clara admirou-se e então perguntou:

– E Marialva nisso tudo?

Tobias cruzou os braços em frente ao peito:

– Cada vez mais alegre! Enchia-o de elogios. Não achem que fiquei quieto, minha irmã teve dores de cabeça bem sérias no período e pesadelos, tantos quantos eu pude dar. Era fácil influenciá-la e eu estava enfurecido por ela auxiliar aquele que era meu inimigo maior. Daniel começou a ver sombras pela casa, e para meu espanto, eu notei que ele vislumbrava a mim e a Dita, também desesperada com a situação. Não queria que Flávia levasse a "vida de princesa" que ela achava que por direito devia ter sido dela.

Olhei para Tobias, esfacelado pelo ciúme e pelo ódio.

– Não pensava mais em orar, Tobias?

Ele nos olhou com mágoa:

– E que ser de luz olharia para um desgraçado como eu? Estava preso em meu próprio inferno, vendo meu filho e minha mulher se perderem nas mãos de um homem que eu já achava mau, mas de quem ainda não sabia a metade. Mas a verdade sempre acaba aparecendo...

– Que verdade? – perguntou Clara.

– Uma verdade, moça, que eu sempre tinha querido saber.

CAPÍTULO 17

# Segredos de Eleotério

### Narrativa de Tobias

"Tantas vezes o pote vai ao poço, que um dia o pote quebra...", minha mãe dizia isso às vezes, quando descobria alguma mentira muito bem escondida, e foi assim que me senti naquele dia. É certo que se não estivesse desencarnado, e não pudesse ler o pensamento alheio, eu nada descobriria e seguiria sendo enganado o resto de meus dias, como foram enganadas as pessoas daquela sala. Mas não estar vivo, teve suas vantagens finalmente.

Haveria uma festa de Natal na escolinha, e o "bondoso" Eleotério resolveu falar com os outros comerciantes da vila para que doassem pequenos brinquedos, coisas simples, para os pequenos da escola. Ao ver Flávia tão feliz com a sua iniciativa, disse que se ela fosse junto com ele ao comércio, conseguiriam muito mais, pois: "Eles não diriam não a uma senhora tão vistosa e tão decente, ainda mais depois de a terem visto cantar na quermesse aquela linda Ave Maria!".

Flávia ficou foi muito tímida, mas pensando nas crianças,

acabou indo. Ficou meio preocupada, pois assim não teria tempo de atender a suas encomendas de roupas, mas Eleotério disse a Marialva, bem sério:

– Tenho certeza que dona Marialva dará conta disso, só por hoje, não é?

Sem jeito de dizer não, foi Flávia com ele e Marialva pela primeira vez encarou o tanque, resmungando como poucas vezes na vida. Ao chegar e dar com a roupa estendida no varal, minha mulher estranhou muito... e de dentro do carro vinha uma tal enormidade de presentes para os pequenos, que até mesmo eu estranhei. Nisso o biltre tinha razão: como dizer não a uma linda mulata de olhos verdes, ainda mais simpática como ela?

Deu umas três viagens de carro para ir buscar os pacotes e ao final, chegou com um pacote maior que Flávia muito estranhou, pois parecia muito pesado. Daniel, vendo a dificuldade com que ele carregava correu a ajudá-lo, e quando ele finalmente o colocou no chão o menino disse:

– Nossa, que pesado! É brinquedo também? Não pode ser!

Então Eleotério olhou para Flávia como quem pede desculpas e depois para Marialva, que estava curiosíssima, e disse:

– Dona Flávia me desculpe, mas vejo a senhora sempre tão generosa, e nunca pede nada nem para si, nem para sua família...

Notei minha mulher cruzando os braços em frente ao peito, um tanto contrafeita, não gostava de presentes, ainda mais se fossem caros. Aquele senhor já lhe frequentava a casa há bem uns dois meses, estava certo que estava ajudando na merenda e agora no Natal dos meninos da escola, mas não achava certo que lhe desse presente. Vendo o semblante contrafeito dela, Eleotério logo disse:

– Não pense, dona Flávia, nem por um segundo que com isso desejo algo em troca! Pelo amor de Deus não me ofenda! É só um pequeno presente para a família que tão bem me acolhe... como sabe, sou viúvo e sozinho e nessa casa, sinto a alegria de um lar honrado.

E antes que Flávia ou Marialva abrissem a boca para falar algo, ele desembrulhou o que era um belíssimo e moderno aparelho de rádio, todo torneado em madeira de lei, com alto-falantes embutidos, enfim, um dos mais caros e potentes do mercado. Marialva teve que se sentar de tão feliz que ficou, Daniel dava pulos de alegria e Flávia só dizia:

– Não posso aceitar... é muito caro! O senhor exagerou...

Mas, rápido e feliz, Eleotério ligou logo o aparelho e sintonizou numa rádio da capital, e uma modinha alegre logo encheu a sala. Só então Flávia sorriu, vendo Daniel pular contente junto com Marialva, que feliz dançava com ele. Finalmente deu ao homem um olhar de agradecimento, e disse:

– Tem certeza que o dinheiro não vai lhe fazer falta? É muito caro um aparelho desses... fico sem jeito!

Ele lhe pegou uma das mãos, beijando-a com respeito e disse:

– Dona Flávia, não falo com meus filhos, já dei a herança deles, pra quem ia dar presentes nesse Natal? O prazer é todo meu!

Cruel dor invadiu meu peito e eu pensei finalmente que Flávia já era viúva há doze anos, e que se quisesse refazer sua vida a essa altura, que mal teria? Ele parecia tratá-la bem, com respeito e educação. Não é porque tinha maltratado Dita que a maltrataria, as duas eram mulheres muito diferentes. E depois, Flávia já tinha sofrido tanto, trabalhado de sol a sol para sustentar o menino sozinha, bem que merecia algum descanso, pois moça melhor não havia. Quem era eu para atrapalhar-lhe a vida?

Observei-a convidá-lo para jantar e ficarem todos a ouvir o rádio, que tocava agora ao vivo um programa de calouros. Observei meu filho a guardar os presentes dos meninos no quarto de Marialva para levar para a escola no dia seguinte, depois os vi começando a jantar, Marialva muito concentrada no frango frito em seu prato, até que ela disse:

– Quem fazia um frango bom assim era Dita, se lembra Flávia?

Eleotério achou que tinha ouvido mal:

– Dita? Que Dita?

Marialva riu-se, e logo explicou:

– Dita era minha irmã, cozinhava bem quando queria. Flávia cozinha melhor, mas frango frito, ela fazia bem, ficava crocante assim.

Interessado, Eleotério perguntou:

– Era por quê? Morreu?

Marialva ficou sem jeito:

– Sei lá se morreu... mas sumiu! É mais nova que eu uns três anos e meio, então deve ter uns trinta e poucos, se estiver viva. Não procurou mais a gente! Pode ser que tenha se dado bem na vida, era até bonitinha, não é, Flávia?

Flávia sorriu de forma leve, lembrando-se da cunhada alegre de quem não tinha mágoa:

– É... Dita tinha um corpo bonito, bem-feito! Chamava atenção, lembra Marialva? Mas interessou-se por um homem casado, minha sogra não deixava nem que se falasse o nome do sujeito dentro de casa! Só meu marido e ela que sabiam... a mulher do sujeito esteve até lá tirando satisfação com ela, sua mãe ficou para morrer com aquilo. Sempre tão honrada!

Claro que Eleotério logo ligou o nome à pessoa, comendo mais lentamente, comentou:

– Mas que tristeza, então sua cunhada "meteu-se" com um homem casado... não sabe quem é mesmo?

Flávia riu-se:

– Meu marido me disse uma vez, mas foi há tanto tempo... lembro que era um nome esquisito, não era assim como "Paulo", ou "Pedro", era um nome diferente, acho que por isso não guardei. Só sei que Dita sumiu! Tobias chegou a ir atrás desse homem, foi num comércio que ele tinha aqui na vila. Não era um homem de posses assim como o senhor! Tinha só um comércio pequeno! Não tinha um sítio grande como o senhor, nem nada disso...

Eleotério sorriu, nunca dizer nada do que tinha havia sido

sábio. Dita mesmo achava que ele só tinha uma única loja, com isso nunca tinha pedido nada grande. Nunca conseguia entender como existia gente que adorava ostentar riqueza! Para quê? Atrair gente pedindo dinheiro e invejosos? Gente tola! Há anos era um dos homens mais ricos da região, e alguém precisava saber disso? Nem seus filhos sabiam!

Olhou para Marialva curioso, realmente tinha alguns traços de rosto da Dita: os mesmos lábios grossos e bem desenhados, o mesmo formato de testa... perguntou sem muito tato:

– Sente falta de sua irmã mais nova, dona Marialva?

Ela ficou visivelmente sem jeito, mas respondeu:

– Eu era mais velha, mas nem se notava. Acha que nossa irmã pode estar viva, seu Eleotério?

Li seu pensamento claro como água: "Deus me livre se estivesse...", mas ele respondeu afavelmente:

– Quem sabe, não é? Pode até ter se casado! Acho que deve estar é longe daqui. Deve estar é com marido e alguns filhos, senão já teria aparecido. Gente necessitada sempre aparece!

Senti o cheiro de álcool às minhas costas e a voz de Dita, que tinha acabado de chegar:

– A menos que esteja morta, não é, Eleotério?

Olhei minha outra irmã, sua aparência continuava igual: descorada, um tanto descabelada, com um vestido verde desbotado e sujo, as meias em petição de miséria, os dentes maltratados. Disse a ela:

– Há pouco aqui falavam de você, de como era vistosa, do corpo bem feito. Podia ter arrumado um bom casamento com um homem bom, Dita. Esse homem não queria nada sério com você!

Ela sorriu com escárnio:

– Casamento com homem pobre, para me encher de filhos e ficar velha e curva? Não senhor, muito obrigada! Esse traste aí acabou com a minha vida, e eu hei de acabar com a dele, mas render-me àquela pobreza de vida, quando sabia que os homens me desejavam? Nem pensar!

Balancei a cabeça em desaprovação e comentei:
– Não vê em que essa ambição lhe transformou? Algo que preste veio disso tudo? Podia estar viva e com saúde... mas não adianta falar com você! Acha que todo mal que aconteceu em sua vida é culpa deste daí, nunca assume seus erros!

Nesse meio tempo ela observou as pessoas na sala, viu o aparelho de rádio novo, Flávia tratando Eleotério de forma amistosa, Marialva ruminando pensamentos invejosos para com a pessoa dela mesma. Tola como só ela podia ser, minha irmã que ainda estava entre os vivos pensava: "é, pode ser que Dita esteja mesmo com marido e filhos, em boa situação! Por isso nunca mais apareceu... miserável, nem quis mais saber da irmã! E eu aqui tendo que viver com Flávia! Até roupa hoje tive que lavar...".

Não é preciso dizer da gargalhada que deu Dita ao ouvir semelhante pensamento. Disse para mim em alto e bom som:
– Pela primeira vez não acho ruim de ter morrido! Já pensou eu viva e tendo que aguentar essa paspalha? Deus me livre! Nem prostíbulo aceita isso!

Olhei para ela meio bravo, mas o silêncio deles, ouvindo a música do rádio, os deixava soltos para pensar no que queriam, finalmente. E foi então que Eleotério, sob a máscara de bom homem, deu vazão aos seus pensamentos mais sombrios...

Fixando-me exclusivamente nele, eu e Dita notamos que ele se lembrava finalmente de doze anos atrás, quando eu invadi a sua loja pela primeira vez, perguntando por Dita. Eu era um negro alto, forte pela vida levada na lavoura do sítio, vinha vestido de forma simples, mas honesta e muito limpa. Ao entrar no pequeno armazém, que vendia desde fumo a facões bem afiados, dei com aquele senhor que devia ter seus quarenta e tantos anos, vestido com relativa simplicidade, detrás do balcão, a anotar algo num caderno negociando com um fornecedor. Ao ver-me, franziu a sobrancelha, mas vendo que eu não interrompia, rapidamente despachou o viajante e me perguntou sem muita gentileza: "que quer?".

Expliquei a situação, que a mulher dele tinha ido à minha casa falar com minha mãe, que ninguém lá aprovava aquilo, que Dita tinha sumido e que a queríamos de volta sem demora. Era uma doida, mas era minha irmã e minha mãe estava inconsolável.

Pelo acesso a seu pensamento vi que ele estranhou muito ver que a família queria ter Dita de volta, mesmo ela estando "desonrada". Ele não contava com aquilo! Achava que ela fugindo, poderia agir com ela como quisesse e se aborreceu. Disse que não a tinha visto e que nada tinha com aquilo. Viu meu semblante feio, viu que me retirei, mas só então eu tive acesso ao que aconteceu depois: um amigo dele se acercou e disse que ele tomasse cuidado, que a família da negra que ele mantinha em casa fora da vila, era muito unida e que aquele que tinha saído dali, o irmão da moça, podia ficar violento.

Sem sequer me mexer continuei "vendo" suas lembranças, tão atento como Dita, que estava ao meu lado, mas que no momento, eu nem percebia. Ele se lembrava que, de fato, nos dias seguintes, eu vasculhei a região à procura de Dita: não houve um bordel em que eu não entrasse, periferia em que não fosse, pois minha mãe estava em casa e sua melancolia profunda não se dissipava: queria a filha de qualquer forma. Fiz tamanho barulho à procura de Dita que a notícia que chegou aos ouvidos de Eleotério é que eu estava desesperado em busca de minha irmã e ele realmente se assustou, quando eu entrei pela segunda vez na porta de sua loja e disse ingenuamente que ia até a polícia, dar queixa do sumiço de minha irmã. Ele me disse que voltasse em três dias, que tentaria achar o endereço de Dita com as amigas de minha irmã.

Agora era eu que me lembrava: tolo que fui, achei que o tinha ameaçado! Que ele temeria a polícia por uma queixa dada por um negro contra um branco, que ainda por cima era bem mais rico do que eu supunha! Não queria se desfazer de Dita, ainda tinha interesse nela, a família que se danasse! Ele sorriu enquanto jantava e olhava docemente para Flávia, que ouvia sonhadora uma música que tocava no rádio novo. Sorriu porque se lembrou da decisão que tomou naquele dia.

Lembrou por que ele mesmo foi à polícia naquele dia e conversou com um sujeito muito seu amigo, um Major que era quem tomava conta da polícia no local. Falou de um negro atrevido que o estava ameaçando de morte por conta de um caso que ele estava tendo com uma irmã dele. O Major perguntou se a moça era "de menor", quando soube que não e que o Eleotério sequer era o primeiro a se deitar com ela, que estava muito feliz numa casa que seu amigo tinha montado, não pensou duas vezes: chamou um cabo, bom de tiro, e armou o plano que poria fim à minha vida dali a três dias, quando eu ia me encontrar com ele.

Por isso atirador nenhum foi achado. A única coisa que viram foi um cabo da polícia investigando o local, o mesmo que me desferiu o tiro. E ali estava a minha viúva, junto com meu filho, jantando com o meu assassino.

Ao meu lado, acompanhando a triste cena estava a desventurada Dita, ainda sobre o efeito das bebidas que absorvia dos vivos que encontrava nos bares da vila. Herança que o mesmo Eleotério tinha lhe deixado, aquele mesmo que agora posava ali de homem de família honesto e probo, embora a pele e os olhos um tanto amarelados já mostrassem o vício longo em bebida. Um vício que é certo que ele controlava, ao contrário de minha irmã, por ele tão dominada que mesmo depois de morta não sabia passar sem. Flávia já o olhava com franca simpatia e por que não o faria, se ele até agora só tinha mostrado qualidades que na realidade estava longe de ter?

A tola Marialva, feliz a prever dias mandando em criadas que achava que teria, em casas bem maiores que aquela. Se tinha dado aquele rádio tão caro, como seria a sua casa? Um palacete, sem dúvida! Ao notar tal pensamento descuidado da irmã, Dita sorriu amargamente:

– Tola! Burra! Nunca foi à casa dele no sítio! A casa é maior que essa, é claro, mas a mulher dele era controlada por ele em tudo! Acha que tem luxo? Tem um rádio, mas muito mais simples... agora que conheceu Flávia que começou a gastar dinheiro, antes disso, nem terno usava!

Eu mal ouvia o que se passava ao redor, só pensava que aquele homem que ali estava, tinha me tirado a vida, a chance de criar meu filho junto a mulher que eu tanto amava e que me amava também! E agora dava graças a Deus por isso, pois se eu estivesse vivo, como se aproximaria de Flávia, por quem já estava, pela primeira vez na vida, irremediavelmente apaixonado?

Cresceu-me um ódio surdo a qualquer palavra de apaziguação possível, me senti "pesado" como nunca tinha me sentido antes e sem notar, encostei-me a um vaso de louça que estava escorado bem em cima de uma pesada cômoda, à esquerda de quem entrava na sala e ele veio ao chão, num estrondo, partindo em dezenas de cacos. Flávia levantou-se imediatamente, assustada, ficou diante da porta aberta e estranhou bastante, já que o vaso tinha peso razoável, olhando estranhamente para o objeto caído ao chão.

– Mas... como pode? Um vaso pesado desses? Que pena, ganhei de meus alunos no Natal passado! Não era caro, mas eu gostava tanto!

Abaixou-se a catar os cacos no chão, Eleotério e Daniel correram a ajudá-la, mas ela pediu que se sentassem, não queria que se cortassem. Continuou dizendo:

– Coisa estranha! Nem tem vento! Veja as árvores da rua, Daniel, nem se mexem! Bom, vai ver estava na beira demais. Mas não tem importância... o bom é que ninguém se machucou!

E terminou a limpeza. Se ela estava assustada, mais assustado fiquei eu. Havia "sentido" o vaso! Senti quando o empurrei, muito embora não tenha me dado conta! Como tinha feito aquilo? Ao meu lado, Dita me observava atenta, também um tanto admirada:

– Então agora está "mexendo" com as coisas, meu irmão? Deve estar muito irritado mesmo.

Olhei para ela de modo frio.

– E você não estaria? Esse medíocre me tirou a vida e agora quer Flávia! Dita, é capaz dele conseguir com tanto fingimento!

Ela baixou os olhos meio triste:

– Sabe que não guardo ódio de meu assassino? Aliás, sequer me lembro direito dele... era um pobre coitado, desses que frequentam bares atrás de qualquer alegria barata e eu o estava tirando do sério. Sei que eu não era fácil, Tobias, e que meu final não seria bonito.

Olhei para ela desconfiado, pois sabia que era vingativa:

– Não quis se vingar dele então?

Ela não mentiu:

– Depois de uns meses que morri, resolvi ir atrás dele. Estava num tal arrependimento que nem dormia direito, entregou-se à polícia. Lá, um monte de testemunhas falaram que fui eu mesma que perturbei e ofendi o rapaz, que já estava bastante bêbado, até que ele perdesse a cabeça. Acredita que ele ainda assim não se perdoava de jeito nenhum? Então o prenderam, mas como ele era arrimo de família e sustenta os irmãos menores vai ficar livre de dia para trabalhar e na cadeia a partir das quatro da tarde, por dez anos.

– Está "meio livre" então...

Ela riu-se:

– Se não fizer isso, os irmãos e a mãe acabam por passar sérias dificuldades. Trabalha feito um condenado... tinha como ter raiva dele?

Concordei:

– Realmente, não. Quem lhe prejudicou de fato foi você mesma e aquele infeliz ali. E chamo de infeliz porque não se livrará de mim, Dita. Sei que não fui, nem sou nenhum exemplo, mas esse homem vai ter seu troco!

## CAPÍTULO 18

# O PEDIDO

### Comentário de Ariel

Observando nosso amigo Tobias e sua triste história, eu pensava comigo mesmo: quando sentiu a enormidade de seu ódio por aquele que tinha sido seu carrasco, ele se sentiu "pesado", pessoas quando sentem um amor fora do comum se sentem motivados, ativos... sentimentos nos deixam mais fortes? São eles que nos movem na maior parte das vezes? É essa passionalidade que nos torna humanos? Na realidade, é. O sentimento é a alma do homem, e ao torná-lo nobre e puro, nos aproximamos de Deus e da nossa própria iluminação.

Que imensa gama de sentimentos povoa a humanidade! Observando as expressões de Tobias, estando nelas retratadas a paixão, a revolta, o medo, a raiva e a força, tudo isso misturado a um orgulho ferido junto com uma imensa tristeza de se ver, momentaneamente, separado de seres tão amados, eu vi um homem se afogando num mar de cólera, que poderia vir a gerar uma vingança terrível. Lembrei-me de um ditado antigo e muito certeiro que dizia: "quem quiser praticar a vingança, que não cave uma, mas duas covas". E é verdade. Cave uma cova para si também. Não ache que espalhando o ódio escapará às consequências dele, lei de causa e efeito, ou ainda, quem planta colhe.

Não são palavras ditas ao vento, são frutos naturais que os sábios de diversas culturas há muito observam, no oriente e no ocidente, em qualquer religião que você escolher, do Cristo ao Buda, passando pelo amável Confúcio e indo até Maomé. "Faz aos outros o que queres que te façam", o bom Deus em sua sabedoria espalhou isso em todos esses sábios, é tão difícil entender isso?

Pensativo assim estava quando olhei para cima, naquele ambiente triste e enevoado, buscando ver nossa amada Olívia que tinha se deitado bem acima de nós, na frondosa árvore, num de seus galhos mais altos, bem acima de nossas cabeças. Foi com uma certa surpresa que divisei seu rostinho emoldurado pelos cachos castanhos claros, e os olhos esverdeados olhando para baixo, em nossa direção, como se ouvisse nossa conversa há muito tempo, mas não quisesse ser vista.

Como Tobias estava um pouco mais afastado da mesa agora, tendo ir ver Daniel na cabana, cutuquei Clara e apontei a menina que acenou e riu para nós dois. Clara lhe perguntou com o pensamento: "não quer descer e conversar também?", ao que ela respondeu "agora não... ele pode ficar tímido comigo por perto".

Compreendemos perfeitamente o que ela queria dizer, era engraçado, mas algumas pessoas realmente ficavam meio intimidadas com a presença de Olívia. Não sei se por conta da aparência da menina, ou por conta do seu "brilho", mas, se ela achava melhor ficar onde estava, concordávamos. No entanto, era bom saber que estava por ali e bem acordada. Ela se espreguiçou e olhou o céu, espalhando luz à sua volta, e nos envolveu em paz.

Não demorou Tobias voltou, sozinho, sem Lourenço, e sentou em nossa mesa de novo. Perguntei a ele:

– Tinha esperanças de fazer Flávia desistir de Eleotério, ou de fazê-lo desistir dela, Tobias?

Ele riu-se:

– A verdade é, como deve saber meu bom amigo, que um espírito tem certa influência, mas não faz mágica. Se fizesse, eu teria feito!

## Narrativa de Tobias

Verdade seja dita, não foi fácil conquistar Flávia. Ela aceitou o rádio, mas recusava qualquer outro presente. Adorava ouvir as programações, as novelas e Eleotério vinha sempre às sete da noite para escutar com a família a "Hora do Brasil" (posteriormente "A Voz do Brasil"). Dizia que seu rádio não captava tão bem a transmissão. Aliás, com o aparelho de rádio, a casa de Flávia ficou razoavelmente "animada": vizinhas que não perdiam as novelas e o Eleotério todas as noites, que aproveitava e jantava por ali.

Com a desculpa de que estava dando despesa, não permitiu mais que pagasse a conta de armazém: passava por lá antes e pagava, o que deixou Flávia furiosa. "Vão dizer que sou sua protegida, ou algo pior!", disse ela. E já ia colocando Eleotério com rádio e tudo porta afora quando o miserável ajoelhou-se e na frente da vizinhança inteira e a pediu em casamento, dizendo para todos que quisessem ouvir que ali estava uma mulher honesta e honrada.

Sequer tinham namorado e ele frequentava a sua casa há apenas dois meses e meio, se tanto. Ele devia ter pelo menos vinte e cinco anos a mais do que ela, isso sendo generoso e Flávia, ao ver o homem ajoelhado, sujando o terno de linho branco, ficou muito sem jeito. O que lhe passou pela cabeça era que um sujeito da idade de seu pai estava ali se humilhando e que ela não podia deixar aquilo acontecer na frente de toda a vizinhança. Não lhe tinha paixão alguma, a verdade era essa, mas não gostava de cenas!

– Levante-se já, seu Eleotério! Ora já se viu! Não fica nada bem o senhor ajoelhado aí, sujando as calças de linho branco!

E puxou-o do chão, bastante irritada, levando-o para casa, ele se fazendo de triste, continuando com o pedido. Sem saber muito o que dizer, que nem compromisso eles tinham, ela disse:

– Pois deixe-me pensar, que nem namorados nós somos!

Ao que ele respondeu, já muito empertigado:

– Pois olhe, dona Flávia, não responda agora! Já está sozinha há tanto tempo e luta honestamente com tanta dificuldade! Sei que não me tem paixão, mas acredite, isso vem com o tempo e eu tenho pelos dois! Não pensa em garantir o futuro de seu filho? Não o quer estudando nas melhores faculdades? Sim, senhora, porque noto que o menino é inteligente e pode ser um doutor, se quiser, e eu tenho o dinheiro para isso!

Minha esposa se quedou boquiaberta: era um sonho tão bom que nunca tinha se atrevido a falar com ninguém: Daniel tinha mesmo a inteligência do pai, com estudo pago iria longe, mais do que muito filho de coronel. Vendo-a calada, Eleotério animou-se:

– Pense, dona Flávia: namoro para quê? Já sou entrado em anos, como vê, mas ainda tenho muita força. Tenho toda a intenção de honrá-la, mas não há aqui nenhum moleque: sabemos muito bem o que fazemos! E se a senhora não quiser morar no sítio, coloco uma casa aqui na cidade, com tudo do bom e do melhor! A senhora escolhe tudo o que quiser!

Ainda meio tonta, pensando ainda em Daniel, Flávia sentou-se, abanando-se, e disse:

– Pois lhe peço uma semana para pensar, o senhor há de entender que é uma decisão muito séria, e desde que meu marido se foi, nunca admiti nessa casa nenhum pretendente! O senhor mesmo eu via como um bom amigo. Pegou-me de surpresa, seu Eleotério! Tem de me dar um pequeno tempo para refletir, conversar com meu filho e só então poder lhe dar uma resposta adequada!

Não gostei da resposta de Flávia, por mim ela o despacharia

dali mesmo, o que faria muito mais sentido! Mas minha pobre esposa não tinha a menor ideia de com quem estava lidando, achava que lidava com um senhor extremamente bondoso e caridoso, que tratava a ela e ao seu filho muito bem e que garantiria o futuro de Daniel. Sentindo que tinha chances com ela, Eleotério beijou-lhe uma das mãos e disse:

– Pois olhe que vou aguardar ansioso pela resposta, mas vou lhe dar esse tempo. Não aparecerei antes de uma semana. Sábado à tarde estarei aqui, mas peço apenas uma coisa.

– Que coisa? – perguntou Flávia ainda meio tonta com o rumo das coisas.

– Que possa ao menos me comunicar com a Marialva para saber como estão passando a senhora e o seu filho nesta semana. Não se preocupe, que não virei aqui. Peço apenas que ela me leve notícias de vez em quando!

Feliz com o tempo concedido, Flávia assentiu. Não é preciso dizer o desespero que me deu ouvir tal diálogo! Com que então voltaria o desgraçado para obter sua resposta em uma semana, depois de prometer a Flávia a única coisa que a faria pensar com muito cuidado a respeito de sua proposta: o futuro de Daniel.

Pelos pensamentos de minha esposa, eu sabia que ela tinha tido apenas dois amores na vida: a mim, seu marido, de quem agora ela já ia esquecendo até os traços, a não ser por uma fotografia bastante borrada e de longe, que estava na cômoda do quarto, e ao nosso filho, cada vez mais parecido comigo, inclusive no jeito de andar. Desanimado, observei ela ir até a janela e olhar a rua humilde e simples onde vivia: gostava tanto dali! A vizinhança era boa e ordeira, ninguém lhe faltava com o respeito. As vizinhas eram boas, trocavam receitas, muitas deixavam até os filhos com ela quando necessitavam. Em caso de doença ou alguma necessidade uma cuidava da outra... caso se casasse, sabia que teria que sair dali, e isso não lhe fez feliz. Muito embora Marialva não lhe entendesse e fosse amante de luxos, ela amava a sua simplicidade, a horta que sempre lhe trazia um presente ou uma novidade, o cheiro de terra molhada no jardim! Suspirou triste e eu lhe sussurrei no ouvido: "então não vá! Quem disse que esse homem será mesmo bom para você e seu filho? Não saia daqui, Flávia!".

Para minha surpresa, ela sorriu diante de meu pedido e eu entendi que ela tinha me ouvido. Primeiro cerrou as sobrancelhas pensando que realmente sentia algo errado em tanta gentileza em Eleotério, o homem parecia não ter defeito algum! E já estava chegando aos trinta anos, sabia, de observar as pessoas, que todo mundo tem defeitos, por pequenos que fossem. Qual seria o defeito daquele senhor, que até agora só tinha lhe apresentado qualidades? Vibrei finalmente com a inteligência dela, Flávia não estava só mais bonita com a idade, mas mais madura e ajuizada!

Ainda com a testa franzida, colocou os pratos na pequena pia e começou a lavá-los. Marialva tinha ido dar uma volta até a praça e não tinha visto nada, "graças a Deus por isso", pensava ela, "ou teria respondido em meu lugar, me causando enorme vexame!". Sabia dos sonhos de Marialva de ser rica, de ter criados a servi-la como se fosse patroa. Ria-se disso, pois ela mesma não se sentiria nada bem com alguém a servindo, visto que tinha trabalhado a vida inteira, mas sua cunhada! "Ah! O que ela não ia dar de trabalhos aos criados! Nasceu para mandar aquela ali!". E riu-se, muito faceira.

No fundo não conseguia ficar brava, achava graça, pois na realidade tudo aquilo era tão infantil! "Tão mais fácil se servir sozinho do que ficar esperando para ser servido!", assim pensava minha mulher, e eu tinha que admitir que pensava da mesma forma. Foi quando Marialva entrou num velho vestido amarelo, chapéu de palhinha na cabeça, olhos muito arregalados e perguntou a ela:

– Verdade que seu Eleotério esteve aqui e lhe pediu em casamento lá na frente do armazém? Ajoelhou e tudo mais?

Flávia notou que ela tinha subido a ladeira correndo, como

se sua vida dependesse disso, e lhe deu um olhar frio, pois não queria que ela interferisse:

– Quem lhe contou isso? Já gerou comentário, é?

Marialva não tirava os olhos dela:

– Mas menina, um homem rico daquele, com um carro que é coisa de cinema, te pede em casamento se ajoelhando no chão de barro, sujando um terno caríssimo e você quer que não se comente? Claro que está todo mundo falando!

Flávia continuava com o olhar frio:

– Pois ele fez muito mal! Imagine que pagou a conta do armazém sem a minha licença! Só isso já me fez expulsá-lo daqui... pensa que sou o quê? Amásia dele? Que desaforo! Depois saiu atrás de mim e no armazém se jogou no chão de joelhos a dizer que eu sou "uma mulher honesta"! Se uma mulher é honesta precisa de alguém gritar isso?

Minha irmã notou que a coisa não estava boa, e começou a querer defender, mas Flávia não deu espaço:

– E depois daquela confusão toda sem sentido, me pede em casamento na frente de um monte de gente que ia passando! Cheguei a sentir o sangue faltando às faces! Não somos nem namorados, que liberdade foi aquela! Aquele senhor tem idade para ser meu pai!

Foi a vez de Marialva perder o chão. Sentou-se lentamente, olhos arregalados, como se a resposta da outra fosse decidir sua vida:

– E o que você disse a ele, Flávia, pelo amor de Deus!

Flávia virou-se de costas, braços cruzados em frente do peito, irritada já por não ter dado uma resposta definitiva na mesma hora:

– Devia ter dito um "não" bem rápido, mas ele falou que garantiria o estudo de Daniel, que o menino era muito inteligente, que iria para uma faculdade. Que sabia que eu não tinha paixão por ele, mas que isso viria com o tempo...

Marialva respirou aliviada:

– Então você aceitou?

Flávia a olhou zangada:

– Claro que não. Disse que daria resposta daqui a uma semana. Na realidade ele é um senhor gentil, mas não acho que me apaixonarei por ele, Marialva! O que senti por seu irmão, acho que se sente só uma vez na vida! Não quero enganar ninguém, mas se ele acha que podemos ser mais que amigos, pode esquecer!

Dito isso, entrou para o quarto. Estava cansada, mas depois que tinha decidido não se casar, ao menos se sentia mais em paz. Olhou o teto de seu quarto, fez suas orações costumeiras, e tirou uma breve soneca até que Daniel chegou e ela lhe deu o jantar.

Mas, se Flávia estava em relativa paz, Marialva tinha a mente fervendo: tinha passado a vida em tanta penúria, e agora que poderia ter finalmente o seu merecido sossego, a cunhada jogava tudo pela janela? Nem pensar! Mulher tola, achava que ficaria bela e nova para sempre? Achava que teria partido melhor que aquele? Deus realmente não era justo, por que não acontecia algo assim com ela?

Não que não tivesse tentado "encantar" Eleotério, olhares foram trocados, pequenos esbarrões foram dados, sorrisos, alguns afagos... mas o homem tinha ficado irritado! Só tinha tido olhos para Flávia, que não deixava outra coisa que lhe beijar a mão na hora da chegada e da despedida. Vai se entender os homens!

Ao menos tinha dito que "ia pensar". Soubesse o Eleotério que já tinha o "não" como resposta... Mas, se dependesse dela ele não saberia nunca, mesmo porque uma semana era um bom tempo, e ela conseguiria fazer com que Flávia mudasse de ideia. Ele não tinha falado até em faculdade para o menino? Do que Flávia mais gostava na vida? Daniel!

Observando todos esses pensamentos na cabeça ardilosa de Marialva, tive uma imensa vontade de estrangulá-la. É certo que minha desmiolada irmã não sabia que ali estava o meu assassino e o causador da desgraça de sua outra irmã, mas eu tinha uma séria dúvida se isso a demoveria de seu desejo, caso soubesse.

Egoísta e interesseira, o que lhe importava era seu bem-estar.

E assim pensando ela foi dormir e eu chamei por Dita, que me apareceu mais embriagada do que de costume:

– Que quer de mim, irmão?

Olhei para ela sério, mas não critiquei o seu estado:

– Já sabe das novidades?

Ela deu longa e triste gargalhada:

– Que o traste quer se casar com Flávia? Sei sim. Estamos bebendo juntos! Quer ver o que se passa pela cabeça dele?

Olhei-a desconfiado:

– Bebendo juntos? Ele te vê?

Dita riu de se vergar, tamanha graça que achou:

– Se me visse, correria por três dias! Mas eu bebo com ele pelo menos quatro a cinco noites por semana! Não disse que me vingava? E de vez em quando o levo para o jogo também... isso é mais difícil, que ele não gosta de perder dinheiro. Mas como gosta de ganhar fácil, já o fiz perder "um bocado".

Estava explicado por que ela sumia por alguns períodos de tempo, provavelmente ficava por esses lugares. Mesmo um tanto preocupado com o que descobriria, disse a ela:

– Pois me leve contigo, quero ver o que se passa na cabeça daquele assassino.

CAPÍTULO 19

# Descobertas no cassino...

### Narrativa de Tobias

Pela primeira vez a vi realmente preocupada comigo, apesar de meio alcoolizada. Ela me olhou meio na dúvida:

– Tem mesmo certeza de que quer ir? Não é um bom ambiente! Pode não gostar do que vai descobrir!

– Ora, Dita! Se você aguenta, eu também!

Ela segurou na minha mão e quando dei por mim, estávamos num salão grande de paredes brancas, sem forro no teto de telhas coloniais, tal qual grande casarão antigo. O chão era de tábuas grandes de madeira escura, mas bem encerado. Mesas de jogo de um lado da sala, moças vestidas como que para uma festa, mas excessivamente decotadas e usando uma maquiagem bem colorida. Nada parecido com as casas que Dita tinha frequentado, os copos eram finos e encostada numa das colunas, havia uma roleta girando com apostadores em volta.

– Isso fica na vila? – perguntei.

Minha irmã sorriu, tapando a boca com a mão:

– Não. Fica a uns quarenta quilômetros da vila, é um cassino. Em cima ficam os quartos das moças, coisa muito fina! Aqui não se bebe aguardente, mas champagne!

Vi os vivos do ambiente, devia ser umas onze horas da noite: todos bem-vestidos, as moças aparentando alegria, mas a energia do local era pesada, o álcool era distribuído sem parcimônia, além de outras drogas que eu sequer conhecia. Sentado com outros dois senhores estava Eleotério, comendo uns pedaços de carne e bebendo seu conhaque lentamente. Sentei-me na cadeira vazia e olhei o ambiente novamente: mais mortos do que vivos ali! Alguns me olhavam com franca curiosidade, outros sequer se davam conta, mas na nossa mesma mesa, acompanhando os amigos de Eleotério, estavam algumas criaturas bastante interessantes, além de Dita.

Por exemplo: à direita de Eleotério ficava um senhor bem-apessoado, de traços finos e cabelos alourados, parecia ter seus trinta e poucos anos. Pela conversa logo vi tratar-se de um jovem advogado da capital, de família muito abastada e modos muito educados. Eleotério fazia negócios com o pai do sujeito, e parecia muito orgulhoso de tê-lo à mesa..., pois justamente cercando esse sujeito vi uma moça desencarnada em trajes finos, com uma beleza sem par, dos cabelos negros e a tez pálida. Olhava para o homem num ódio que eu nunca tinha presenciado antes e colocava sobre a cabeça do homem, as duas mãos fazendo com que esse se curvasse de dor, amparando a cabeça em suas próprias mãos. Nisso, ela sorriu e finalmente se afastou um pouco. O homem, assustado com a dor infligida, pediu licença e foi embora do salão.

Olhei para Dita assustado: eu conseguia dar dores de cabeça a Marialva, mas nunca tinha feito uma coisa como aquela. "Quem eram?", perguntei em pensamento. Ela me respondeu:

– Venho aqui mais vezes, por isso conheço a história. Este homem seduziu essa moça quando já era casado e ela não sabia. Terminou com o noivo por conta dele, que a enganou, até engravidá-la e, quando soube, tratou-a como lixo e a abandonou. Desesperada, ela foi expulsa de casa aos dezesseis anos, passou por fome, violências de todo tipo e morreu no parto prematuro, junto com a criança. Só então os pais se arrependeram e a enterraram com o luxo que você viu. Persegue-o desde então... ele já perdeu a herança quase inteira na mesa de jogo, a mulher o trai porque ele não consegue se dar bem com ela e sua vida anda uma miséria completa. Mas sabe que não consigo ter pena dele?

Olhei o homem que saía do salão alisando os cabelos, empertigado e orgulhoso, com sua algoz às suas costas. Não tive pena também... pudesse, faria o mesmo àquele que ali estava, feliz e satisfeito olhando o movimento, pretendendo levar minha mulher para viver com ele, depois de ter me assassinado! Mas, ele veria com o tempo. Dita deu risada:

– Vai ter que entrar na fila para se entender com Eleotério. Acha que é a única vítima de morte dele? Olhe direito ao redor! Veja ali, perto da porta!

Eu olhei e vi perto da porta, olhando fixamente para ele, dois homens desencarnados: um novo, que devia ter mais ou menos a minha idade, branco, de olhos castanhos e roupa humilde. Olhava-me interessado, pois ainda não me conhecia, mas não fazia cara de querer aproximação. Ao lado dele um senhor de idade, com um rosto digno, que se parecia bastante com o rapaz, só que uns trinta anos mais velho. Observavam Eleotério de longe, mas sem perderem um só movimento. De repente, eles confabularam algo entre eles e senti que me olharam firmemente, o senhor mais velho levou a mão ao chapéu num cumprimento respeitoso, mas seu pensamento foi claro: "enquanto ele estiver vivo, pode fazer o que quiser. Mas depois da morte, é comigo que ele se acerta!".

Assenti com a cabeça, concordando respeitosamente, pois senti que ali devia ter acontecido coisa séria, mas perguntei à Dita:

– Irmã, que se passou entre esses dois e meu assassino? Sabe de algo?

Dita se achegou a mim como quem comenta um segredo:

– Foi coisa de briga de terra, parece que o Eleotério matou o pai e o filho para usurpar a terra deles. A família ficou na miséria desde então, dizem que uma das filhas foi até parar na prostituição! Mas não são só esses dois que o seguem. Às vezes tem mais... sempre foi muito ganancioso, descrente de Deus. Quando desencarnar a fila é grande nos acertos e eu mesma pretendo estar por perto.

O outro sujeito da mesa também tinha seus obsessores, mas não eram casos tão sérios. Espíritos ligados à bebida e ao jogo, uma antiga amante, mas nada que envolvesse crime ou grande perfídia, era mais um boêmio do que qualquer outra coisa, e eu sinceramente achei que ele estava era mal acompanhado. Mas como Otávio (esse era o nome dele) era bom ouvinte e Eleotério estava pagando a bebida por estar ansioso por falar, foi realmente uma sorte que ele estivesse por ali, pois pude finalmente ouvir o que pensava o salafrário a respeito de seu pedido a Flávia.

Contente de estar num ambiente que achava "à sua altura" com um rapaz educado e fino, Eleotério, que mal tinha aprendido as letras e as contas, achou-se entre iguais, e pôs-se a fazer confidências ao advogado Otávio Quintilha, que o ouvia embalado por um bom conhaque:

– Mas, imagine o doutor, que estou pensando em me casar novamente!

O doutor sorriu meio espantado, mas não muito. Tinha notado alguma mudança no "amigo", e comentou:

– Ah, então isso explica tudo! O amigo tem "rejuvenescido", carro novo, roupas novas, até andou cortando o cabelo e aparando o bigode! A moça é daqui? Filha de algum fazendeiro?

Eleotério deu logo uma risada:

– Ora, veja se eu ia me casar de novo com filha de fazendeiro! Mulher enjoada já tive da primeira vez! Cheia de "não me toques", um desconforto só! E também não era lá essas belezas, não... não tinha nem vontade de exibi-la.

Otávio ouviu esses comentários um tanto assustado, mas perguntou:

– E com quem o amigo vai se casar, então?

Eleotério abriu o maior dos sorrisos, como se tivesse tirado a sorte grande:

– Rapaz, é como eu estou lhe explicando: da primeira vez eu casei porque queria me fazer na vida. Ganhei mais dinheiro do que consigo gastar, e olhe que sempre fui econômico! A herança dos filhos sabe que já dei em vida, no "passamento" de minha falecida esposa, então agora quero é ser feliz. E não sou burro, não! Isso é que não! Acha que encontrei uma dessas rapariguinhas novas que só querem arrancar dinheiro da gente?

Otávio ficou curioso:

– E como é essa pérola então, Eleotério?

Ele inchou o peito:

– Trata-se de uma viúva, e já é viúva há mais de dez anos. E não deu espaço a homem nenhum até hoje! Honesta! Vive do trabalho dela como professora, e sustenta o filho único que teve com o marido. E já mandei pesquisar, toda a vizinhança diz o mesmo na vila: é de casa pro trabalho e quando vai a outro lugar é para a igreja!

Otávio estranhou:

– Para ser honesta assim, já deve ter uma certa idade...

Eleotério fez graça:

– Mas tem, isso é certo! Tem quase trinta anos. Mas como estou perto dos sessenta, não achei isso nada ruim. A aparência dela, no entanto, apesar de se vestir muito discretamente por ser professora e ter vivido como viúva, é de chamar a atenção: poucas vezes vi uma mulata clara tão linda, os cabelos negros e longos, os olhos verdes como o mar. O corpo então, uma escultura! Apesar de viver se tapando toda, dá para perceber, meu amigo, se dá!

Otávio, que era solteiro e um grande apreciador do belo sexo, ouvia aquilo tudo admirado, e perguntou:

– Mas sendo uma moça tão bonita, e ainda virtuosa para com os homens, não acha que ela pode lhe dar muita despesa? Mulheres lindas costumam custar caro, Eleotério... elas gostam de coisas bonitas.

Ele deu uma sonora gargalhada:

– Pois saiba que eu quase estraguei tudo quando paguei, sem a sua permissão, a conta do armazém de sua casa! Ela me colocou para fora, reclamou que as pessoas iam falar de sua honra de mulher honesta, que não podia aceitar aquilo. Se eu aparecesse com algum presente (e eu nem tentava!) ela levava como ofensa! Flávia só tem um ponto fraco: o filho Daniel. É nisso que estou apostando para que ela se case comigo: o desgraçado do negrinho!

Ao ouvi-lo falar assim de meu filho, em meu peito subiu uma angústia difícil de descrever: ele não tinha nenhum afeto por Daniel, apenas fingia. Otávio perguntou:

– Então, não gosta do menino? Mas ele lhe trata mal?

O miserável bebeu um gole, só então respondeu:

– O moleque? Até que não me trata mal... mas me lembra muito o pai dele, e deste eu não gostava nada. Bicho traiçoeiro! Saiu preto igual a ele, mesma raça. A mãe é quase branca, a mulher mais bonita que já vi. Está vendo estas daqui, cheias de pintura e roupas caras? Não chegam aos pés de Flávia. E ela ainda canta como uma deusa, já te contei?

Otávio parecia ler meus pensamentos de preocupação com Daniel, pois continuou perguntando:

– Mas se vai casar com a mãe, terá que levar o filho. Se maltratar o filho, não viverá bem com ela... trate de pensar bem nisso, porque parece que você descobriu uma joia rara, meu amigo!

– Ah, isso foi mesmo! – disse ele feliz – mas o menino eu resolvo depois! Não vai ser um negrinho daqueles que vai atrapalhar a minha vida com uma mulher daquelas!

Saí daquele ambiente assim que pude, tornei à casa de Flávia, entre a tristeza e o horror! Flávia já parecia ter se decidido, mas será que seria forte? Às vezes a pobreza dá maus conselhos! Observei-a dormir na cama, os cabelos soltos, a pele macia, Daniel a seu lado já virando um pequeno homenzinho e pela primeira vez tentei me colocar no lugar dela.

Sem ninguém há quase doze anos, lutando diariamente, valente como ela só. Quis o destino que não se interessasse por ninguém durante esses anos, o que a tinha feito perder a esperança de encontrar um homem realmente bom, no meio de tanto trabalho diário. De repente lhe aparece um senhor que parece ser imensamente caridoso, solitário e gentil, e ainda por cima, lhe oferece garantir o futuro profissional de Daniel, através do estudo, que é a coisa que ela mais preza.

Tristeza imensa me varreu o peito, pois eu não acreditava em nenhuma das promessas de Eleotério. Naquela noite eu tinha visto parte de suas ideias e parte de seu passado, e o que eu tinha visto, junto com o meu assassinato, me enchia de terror.

Caminhavam as duas pessoas que eu mais amava para dentro de um abismo, sem que eu tivesse a menor chance de salvá-los. Enchi-me de tal ódio vendo a minha impotência! Que Deus era aquele que permitia duas pessoas de índole tão boa, serem conduzidas a destino tão rude, junto a criaturas tão egoístas e perversas como eram Eleotério e Marialva?

## Comentário de Ariel

Olhei o meu bom amigo Tobias e sua expressão de angústia enquanto me contava aquela parte triste de sua história e lembrei-me dos infortunados irmãos que em momentos de grande dor ou perda, ou mesmo quando informados de catástrofes de dimensões dantescas perguntam: "onde estava Deus que deixou que isso acontecesse?".

Tobias tinha perguntado algo parecido, tinha perguntado o porquê de Deus ter deixado duas pessoas boas, como Daniel e

Flávia, terem seus destinos atrelados ao de duas pessoas ruins, como Marialva e Eleotério. Olhei para Clara que naquele momento me olhava também e ela me pediu que eu respondesse. Assim fiz, do melhor jeito possível, tentando não magoar meu amigo já tão infeliz:

– Meu querido amigo, por que culpar ao Criador neste caso, se havia a escolha de permanecer junto, ou não? Existe o livre-arbítrio, como bem sabe. Flávia podia negar o pedido, ainda que o senhor em questão insistisse veementemente. E também podia tomar outras providências, como sair novamente de perto de Marialva, que não lhe quer bem de fato. Não acredito que Deus, em Sua sabedoria, queira que fiquemos perto de pessoas que nos prejudiquem. Não faria nenhum sentido. Podemos e devemos amar e perdoar, mas permanecer junto de quem quer nos fazer o mal não é adequado!

Tobias me olhou triste e confuso:

– Sei disso, meu bom Ariel. Mas, a teia foi montada de tal maneira que me senti preso, algemado e vendo as pessoas que me são mais caras correrem um perigo sem tamanho. Se fosse contigo, o que teria feito?

Tentei me imaginar no lugar dele, se acontecesse tal coisa com a minha Esthefânia, mas não consegui. Compreendia a revolta, a fúria e o desconforto supremo que ele devia ter passado. Então perguntei:

– Que fez então?

Ele baixou a cabeça ao me responder, parecia envergonhado:

– O desespero que sentia me tornava mais forte, a verdade era essa! E se os vivos ficam mais fortes em momentos de angústia, pense no que isso pode fazer a um desencarnado!

Sabedor de diversos fenômenos que na Terra chamam de paranormais, muito pouco explicados por cientistas ateus de toda ordem, eu fiquei esperando pelo que ele me contaria...

## Narrativa de Tobias

Deus, Pai de toda misericórdia, o que se faz de um homem que coloca em dúvida a sua fé? Pois assim eu me sentia, desprovido de toda fé. O medo pode ser filho do desconhecido, mas é parente próximo do ódio. Andam de mãos dadas e assombravam o meu pensamento de tal forma que dia e noite eu vaguei por aquela casa, antes cheia de luz e harmonia, mas que com a chegada de minha irmã e a possibilidade da vinda de Eleotério, começava a se tornar um breu escuro e nefasto.

Marialva não perdeu tempo de comentar com as vizinhas da "sorte grande" que Flávia tinha tirado na vida. De acordo com ela "um homem bom, muito rico, viúvo e voltado para a caridade tinha se interessado por Flávia". Verdade seja dita, minha esposa tinha muitas e boas amigas na vizinhança, mas também havia as solteironas invejosas, senhoras casadas pobres e que não se davam com os maridos, enfim, gente que apesar das maneiras gentis, não possuíam um coração assim tão puro.

As reais amigas de minha esposa, para meu desespero, tinham por ela uma solidariedade sem tamanho, viam que realmente ela trabalhava em excesso e gostariam que Flávia tivesse de fato algum descanso e um pouco de paz na vida. E quando minha irmã disse que Flávia pensava em recusar a proposta, mais de uma respondeu que conversaria com ela, afinal, minha esposa já estava com quase trinta anos, devia pensar no futuro dela e do filho!

Marialva ia de casa em casa angariando simpatias, e com sucesso! Apenas uma das amigas disse que se ela não gostava do sujeito, por melhor que ele fosse, não devia se casar. A esta, que era a melhor amiga de Flávia, Marialva tentou convencer de todas as formas sem sucesso. Por fim, esta estimada senhora disse:

– Pois se gosta tanto desse senhor, depois de casada vá dormir com ele! Sabe lá o que é dormir com alguém que não se gosta? Flávia é sensível, não deve se sacrificar assim!

Minha irmã ficou tão zangada que nem disse mais nada, retirando-se. Deu-se por muito satisfeita de Flávia não a ter ouvido e prestou muita atenção para barrar sua entrada na casa enquanto não convencesse minha esposa! Vai que ela conseguia que não saísse casamento.

Não me arrependo de dizer que deixei minha irmã perto da loucura completa naquela semana. Ela adorava ouvir o rádio e sabendo disso, era ela ligar o aparelho e eu aumentava o som no volume máximo. Ficou fácil girar o botão com o ódio que eu estava! Como o rádio era potente, ela se levantava da cadeira e corria a abaixar o som estridente pela casa. Hora da novela? O canal trocava sozinho assim que ela virava as costas: eu preferia o jornal. Ela desligava o rádio no botão? Eu ligava de novo! Fiz isso uma vez bem em frente a ela, que fez uma gritaria dos demônios, saiu correndo pela pequena escada que ia para a horta e desceu a ladeira numa velocidade que eu nem desconfiava que ela tinha! Quem diria... então gordinhas podem ser bem velozes! Já foi tarde... quem dera não voltasse!

Claro que só fazia isso quando ela estava sozinha em casa, não queria assustar nem Flávia, nem Daniel. Naquele dia, voltando da escola, os dois a encontraram no banco de madeira da horta, suando frio, dizendo que "deviam jogar o rádio fora", pois "era uma coisa do diabo" e contou do acontecido para Flávia que riu bastante e disse:

– Pois estou mesmo pensando em devolver o presente, já que vou recusar o pedido. Não fica bem o aparelho ficar comigo.

Quem não ficou contente foi Daniel, que adorava ouvir os programas de calouro e dançar pela sala com a mãe. Já Marialva, ao ouvir falar em fazer uma desfeita a Eleotério, mudou radicalmente de ideia:

– Imagine devolver o rádio, um móvel tão bonito. Que grosseria Flávia!

A verdade é que naquela semana foi uma romaria de senhoras a ir na casa de minha esposa, aconselhando-a para casar-se.

Diziam que "ela devia pensar no menino", que "ninguém sabe o dia de amanhã", e Flávia, para não ser mal-educada, dizia que ia pensar, mas para meu alívio já tinha a sua resposta bem delineada na cabeça.

Foi quando na quarta-feira Daniel levantou vomitando muito. Nada que comia parava no estômago e logo uma disenteria séria apareceu... Flávia não foi à escolinha, mandando Marialva avisar que ia ficar tomando conta do filho. Usou todos os remédios caseiros de que dispunha para tomar conta do filho: chás, unguentos, mas Daniel ardia em febre e os vômitos não cediam, mesmo a água que tomava, o menino colocava para fora.

Preocupada, usando compressas de água fria e dando banhos nele para que a febre baixasse, Flávia viu-se sem saída, nada adiantava... e no final da tarde o menino já aparentava sinais de uma desidratação bastante séria, os olhos fundos, os lábios rachados, a febre altíssima. Chamou sua vizinha, dona Vicentina, para se aconselhar. Mulher de seus cinquenta anos, experiente, assim que viu Daniel balançou a cabeça:

– Que foi que esse menino comeu ontem? Mais alguém na casa sentiu-se mal?

Flávia olhou para ela desesperançada:

– O mesmo que nós todos, almoçou conosco e depois tomou uma sopa para dormir. Nada demais! Ninguém aqui adoeceu! E que febre alta!

Dona Vicentina olhou o menino com pena, apesar da febre, ele estava lúcido e olhava para ela com expectativa, perguntando:

– Me dói o corpo inteiro, vou ficar bom? Tá tão frio aqui...

A mulher olhou para ele e sorriu:

– O frio é por conta da febre, mas já vai passar! Você comeu algo ontem à tarde ou à noite, que não fosse a sopa?

Ele pareceu tentar lembrar-se, mas depois disse:

– Não... só a sopa e depois uns biscoitos que a mãe fez pra mim... só isso.

Flávia suspirou:

– Não disse. Tudo coisa normal, que todo mundo come aqui em casa. Não tenho dinheiro para que ele coma guloseimas na rua!

Marialva disse da porta, que o ideal seria que elas chamassem um médico, mas minha mulher disse: "com que dinheiro, Marialva? Nem dinheiro para os remédios eu teria!". Dona Vicentina, também humilde, trouxe umas folhas de sua casa e dispôs-se a fazer um chá, que elas iam dando a Daniel de hora em hora. O vômito pareceu se acalmar um pouco, e os três dormiram.

Vida de gente pobre é coisa muito sofrida quando a doença entra pela porta! Dormindo do lado do filho, Flávia acordou lá pelas cinco da manhã com Daniel novamente vomitando em cima da colcha limpa de algodão. A bílis amarelada destacava-se entre o branco dos lençóis e ela enlouqueceu de dor: sentiu que poderia perder o filho, pois a febre altíssima, bem mais alta do que antes, provocava agora convulsões!

Aos gritos ela acordou Marialva para que esta a ajudasse a conter os espasmos de meu filho, e foi com um espanto enorme que ouvi, claro como o dia, o pensamento de minha irmã: "Nossa Senhora, será que exagerei e matei o menino? Não era pra ficar tão doente!".

O que será que a louca tinha colocado na sopa de meu filho e por quê? Ela saiu do quarto dizendo que ia buscar ajuda enquanto Flávia lhe aplicava compressas frias e tentava acalmá-lo de toda forma. Eu a segui, pois queria ver até onde iam tais pensamentos funestos. Não foi surpresa quando entrou em uma das lojas de Eleotério e o viu sentado atrás de um balcão, fumando um de seus cigarros de palha. Ao vê-la, ele se levantou:

– E então, como foi lá? Colocou o que mandei na sopa do menino?

Ela o olhou ressabiada:

– Coloquei o vidrinho inteiro, mas o que era aquilo? O menino está vomitando por mais de um dia e com febre alta! Agora está com convulsões...

Eleotério riu satisfeito:

— Não era veneno nenhum, sua tola! Era só água de esgoto sujo! Agora eu vou chamar o médico e nós vamos já para lá, que eu vou pagar por tudo. O menino não vai morrer, não. Acha-me tolo?

Marialva benzeu-se, graças a Deus não era veneno... Não queria um crime em suas costas! Chegaram na casa de Flávia vinte minutos depois, encontraram Flávia um tanto molhada, mas Daniel já sem convulsões, vestido com um calção limpo, em lençóis trocados. O médico prontamente diagnosticou uma infecção intestinal, disse que meninos que brincam na terra com os carrinhos, às vezes pegam esse tipo de coisa. Deu-lhe uma injeção, passou alguns remédios que Eleotério comprou, e foi-se embora, sempre muito gentil.

Inútil dizer que Flávia ficou mortificada, mas que não teve como dizer não à gentileza do "amigo". Este, ao se despedir disse a ela:

— Sei que só vai me dar a resposta ao meu pedido no sábado e longe de mim querer apressar sua decisão, mas, pense Flávia, não acha que você e este menino tão bonito estariam mais bem amparados na vida se contassem com a minha pessoa? Não sabe que só desejo o bem a vocês dois?

Dito isso, beijou a mão de minha esposa e saiu da casa. Daniel foi melhorando visivelmente com o passar das horas, Flávia a seu lado o tempo inteiro e Marialva a olhar da porta do quarto, bastante cismada, tentando se convencer de que o menino sobreviveria mesmo. Não morria de amores por Daniel e nem por ninguém, mas tinha lá os seus credos religiosos e não queria ser assassina. Pudessem os vivos ler os pensamentos uns dos outros, quanta morte não poderia ser evitada? Flávia teria deixado Marialva colocar a vida de seu filho em risco? Jamais...

A pobre mãe lá sentada à beira da cama do menino, feliz por ele agora estar sem febre, olhou para minha irmã e disse, vendo seu semblante preocupado:

— Que boa você foi logo chamando ajuda, Marialva! Acho que

a injeção está fazendo efeito e eu não teria mesmo como chamar esse médico. Vê como ele está pálido! Senti que dessa vez ia perder meu menino, a única coisa que dá graça a minha vida!

Flávia chorava e agradecia justo a quem envenenou seu filho, com uma pequena dose de água de esgoto fétida que seu pretendente tinha trazido. Com ódio observei minha irmã se fazer de tímida e sorrir respondendo:

– Ora, não seja por isso! Cunhadas devem ser como irmãs, não é mesmo? E depois, eu sabia que você ia ficar envergonhada de pedir ajuda ao seu Eleotério, que ficou tão contente de ajudar! Ele gosta tanto do menino, Flávia! Que teríamos feito sem ele?

Ainda um tanto chorosa, ela só conseguia agora olhar para Daniel, que ao respirar afundava o peito magro. "Ele se recuperará", pensou, "mas poderia ter morrido! O máximo que tinha tido antes era gripe, e isso eu curava com xarope de mel e limão e chá, mas que acontece se adoecer sério de novo, como dessa vez? Que pode uma mulher pobre como eu, quando acontece uma doença de verdade?".

Ela se levantou e andou pelo quarto, olhou pela janela as casinhas mais pobres que as dela, que ficavam num morro ao longe. Todas de uma madeira pálida, nem água encanada tinham... e pensou: "o que acontece todo dia com gente pobre que adoece: morre. Só gente com dinheiro tem como ver um doutor na hora que precisa!". Seu rosto bonito se endureceu de repente, olhou os remédios na cabeceira e perguntou pelo preço deles a Marialva, que tinha visto a nota do farmacêutico. Minha irmã ficou feliz em informar a quantia e Flávia sentiu lhe faltar as pernas quando ela disse:

– Tanto assim, Marialva? Tem certeza? Mas isso dá mais de um mês de salário meu na escolinha!

Marialva fez que sim com a cabeça, e depois informou:

– E isso sem falar na injeção, que também não foi barata! Essa doença mata mesmo. Já não perdeu alguns alunos seus para a disenteria? Pois é isso mesmo que deu em Daniel! Eles brincam em qualquer lugar, colocam a mão na boca e pegam essa doença. Não foi o que o médico explicou?

Flávia não se conformava:

– Mas Daniel nunca brincou em lama de rua, sempre aqui na horta que é bem limpo e nem tem criação para sujar nada. E nunca chega sujo de terra! Não sei como pode ter "pego" isso! Bem, mas graças a Deus vai melhorar, tenho fé!

E melhorou mesmo. No final da tarde já conseguiu tomar uma sopa, de noite comeu biscoitos com leite e no dia seguinte já começou a corar. Outra coisa crescia além da saúde de meu filho: o meu ódio por minha irmã. Peguei por ela tamanho asco que era difícil de traduzir em palavras, e se antes me dava por contente em assustá-la, agora estudava um jeito de fazê-la sofrer de fato, despedaçar todos os seus pequenos sonhos, tornar sua vida tão miserável o quanto pudesse. Eu a deixaria tão desequilibrada, que dificilmente ela faria mal a mais alguém. O Eleotério viria depois.

O resto da semana foi ela falando no ouvido de Flávia sobre a segurança de se ter um homem em casa, do conforto que o menino teria, dos estudos que ele pagaria a Daniel, do tempo que ela teria para se dedicar ao menino e à sua própria casa. Nada disso fazia Flávia ficar muito contente, já que o máximo que sentia por Eleotério era uma simpatia forçada, foi quando uma de suas amigas, e creio que de boa-fé, veio ter com ela e conversar, para ver o que se passava mesmo no coração de minha esposa.

Amiga de Flávia da igreja, mulata muito simpática com três filhos rapazes, dona Aurora era ordeira, de ancas largas, cabelos muito bem tratados, uma risada grave, e colocava em ordem a casa, parte da igreja e da loja do marido. Parecia estar em todos esses lugares ao mesmo tempo, um instinto para a liderança e o trabalho único. Gostava imensamente de Flávia, pois apesar da beleza da moça, essa nunca tinha "se dado ao desfrute" como "umas outras viúvas por aí", não fugia do trabalho e era muito ordeira. Essas qualidades para dona Aurora eram essenciais.

Assim, logo que soube do pedido de casamento, e que Flávia estava na dúvida, veio ter com ela, na sexta-feira antes da resposta definitiva.

Com Daniel bem melhor, Flávia ouvia o seu rádio enquanto lavava sua louça, até que notou que batiam palmas no portão. Colocou o pescoço na janela para ver quem era e abriu seu melhor sorriso:

– Dona Aurora! Que bom vê-la, há quanto tempo!

Desceu as escadinhas da sala para a horta numa velocidade ímpar e agradeceu à boa sorte de Marialva ter saído, pois então poderia conversar sossegada com sua boa amiga. Aurora, que já conhecia a casa, elogiou-lhe a limpeza, gabou-lhe o belo rádio, o que deixou Flávia muito sem jeito, e só então entrou no assunto:

– Quer dizer então que o velho Eleotério lhe pediu em casamento?

Flávia enrubesceu:

– De fato. Pediu sim... não queria aceitar esse rádio, mas Daniel gostou tanto e aquele senhor disse que era um presente para a família...

E contou da merenda doada aos meninos da escolinha, da festa de Natal que tinha ajudado a patrocinar, de como tinha ajudado e salvado Daniel da morte. A tudo isso, ouvi enojado e sem nada poder fazer, mas observei em dona Aurora um olhar atento e um leve sorriso atencioso a tudo que ela falava. Depois que Flávia terminou de tecer os mais calorosos elogios, ela perguntou:

– Então, vai aceitar o pedido dele?

Flávia levantou-se, torcendo as mãos. Perguntou se ela não queria uma limonada e foi buscar o suco, que colocou nas mãos dela. Vendo a indecisão de minha esposa, Aurora disse:

– Conheço o velho Eleotério há um bom tempo, sabe? Nesta vila todos se conhecem e eu já tenho uma certa idade, então cheguei a conhecer até a primeira esposa dele, que era uns dez anos mais velha do que eu.

Flávia se interessou, pois nunca tinha ouvido falar de Eleotério até pouco mais de dois meses. Seria bom saber algo, antes de dar passo tão sério. Perguntou-lhe como tinha sido o casamento. Dona Aurora sorriu:

– Não foi dos melhores. Eleotério nunca gostou da esposa de fato, casou foi com as terras do pai dela, que era filha única. Ela também não tinha um gênio dos melhores, mas viveram juntos por mais de vinte e cinco anos, até que ela morreu de causa natural. Nesse período, o que era um sítio do pai, virou uma grande fazenda, por mérito dele, que chama aquilo lá de sítio até hoje. Não gosta de mostrar o que tem... mas ele era mulherengo quando casado. Tinha fama de ter amantes.

Flávia considerou a informação e disse:

– Não vou me casar com um homem que tenha tais hábitos. Meu primeiro marido nunca olhou para outra mulher!

Aurora riu-se:

– Minha querida, você é uma formosura, quase trinta anos mais nova que ele, de bom gênio. Se ele ficar contigo não vai olhar para outra mulher! A primeira esposa dele, infelizmente, além do mau gênio não tinha sido abençoada por bons dotes físicos, se é que me entende...

Flávia franziu as sobrancelhas:

– Era feia?

Dona Aurora riu:

– Vamos dizer que não era tão agradável de se olhar. E depois, outro dia, eu vi o Eleotério: nunca esteve tão bem-vestido, carro bonito. Para quem nunca teve dessas vaidades, deve estar muito encantado contigo... mas essa decisão, minha querida Flávia, deve ser sua. Que idade tem?

– Faço trinta em alguns meses.

Dona Aurora sorriu:

– Minha querida, nós mulheres envelhecemos cedo. Sei que não é interesseira, mas por quanto tempo acha que seguirá trabalhando? Estamos em plena década de quarenta, e as mulheres já trabalham, mas que garantias sérias nós temos se adoecermos?

O mundo sabe ser mau para os pobres, Flávia. Gosta de algum homem em particular?

Flávia balançou a cabeça negativamente :

– Nunca tive outro homem além de meu marido Tobias. Sequer me interessei por outro ou acho que me interessarei... foi o amor da minha vida inteira, eu acho, por isso foi tão forte! Quando morreu, foi como se parte minha fosse junto com ele, e se sobrevivi, foi por Daniel, tão parecido com o pai!

Dona Aurora alisou-lhe os cabelos:

– Eu desconfiava disso, pois se portou sempre como uma religiosa, nunca olhou para homem nenhum! E acha que consegue se casar? Deitar-se com outro homem?

Dos olhos de Flávia caíam grossas lágrimas:

– Da mesma forma que com Tobias? Nunca! Nem sei se consigo deixar alguém me tocar direito! Mas fico pensando em Daniel, em seu futuro, com medo de que ele adoeça de novo e que eu não tenha nem dinheiro para os remédios! E Marialva que nunca sai daqui e me dá uma despesa com a qual não possa arcar... amanhã conversarei com Eleotério e colocarei minhas condições. Não quero enganar ninguém, ele sabe que não sou apaixonada por ele. Acredita que nunca namoramos? Nem de braço dado nunca andei com ele!

Dona Aurora ouviu as confidências da amiga um tanto triste e só no fim disse a ela:

– Acredito, minha amiga, e como acredito! A vida de nós mulheres nunca foi simples como os homens imaginam... cada uma de nós tem os seus segredos, não é mesmo?

E eu olhei para minha esposa lamentando mais do que nunca não estar ali, sem saber que o que estava fazendo, e o que pretendia fazer, me afastaria cada vez mais dela, ao contrário de me aproximar.

Flávia que nunca tinha dado valor a luxos, pensava agora na vida futura de seu filho, tinha agora o temor por futuras doenças e queria uma educação melhor para ele. Tinha passado por tantos apertos financeiros por conta de Marialva, que estava exausta e sem esperança, disposta a se sacrificar num relacionamento com um homem tão sem caráter, que se fazia passar por caridoso aos seus olhos.

"Se fosse apenas para conviver com ele", pensava ela "eu faria esse sacrifício. Se fosse para um emprego de doméstica bem pago, eu iria sem o menor problema... mas ser esposa? Sem amor? Ah... isso vai ser tão complicado!".

Teve ela semelhantes pensamentos durante a noite inteira, olhando Daniel já quase recuperado e começando a corar ao seu lado. Seu filho estava a salvo, pensou cheia de culpa. Devia ser mais agradecida, pois o que seria de sua vida sem Daniel?

Ela levantou-se e saiu da casa em plena madrugada, olhando as estrelas e se perguntando: onde eu estaria? Quis respondê-la que eu ali estava, mas não tive coragem... ela pensava que sendo bom como eu era, devia estar no meio dos anjos do Senhor. Eu abaixei a cabeça envergonhado: não era entre os anjos o meu lugar, e nem eu queria estar lá.

Por mais que me doesse, por enquanto era ali que eu queria estar.

CAPÍTULO 20

# AS ILUSÕES DE MARIALVA

### COMENTÁRIO DE ARIEL

APESAR DE IMPRESSIONADA COM a história, Clara olhava Tobias com uma certa curiosidade. Senti que ela queria perguntar certas coisas, mas não se sentia muito à vontade, por isso disse:

– Tobias, sinto Clara curiosa, se importa se ela lhe fizer algumas perguntas?

Minha amiga avermelhou-se à luz da fogueira, mas Tobias olhou para ela com simpatia. Apesar de ser um espírito um tanto "conturbado" pela intensidade de seus sentimentos, simpatizava muito com Clara, e disse a ela:

– Ora, o que moça tão boa pode ter para me perguntar? Não sei se estou à altura para responder, mas sabendo, é claro que responderei, dona Clara. E com muito gosto!

Sentindo-se assim acolhida, a tímida Clara ajeitou o longo cabelo castanho e perguntou:

– Não é nada sério... eu e Ariel temos feito alguns resgates aqui pelo umbral, sabe? Até que gostamos do serviço, tão bom quando podemos ajudar! Mas vez ou outra vamos à Terra para resgates também, ou em socorro de alguém desvalido. Mais de uma vez, embora seja raro, vimos espíritos literalmente "movendo" coisas materiais na Terra, como batendo portas, derrubando coisas, teve um até dependurado num lustre! Como fazem para "mexer" essas coisas? Eu tentei uma vez, mas não consegui!

Tobias pela primeira vez riu com vontade, ante a expressão de dúvida de Clara. Eu, que sabia mais ou menos como "funcionava", resolvi silenciar para ouvir o que ele tinha a dizer. Depois de rir um pouco, ele falou:

– Desculpe o riso, dona Clara! Mas a senhora é tão "mimosa", tão cheia de amor! Não consigo imaginar uma criatura doce como a senhora tendo um ataque de fúria como o que eu estava tendo, um ódio represado como o que eu estava vivendo. Acho que minha força em muito veio daí. Da minha vontade de vingança, da minha concentração, da minha fúria. Eu via alguns espíritos querendo fazer mal a outras pessoas, mas não furiosos... aprendi a direcionar essa força poderosa para as minhas extremidades, mas depois, com o tempo passado na Terra, aprendi outras coisas importantes.

Foi a minha vez de perguntar:

– O que foi que aprendeu, Tobias?

Ele me olhou, entre triste e envaidecido:

– Existem alguns vivos que nos emprestam forças. Tiramos uma espécie de fluido deles que usamos para mexer objetos com grande facilidade.

Calei-me. Ele estava falando de médiuns de efeitos físicos, não muito comuns, mas que podem doar a espíritos infelizes uma razoável força. Teria ele encontrado algum em suas andanças? No entanto, lembrei-me de outras influências que pessoas como Clara exercem no mundo material, e disse a ele:

– Se engana se acha que pessoas como Clara não exercem influência no mundo material.

Ele olhou Clara divertido:

– É mesmo? Andou mexendo em botões de rádio também, dona Clara? Derrubando copos ou assustando pessoas?

Clara abaixou a cabeça e sorriu:

– Não... nada do gênero. No meu trabalho eu faço coisas diferentes...

Ele olhou para ela curioso, e perguntou:

– Se não consegue sequer mover um simples botão, o que na Terra você pode fazer?

Sem jeito de responder, Clara calou-se, e eu respondi por ela:

– Coisas diferentes, como envolver em seus braços uma criança que acaba de perder a mãe e chora, passando paz ao seu coração, dizendo-lhe que a morte não existe e que Deus cuidará dela. Não sabe da energia que ela passa quando faz isso, e de como as crianças ficam melhores! Fluidificar a água dos doentes que estão sós nos hospitais, e eles acordam com um sorriso, com a impressão de que seu anjo da guarda esteve por ali. Ajudar na desencarnação de uma anciã a quem os filhos abandonaram, mostrando que do lado de cá alguém se importa... coisas dessa natureza, que ela faz diariamente, em centenas de horas trabalhadas fora da Colônia, tirando as milhares que trabalha dentro dela, dando passes que acalmam e confortam, com essa mesma paz e fé que você nota aqui.

Clara me olhou um tanto zangada, por eu expor as suas virtudes:

– Ora, Ariel! E não é assim que você faz também? Isso não é nada demais! Nascemos para servir e assim somos felizes, é só isso!

Tive que sorrir para ela, que me lembrou de minha esposa naquele momento. Mas Tobias, ao ouvir minha resposta, tinha ficado sem chão. Envergonhado, ele olhava para a fogueira e vi nos olhos dele lágrimas que o vento frio que soprava por entre as árvores não conseguiam secar. Clara aproximou-se dele e disse:

– Nenhum de nós é santo, ou sem pecado, Tobias! Ninguém aqui jamais te acusará ou te julgará. Ao longo de tantas vidas, quem de nós não errou? Nós, na última vida, tivemos uma existência bem mais tranquila que a sua, e isso é fato! Não sei o que teria feito, caso passasse o que se passou contigo... aqui não há ninguém infalível, meu bom amigo!

Ouvindo Clara, tive que concordar com ela. Eu mesmo pouco sabia de minhas vidas anteriores. Sabe-se lá por que não tinha me interessado em descobrir que tipo de crimes poderia ter praticado... não queria me constranger com um passado aterrador, ou mesmo me ufanar por um pretérito glorioso. Aqui estava e era o que sou, e isso me bastava. Vendo Tobias ainda mais triste do que geralmente estava, cheguei-me a ele:

– Não fique assim. Todos nós somos devedores, meu bom amigo! Não se sinta menor do que ninguém, não sabe que as portas do Pai estão sempre abertas? Para isso basta o arrependimento honesto!

Ele me olhou entre as lágrimas que ainda caíam, e disse, com a voz rouca:

– Acha que o arrependimento basta? Então é só eu me arrepender e tudo está certo?

Ele levantou-se e caminhou até a fogueira, alto, forte, com uma expressão de fúria nos olhos castanhos:

– Pois então ouça e depois me diga se basta o arrependimento!

## Narrativa de Tobias

Eleotério chegou às seis horas da tarde, parando o belo carro na frente da casa de Flávia, que tinha enlouquecido Marialva sem dar nenhuma pista de qual seria a sua resposta. Chegou com um caro presente para Daniel, uma nova bola de futebol de couro, muito bonita, que o menino saiu mostrando aos coleguinhas de rua, antes que a mãe o mandasse devolver.

Bonita, num velho costume azul-marinho que usava para festas na escola, Flávia pediu a Marialva que olhasse o menino enquanto ela saía a pé com Eleotério, que estranhou ela não querer ir de carro, ao que ela respondeu:

– Antes, éramos apenas amigos. Mas agora, o senhor me pediu em casamento. Não posso sair de carro sozinha com o senhor.

Ele não gostou muito de início, mas depois pensou com satisfação: "mulher honesta é outra coisa! Se fosse uma dessas perdidas já estava dentro do carro!". E saiu com ela pela rua principal da vila, orgulhoso como ele só. Chegando a um banco da praça, sentaram-se e eu sentei-me logo ao lado, na calçada, para ouvir o que diziam. Dentro de meu peito eu rezava para que Flávia tomasse juízo e dissesse logo um "não" daqueles de derrubar o desgraçado no chão, mas tinha que esperar: que outra alternativa eu tinha?

Notei o semblante triste e sem jeito de minha mulher, e realmente fiquei na dúvida da sua resposta. Depois dele muito insistir, prometendo tudo que estava ao seu alcance e mais ainda, Flávia disse, com a voz baixa, mas firme:

– Como o senhor bem sabe, só tive um homem na minha vida e eu tinha dezessete anos. Ficamos casados até quase eu fazer dezenove, e agora, estou perto dos trinta. O senhor ainda é um homem jovem, e não sei bem o que deseja com esse casamento, mas não sei se sou o que o senhor procura. Não desejo enganar o senhor.

A esta resposta, Eleotério ficou cismado:

– Enganar como, dona Flávia? A senhora está enamorada de outro homem? Existe algum empecilho?

Flávia baixou a cabeça, um tanto envergonhada, mas depois olhou firme para ele:

– Não sei como se atreve a falar assim! Óbvio que não há outro homem, pois acabei de falar que o único que tive está morto! O problema é justo esse: acostumei-me a ser só. Não estou apaixonada pelo senhor, embora o respeite e ache o senhor uma pessoa muito boa!

Ele respirou aliviado e disse:

– Minha filha, que susto me passou! Essa paixão de que fala, eu sinto pelos dois! Nunca senti o que sinto pela senhora na vida, e com o tempo, a moça também se acostumará comigo. E depois, tenho já sessenta anos... até que idade um homem vive? Sessenta e cinco? Setenta? Quero apenas alguns anos de felicidade ao lado de uma mulher maravilhosa como a senhora!

Para meu desespero, Flávia começou a olhá-lo com certa pena. Ainda assim quis deixar as coisas claras:

– Seu Eleotério, quero deixar as coisas claras: não sou muito dada às "coisas da carne", se é que o senhor me entende! Não acho que o senhor ou qualquer outro homem ficaria feliz comigo! Entende agora?

O infeliz riu-se e pegou na mão dela:

– Minha adorável senhora, por quem me toma? Assim a senhora só me garante ter feito a escolha certa! Mulher séria é assim mesmo! Deus me livre de mulher assanhada, ainda mais na minha idade... pense na vida que vou dar a seu filho, na segurança que terá pelo resto de seus dias. Nosso casamento será em comunhão de bens, percebe? O que é meu, será seu!

Flávia afinal sucumbiu. Ao menos tinha dito a verdade. Não estava feliz, é certo, mas ao menos não teria mais que ficar sem dormir a pensar em como pagar as contas. Voltaram para casa de braços dados, ele sorrindo de orelha a orelha, ela pensativa na decisão que tinha tomado, tentando se convencer de que para o bem de Daniel, o sacrifício deveria valer a pena.

Ao chegarem em casa, deram com Marialva, que com os olhos muito arregalados esperava pela notícia, mas ao ver o sorriso estampado no rosto do velho, deu pulos de alegria. Meu filho Daniel sorriu, mas ao ver a mãe um tanto taciturna, aproximou-se dela e perguntou:

– A mãe vai mesmo se casar?

Flávia o olhou com seus belos olhos verdes:

– Vou filho. Fica feliz, ou tem algo contra? Não gosta de seu Eleotério?

Parecia que na pergunta dela estava um fio de esperança de que o garoto não concordasse com o casamento, mas a mente inocente de Daniel só se lembrava dos agrados feitos pelo facínora, e das vizinhas dizendo o quanto tudo aquilo seria bom para sua mãe, que trabalhava tanto. Por isso respondeu:

– Seu Eleotério sempre foi muito bom comigo. E depois, parece gostar muito da senhora... se está feliz, fico feliz também!

E a abraçou com carinho! Lembrando-se que há menos de uma semana quase o tinha perdido para a febre e a disenteria, ela o apertou nos braços e pensou: "seja o que Deus quiser...".

Deus podia até querer, mas eu não! Olhei meus dois inimigos, Marialva e Eleotério com um ódio crescente, felizes a festejar pela sala, e pensei comigo mesmo: esperem que o troco há de vir! Minha irmã então, servia-se de um bom vinho tinto que o velho tinha trazido, sentada no sofá, como se fosse uma grande dama! Sonhava já com uma mudança de vida completa: um novo guarda-roupa, criadas, tudo enfim que pudesse ter sonhado em comprar, mas que a pobreza não tinha deixado. Flávia foi até a cozinha fritar um frango enquanto eles comemoravam, pois queria ficar um pouco só e refletir um pouco. Muito a contragosto Eleotério concordou, dizendo:

– Não pense que estou me casando contigo para lhe pôr de escrava no fogão! Uma beleza como a tua deve ser tratada com carinho, Flávia! Não prefere que lhe compre comida pronta, ou que fôssemos a um restaurante?

Flávia sorriu, meio sem jeito:

– Mas eu gosto de cozinhar, seu Eleotério! E depois é um prazer cozinhar para a família. Que foi, não gosta mais da minha comida?

Encantado com ela, ele disse:

– De forma alguma, que nunca comi coisa melhor. Está bem, por hoje passa. Mas vamos marcar logo a data que não quero minha futura esposa tendo muito trabalho. E vou deixar, com a senhora, dinheiro para seu enxoval!

Flávia olhou meio perplexa:

– Enxoval? Mas não tinha pensado nisso. Vamos morar onde? Não é aqui?

Ele riu-se, acendendo seu cigarro de palha:

– Minha querida, sempre achei essa sua casinha um mimo de tão limpa e bem cuidada. Mas ela não é sua, e eu tenho aqui na vila um casarão antigo, mas bem grande. Está meio maltratado, é certo, mas só de quartos tem seis! A cozinha tem o tamanho desta casa, e eu gostaria muito que você me ajudasse a decorá-la.

Flávia franziu as sobrancelhas, mas Marialva se deliciou ouvindo aquilo, e logo disse:

– É aquele casarão rosa que fica no final da praça? Não sabia que era do senhor! Mas está fechado há uns dez anos, não?

– De fato! – ele respondeu – minha ex não tinha bom gosto para redecorar aquela residência, então o deixei fechado. Mas, dinheiro é o que não me falta e quero conforto para minha esposa e o seu menino. Para os jardins, vou contratar um jardineiro experiente, mas para dentro de casa, preciso da mão de uma mulher. Vai auxiliar-me, minha noiva?

– É uma casa muito grande, decerto. Eu não tenho muita experiência, mas tenho uma amiga chamada Aurora que tem. Talvez possamos fazer tudo de forma que lhe agrade, seu Eleotério.

Desgostoso que ela ainda lhe tratava com formalidade, o velho foi até a cozinha e a trouxe para a sala, na frente de Marialva e Daniel, e tirando um pequeno estojo do bolso estendeu-o para Flávia.

– Tome, comprei para você, que agora deve chamar-me apenas de Eleotério. Veja se gosta, Flávia.

Ao ver o estojo, os olhos de Marialva se acenderam, e os de minha mulher se estreitaram: ali estava a prova do compromisso que firmara. Sentindo um aperto no peito, Flávia abriu e viu o anel de diamante mais caro de toda a redondeza, cercado por pequenas esmeraldas. Só então ele disse:

– As esmeraldas são para combinar com os seus olhos! Coloque-o, quero ver como fica!

Flávia colocou e ele serviu com perfeição. Ao perguntar como ele adivinhara o tamanho, Eleotério respondeu que tinha tido a ajuda de Marialva, que tirara a medida de um outro anel seu. Sempre a minha irmã, pensei eu... e ela sorria candidamente agora, como se estivesse muito satisfeita por ter ajudado.

Na realidade, apesar de feliz por achar que ia mudar de vida, a inveja estava ali da mesma forma de antes. Agora ainda mais reforçada, ao ver que Flávia poderia gastar o que quisesse ao reformar casa tão linda, teria as joias que desejasse, enfim, tudo que ela queria. Mesmo a Eleotério ela queria, apesar de velho, ela o achava interessante e como se sentia imensamente só, o aceitaria de muito bom grado.

Logo, não foi nenhum assombro quando notei que ela se ofereceu para ajudar Flávia em tudo que ela precisasse:

– Ora, Flávia, para que chamar dona Aurora? Já se viu mulher mais "caipira"! O Eleotério vai querer coisas finas, para poder impressionar os amigos, não é mesmo? Afinal, com uma casa daquelas! Deixe que eu ajudo você, que nem sabe o que é "coisa boa"!

Flávia achou graça nos modos da outra, pois não sabia que Marialva entendesse dessas coisas. Mas o frango na cozinha pedia por cuidados e ela correu para lá. Foi quando notei Eleotério dirigir-se à minha irmã nesses termos:

– Não ouse querer impor suas vontades à minha futura esposa. Vai ser do jeito que ela desejar!

Falou isso num tom tão seco, que ela perdeu completamente os "ares de importância" que tinha se dado. O menino Daniel, que brincava com os carrinhos novos, olhou para ela achando graça: se a tia acreditava que ia mandar naquele ali, ela que se cuidasse!

Já eu, observei cuidadosamente a cena. Eleotério nunca tinha simpatizado de fato com Marialva, e por que simpatizaria? Ela era apenas uma negra, indo para a meia-idade, sem estudo, preguiçosa, sem beleza ou inteligência que o atraísse. O que o atrairia nela? Só mesmo uma cunhada deslumbrante como Flávia! Agora que já a tinha "conquistado", para que servia minha irmã? Para nada! E a tola não percebia isso!

Por ali eu começaria a minha vingança em cima de Marialva, pois a falta completa de empatia entre os dois, poderia se transformar em ódio com alguma facilidade, e ela provaria o desespero de ter trazido para dentro da casa de Flávia, tão odiosa criatura. Provaria, enfim, de seu próprio veneno!

Marcaram o casamento para dali a um mês e meio. Perdi as contas das vezes que tentei influenciar Flávia, inclusive durante o sono dela. Mas quando eu aparecia e ela me via, ela chorava em tal profusão que eu acabava me retirando, penalizado com ela. Então, notando como ela ficava arrasada depois de sonhar comigo, decidi não mais intervir: meu amor por ela continuava imenso, não a queria em sofrimento por nada desse mundo!

Entendi também que se influenciasse Daniel poderia fazer com que Eleotério, que já não gostava do menino, gostasse ainda menos. E como o protegeria estando preso no mundo espiritual? O infeliz tinha me matado por tão pouco! O que não faria a Daniel, um menino que agora faria treze anos, inocente e bom como poucos? Qual anjo da guarda, mas sem poder nenhum, eu vigiava o meu filho, preferindo a presença dele à da mãe, que agora ficava grande tempo com o noivo e dona Aurora, decorando o casarão.

A verdade é que Flávia acabou emagrecendo uns quilos com todo esse movimento. Estava muito bela em suas roupas novas, sapatos elegantes, mas não parecia nada feliz. Marialva também tinha ganho algumas peças, e ela sim tinha engordado um pouco mais: de "passe livre" para pegar o que quisesse no armazém, ela aproveitou para desfrutar dos doces e confeitos. Andava agora pelo bairro como se fosse muito importante, sapatos novos e até um novo chapéu que Flávia tinha lhe dado... o engraçado é que cismou de só cumprimentar gente que achava "importante", aos outros "virava a cara", o que irritou bastante a vizinhança que em minha esposa não notou nenhuma mudança de comportamento. Tanto assim, que foram falar com ela.

Ao ouvir tamanho desaforo com os vizinhos tão queridos de longa data, Flávia entristeceu-se e pediu desculpas por ela. Disse que não ia fazer nenhuma festa de casamento, mas que agora, falaria com seu noivo e fariam uma recepção pequena, para que seus vizinhos, amigos verdadeiros de longa data, vissem onde estava morando e sentissem que poderiam visitá-la sempre que quisessem, em sua nova moradia.

Eles ficaram bastante felizes, pois os jardins estavam lindos e eles eram curiosos para saber como era o casarão por dentro. Eleotério de início estranhou o pedido, mas quando ela disse o motivo, ele, apesar de não gostar nada da ideia, para não causar confronto com Flávia, concordou. Mas que ódio ficou de Marialva! Tinha de ter causado aquela confusão? Tudo que ele queria no dia de seu casamento era ficar a sós com Flávia. Era a minha chance de influenciá-lo, e depois de repetir-lhe uma ideia por várias vezes na cabeça, olhe o que saiu:

Eleotério deu dinheiro para que Flávia contratasse doceiras, cozinheira, enfim, tudo o que precisasse. Só fez questão de uma única coisa...

– Que coisa, Eleotério? Alguma bebida em especial? – perguntou Flávia.

Ele olhou para Flávia com um sorriso nos lábios, e disse:

– Como a recepção será para cinquenta pessoas, vou contratar dois garçons. Não quero nossos convidados mal servidos. Mas faço questão de Marialva servindo os salgadinhos e os doces.

Flávia o olhou meio ressabiada:

– Ela não vai gostar nada disso, orgulhosa como é...

Ele perdeu o sorriso:

– Não quero que ela goste. Quero é que ela aprenda que não é melhor do que ninguém... ora já se viu ficar tratando mal seus vizinhos! Não foram eles que sempre lhe ajudaram em épocas de precisão?

Flávia pensou um pouco e respondeu:

– É verdade. Talvez seja bom para ela e depois, servir os outros nunca foi demérito nenhum. Eu mesma nunca me incomodei de servir ninguém... não somos todos iguais aos olhos do Senhor, meu noivo?

A cerimônia foi simples, na igreja mesmo da vila, Flávia linda num costume verde bem claro, com um chapéu combinando, luvas de renda cobrindo aquelas mãos que tanta roupa tinham lavado a vida inteira. Mas que porte de princesa ela tinha! Uma elegância natural, daquelas que nasce com a pessoa, e não se ensina em lugar nenhum... a igreja estava engraçada: os convidados humildes de Flávia estavam da segunda fila para trás, e eram muitos: alunos e seus pais, a vizinhança limpa e colorida dos pobres de seu bairro, as amigas todas de chapéu, alguns meio improvisados, mas felizes por acharem que ela teria finalmente uma boa vida, mais sossegada. Apenas eu e Dita líamos os pensamentos da noiva, que fixou os olhos não no noivo, mas no filho que já estava aos pés do altar e pensava: "ah, Daniel... não fosse por você eu estaria aqui? Ainda não casei e já me sinto prisioneira, mas se é para que você tenha uma boa vida, estudos que lhe auxiliem nesta estrada já tão difícil para os de nossa raça, tratamento para qualquer doença... então vale a pena!", chegando ao altar, ela finalmente olhou para Eleotério e sorriu brevemente. Dita, ao olhar aquilo tudo, me disse:

– Nunca pensei que semelhante casal um dia fosse se unir. Não há ali a menor afinidade, Tobias! Não conseguiu influenciá-la? De minha parte, vi que ele estava como enfeitiçado, ainda que o fizesse beber em demasia, e olhe que ele está bebendo muito, nem a paixão lhe tirou o vício!

Olhei para ela curioso:

– Que mais tentou fazer, Dita?

Ela olhava a cena irritada:

– Tentei interessá-lo enquanto estava ébrio em uma ou outra mulher. Daquelas bonitas e perigosas, que balançam a cabeça e o bolso de um homem... mas quem diz? Só pensava em Flávia o tempo inteiro. Toda vez que o fazia olhar para alguma mulher ele pensava: "não se compara a Flávia!", chegava a ser irritante! É certo que Flávia é bela, mas não é a mulher mais bela do mundo!

Eu abaixei a cabeça, entendendo a situação do velho:
– A isso se chama paixão, Dita. Daquelas absolutas, que consomem por dentro... também não vejo graça em mulher nenhuma, só nela.

Ela irritou-se comigo:
– O que ela tem que enfeitiça assim vocês dois? Não pode ser só a beleza, já vi mulher mais bonita jogada às traças nos cabarés. Ela sequer foi para a cama com ele... como pode estar assim tão impressionado?

Foi a vez de eu rir dela:
– Que tola és, minha irmã! Nunca ouviu falar que "mulher que se vende não vale o que recebe?", uma das coisas é isso, Dita: Flávia não se vende! Outra coisa que ela tem de sobra: ela ama, é confiável, tem ética em seu comportamento, é generosa. Olhamos para ela e um raio de luz se espalha, o olhar é límpido: se está triste, ela se mostra, se está alegre seu mundo brilha. Sua comida tem gosto de lar, as roupas que lava têm cheiro bom, as cantigas que canta te levam a um lugar mágico. Isso é só parte do que Flávia tem. As lindas moças de cabaré também têm isso?

Ela me olhou um tanto enraivecida, me virou as costas, mas não sem antes dizer:
– Pois saiba que nada disso vai livrá-la da dor que a aguarda ficando com um canalha desses! Quando viva, eu mataria para ter a vida que ela tem agora, mas hoje, nem que me pagassem eu ficaria com Eleotério. Sei muito bem o que o aguarda aqui desse lado... acha que quando se une ao mal, a pessoa fica sem resposta? Pois não fica!

Saindo, ela não me deu tempo de responder que eu concordava com o seu pensamento, mas que Flávia acreditava que faria o melhor para Daniel. Deus, como as pessoas se enganam! Nada vem de graça nessa terra e às vezes o preço é tão caro que impede qualquer negociação!

Seguiram todos para a casa, Flávia, Eleotério e Daniel no carro, ela abraçando o menino que ia feliz no terninho novo. Chegando lá e vendo os garçons e os empregados a postos, o velho fez o que tinha combinado com Flávia: pegou na cozinha ampla, um avental branco, mandando chamar Marialva. Sabendo o que ia se passar, a noiva resolveu se afastar, pois não queria que a cunhada passasse por alguma situação incômoda em sua frente, mas pouco adiantou. Dez minutos depois, eis que surge Marialva com lágrimas nos olhos e o avental parecendo pequeno no vestido novo em folha que tinha mandado fazer para o casamento. Parou na frente de Flávia e disse em voz embargada pelas lágrimas que agora escorriam pela face, traçando um caminho pelo pó de arroz um tanto mais claro que a pele:

– Flávia! Não sei o que deu em seu marido! Ele quer que eu sirva esses pobretões que estão chegando. Esses, que VOCÊ convidou! E disse que vai ficar desgostoso se eu não quiser ajudar na reunião... imagine! Justo eu, sua PARENTE!

Tive que segurar o riso, pois era inusitado para Marialva, que tinha planejado e quase matado meu filho para que as núpcias fossem realizadas, achando que seria servida como uma "rainha" na casa de Eleotério, agora fosse "forçada" a servir pessoas que, sabe-se lá o porquê, ela julgava que agora eram inferiores a ela.

O largo lábio inferior tremia de revolta, como se estivesse a passar pela maior das humilhações já sentidas! Como ia agora servir aquela gente desclassificada, aos quais ela sequer cumprimentava nas ruas, pois já não se sentia do mesmo nível social?

Flávia olhou a cunhada com espanto, imaginava que ela ficaria no máximo chateada, mas não todo aquele escândalo. Afinal, ela mesma já havia servido salgados em festinhas da igreja e da escola, tantas vezes! "Que maluca!", pensou.

— Ora, Marialva! Se fosse com gente estranha, você sendo muito tímida eu até entenderia... mas são os nossos vizinhos, tudo gente muito boa, a quem nós acudimos e que nos acudiram também muitas vezes! Não entendo esse seu comportamento! Está com vergonha por quê?

Senti o sangue subindo pelas faces de minha irmã mais velha:

— Ora, Flávia! Não se faça de desentendida! Somos ricas agora, não temos necessidade de ficar servindo a pobres coitados como esses! Você sempre foi muito generosa, quis trazê-los aqui para uma festa fina, eu até entendo, mas eu ficar de avental e bandeja servindo a essa gente? Tenha dó!

Eu conhecia bem minha mulher, e notei o quanto ela ficou irritada. Ela nunca tinha tido vergonha de ser pobre, aliás, se sustentar de seu próprio trabalho, ainda que humilde, sempre foi o seu maior orgulho. Por isso, respondeu em voz baixa para que os convidados não ouvissem:

— E quem é que aqui nasceu rico, sua maluca? Rico aqui é Eleotério, o dinheiro é dele, não meu! É o dono da casa, esqueceu?

Marialva não se conformava, continuava batendo o pé:

— Você é que se esqueceu! Casou com comunhão de bens, Flávia, tudo aqui também é seu. Fala isso porque não é você que vai ter que ficar se arrastando com uma bandeja por aqui...

Minha mulher deu dois passos para trás, afastando-se dela:

— Então é assim? Saiba que não quero nada do dinheiro dele... só uma boa educação para meu filho! E se o problema é servir os meus amigos, espere já!

E saiu para ir à cozinha, cumprimentando alguns amigos pelo caminho. Enquanto isso Eleotério se ocupava com alguns políticos que por ali estavam, todos comentando a beleza da noiva. Cinco minutos depois eis a bela Flávia, já sem o chapéu, o aventalzinho branco contrastando com o vestido verde claro, sorrindo de orelha a orelha e causando espanto nos convidados mais "chiques", enquanto servia aos mais humildes. Ao passar por Marialva disse apenas para que ela ouvisse: "anda, lerda!", e seguiu, bela e muito simpática, para os lados do marido, que a observava boquiaberto e muito irritado.

Mas, assim que chegou ao lado dos convidados mais elegantes, Flávia foi tão encantadora com eles, tão gentil, que mesmo as senhoras de boa posição se encantaram com ela. Hábil em enxergar qualidades nas pessoas, deixou-os bem impressionados, chamou um dos garçons, pediu a ele que desse especial atenção aos convidados do seu bairro, pois logo ia ter com eles. Depois de trinta minutos servindo, desfez-se do avental e conversou igualmente com todos, deixando o novo marido impressionado, mas bastante zangado com o que julgou ser influência de Marialva.

Meu coração estava apertado no peito e eu fui circular no jardim da casa, que se antes estava abandonado, agora estava bonito e bem tratado. Para minha surpresa, vi perto do portão dois vultos de homens vestidos de ternos baratos, conversando animados, tomando uma cerveja e espiando a cidade. Resolvi chegar mais perto e para minha surpresa vi que um deles era Lourenço, ainda com o bonito chapéu de feltro. Ele conversava com o outro a respeito de seu emprego.

– Pois é... estou trabalhando para seu Eleotério já faz uns meses. Ele tinha um capataz antes, mas disse que dava muito problema, as coisas sumiam, sabe? Criação, uma ou outra cabeça de gado. Um dia foi o sujeito que desapareceu, junto com mais dois leitões, bem gordos... vai saber onde se enfiou!

O outro ouvia, era um homem de seus cinquenta anos, morador da vila fazia já um tempo. Simpatizou logo com Lourenço, que era uma boa alma, e disse a ele:

– Esse seu patrão não tem fama de ser fácil, sabia? Ainda bem que o moço é honesto, mas quem sabe casando agora com dona Flávia, ele não melhora?

Lourenço, que tinha vindo do "sítio" para o casamento, perguntou ao homem:

– Essa dona Flávia é a viúva do Tobias, que morava perto do sítio de baixo?

Seu Ananias, que era assim que se chamava, respondeu:

– Não sei se era Tobias o nome do marido, mas é uma mulata clara muito bonita, com um menino de doze anos, mais ou menos. Professora aqui da vila, muito direita, nunca deu falatório nenhum a respeito dela. O velho Eleotério tirou o prêmio grande! Moça igual dona Flávia não tem outra!

Podia ver o pensamento de Lourenço, se lembrando de Flávia ainda comigo e Daniel, menino, no colo dela. Ele pensou consigo mesmo: "mulata clara, dos olhos bem verdes, boa de coração e honesta. Será a mesma? Só pode ser... mas com aquele velho? É certo que Flávia devia estar lá pelos trinta anos, mas era muito bonita, e nunca tinha sido interesseira... será?".

Não sei por que, mas ver Lourenço na roça de Eleotério me deixou mais sossegado. Ele sempre tinha sido uma boa alma, o único problema que ele teria seria a proximidade com Marialva, que quando visse o ex-marido provavelmente criaria confusão.

A noite caiu e eu não entrei mais na casa, não suportava a ideia de ver Flávia com aquele velho que transbordava maldade. Como fazer? Como suportar situação tão adversa, tão triste?

Pensei em meu filho que dali em diante conviveria com aquele sujeito diariamente e um calafrio me subiu à espinha. Será que depois do casamento ele não o maltrataria? Cumpriria a promessa feita a Flávia no tocante à educação dele?

Claro que não passaria nem perto da alcova do casal, bastavam as torturas do pensamento... e depois, não queria ver aquela que foi minha esposa em uma posição que eu não julgava digna. Ela estava viúva, não era assim? Mais de doze anos de viuvez davam a Flávia o direito de viver com quem quisesse e eu não podia criticá-la, principalmente quando lia com facilidade os seus pensamentos... só torcia para que não se magoasse muito, sensível como era.

Pensava que Deus tinha me abandonado para que eu sofresse

tão miserável suplício! Vi minha irmã Dita se aproximando de um dos bêbados da festa, sorvendo dele os vapores da bebida com avidez e rindo com outros espíritos que faziam o mesmo. Os dois sitiantes, pai e filho, que sempre seguiam Eleotério, ali estavam e ao me verem, me cumprimentaram com um aceno no chapéu e um meio sorriso. Vi neles o olhar de ódio e paciência costumeiros, sempre à espreita de nosso mesmo inimigo... não queria estar na pele dele quando desencarnasse!

No final da festa vi Marialva sentada na escadaria branca da casa, em frente ao jardim suntuoso, já sem o avental, sem a maquiagem, expressão amargurada a remoer o ódio pela humilhação passada. Em sua mente, os pensamentos iam e vinham de forma desordenada, lembrando dos risinhos de alguns vizinhos ao vê-la servindo os salgados: "olhe só quem nos serve: Marialva! Mas nem nos cumprimentava mais!", "veja só a Marialva, enfim arrumou um emprego?", aquelas palavras tinham lhe calado a alma, mais do que pedradas que tivesse recebido.

Enquanto isso, Flávia recebia deles abraços, presentes e afagos, agradecendo a presença de todos e ouvindo alguns dos comentários! Ela pensava recordando: "desgraçada, quis servir junto comigo só para a humilhação ser maior, mas não perde por esperar!".

Ela chorava de ódio na escada, longe de todos, pois esperava na festa posar de "dama rica", coisa que nunca seria, e acabava por posar de criada da casa, se sentindo humilhada pelo povo pobre do bairro, que na realidade, sempre teve mais do que ela! Ébria, Dita aproximou-se de mim, esquecida de nossa pequena briga:

– E essa aí? Que é que tanto chora? Ao menos está bem-vestida, comendo bem como nunca comeu... de que reclama?

Eu balancei a cabeça negativamente e respondi:

– E acha que isso basta aos sonhos de grandeza de Marialva? Queria fazer sucesso na festa, posando de dona da casa, acabou servindo os convidados e ficou amuada! Coisas de Eleotério!

Dita dobrou-se de rir:

– Dona da casa? Essa palerma que nem falar direito sabe? Faça-me rir! Jura que queria "esnobar" os outros com o casamento de Flávia?

Olhei-a tristemente:

– É verdade. Agora chora por se sentir humilhada.

Dita, que não estava no seu juízo normal por conta da bebida, parou nos degraus abaixo da escada bem em frente a irmã, a um palmo do rosto dela, e disse a ela:

– Velha tola! Acha mesmo que Eleotério vai gostar de ti? Doida! Trata de ter juízo e não incomodar ninguém, ou vai parar na rua ou em lugar muito pior! É certo que não sabe o que fez com Tobias, mas contigo, ele dá um sumiço em tempo menor ainda, sua burra!

Olhei para Dita meio assustado, não achava que aquilo aconteceria.

– Não seja tola, Dita. Ela sempre foi a melhor cúmplice dele! Quase mata meu filho para que o casamento acontecesse!

Foi a vez de Dita se assustar, pois não sabia do ocorrido, que eu contei em detalhes. Assim que se inteirou do assunto, que a deixou até mais sóbria, ela me disse:

– Bom, se foram cúmplices até nisso, pode ser que tenha razão. Não sou uma boa pessoa, meu irmão. Errei muito, fui tola, ambiciosa, preguiçosa... mas jamais colocaria em risco a vida de Daniel ou sacrificaria Flávia para meu bem-estar. A falta de caráter de Marialva é o arrimo perfeito para a maldade de Eleotério.

Olhei para Dita com um renovado carinho e disse a ela:

– Seu maior problema foi ter caído nesse vício infeliz, minha irmã! Você era geniosa, mas nunca lhe vi fazendo maldades ou prejudicando ninguém. Trabalhava duro pelo que me lembro, minha mãe ficou tão triste quando se foi...

Os olhos dela se encheram de lágrimas e ela disse:

– Você também não está agindo certo. Mas entendo... quer proteger os dois, não é? Tobias, se o arrependimento que tenho adiantasse para algo, eu já teria mudado. Mas mudar pra quê? Fui pelo caminho errado porque quis! Magoei minha mãe, causei sua morte por me envolver com o homem errado, caí no álcool e acredite, não sou santa. Não há perdão para mim.

Ela olhou para Marialva, já sem lágrimas, mas com o coração em fúria:

– Mas essa minha irmã! Por Deus, de onde vem tanta soberba?

CAPÍTULO 21

# O encontro das duas irmãs

### Comentário de Ariel

Olhei para o meu amigo e tive que comentar:

– Talvez se na época você soubesse das inúmeras vezes que encarnamos na Terra, entendesse melhor sua irmã. Vinda de uma vida anterior, despreocupada em termos financeiros, não aceitava a prova da pobreza que chegava justamente para educar-lhe o espírito com qualidades como a humildade e o gosto pelo trabalho.

Tobias me olhou contrafeito:

– Ora, meu bom Ariel! Bem sabe que ela viu essa chance de aprendizagem como o maior dos castigos! Pois ela preferiu arriscar a vida de meu filho para ter a "boa vida" que almejava! Acabei ficando com um ódio grande por ela, de não suportar vê-la, a não ser para planejar prejudicá-la! Que mal tinha feito a ela meu filho, que a tratava com simpatia? Podia entender alguém que não conhecesse Daniel querer mal a ele, mas ela, a tia dele, sua mãe a protegia da penúria total! Não conseguia perdoar Marialva!

Olívia, que já tinha descido do alto da árvore àquela altura e se encontrava sentada na mesa, escutando atentamente a história, olhou para ele com seus olhinhos de gato, e perguntou:

– Engraçado isso que você observou. A maior parte das pessoas enfrenta provas desse tipo na Terra, para que o espírito aprenda com rapidez, o que poderia levar séculos para aprender de outra forma. Muitas vezes a pobreza vem combater o orgulho, a preguiça e a falta de solidariedade. A doença, tão temida, nos mostra o quanto o corpo é frágil e os verdadeiros amigos que temos. A morte, que a tantos apavora, nos leva ao nosso verdadeiro lar e não raras vezes nos livra de um corpo doente e cansado, para que possamos literalmente "voar" em corpos feitos de uma outra matéria, tão mais perfeita, tão mais perene! Livra-nos também das mentiras e das falsidades mundanas, do apego excessivo à matéria, de nos acharmos superiores uns aos outros. Vê como mesmo essas famosas "desgraças", a pobreza, a doença e a morte, podem nos transformar em seres mais perfeitos e mais próximos ao nosso Pai? Não sente pena de sua irmã, que só aprofundou os seus defeitos?

Tobias olhou a menina como se tentasse entendê-la. Seu olhar passou do ódio à tristeza num átimo de segundo e ele então respondeu:

– Hoje entendo o que quer dizer: era mesmo uma pobre coitada, vítima de suas próprias deficiências! Mas que pérfida era! Não havia em Marialva um sentimento de bondade com o próximo, nunca a vi dar um presente sem querer algo em troca, agradar a alguém sem interesse, elogiar sem uma intenção qualquer...

Olívia apoiou os cotovelos na mesa, uma luz brilhando suave em cima dela, e disse:

– Deve ser cansativo viver assim... sem um momento de paz sequer, sempre preocupada com o que vai dizer a seguir, sem nunca poder dizer o que realmente pensa. Não invejo sua irmã. Aliás, nem consigo imaginar como pode ser viver num tormento desses!

Pela primeira vez Tobias via as coisas daquela forma. Nunca antes havia pensado naquilo... Olívia continuou:

– Sua irmã fazia da vida dos outros um inferno, porque a vida dela também era um. Não que isso a absolva, pois quem faz o mal, a ele colhe, cedo ou tarde. E quanto mais tarde vem a colheita, pior é...

Tobias sentou-se olhando a menina, já sem se sentir nem um pouco intimidado na presença dela. E foi com essa cumplicidade que disse:

– Pois se minha irmã achava que teria uma vida cheia de sucessos com o casamento de Flávia, estava bem enganada!

## Narrativa de Tobias

Coisa engraçada aconteceu dois dias depois da cerimônia. Eu não entrei na casa principal, chateado que estava com a situação, não queria ver minha mulher e o novo marido juntos, aquilo me consumia por dentro. Então fiquei no jardim e no estábulo que faziam parte da propriedade, observando Daniel, que adorava olhar os dois cavalos que ali estavam, junto com Lourenço que tomava conta deles, por assim se dizer. Na realidade, meu cunhado era o "faz-tudo" de Eleotério, desde guarda-costas a capataz do sítio, e o patrão tinha nele uma confiança cega. E este costumava dizer que: "não sendo serviço de morte, o patrão podia contar com ele".

Mas os tempos desse tipo de serviço já tinham ficado para trás, conforme ele mesmo dizia para os amigos da vila. Agora tudo estava moderno, "civilizado" e depois, o patrão já tinha ficado rico. Não precisava mais desse tipo de coisa.

Quando viu Daniel ficou encantado, olhou meu filho e deu logo um grande sorriso perguntando quem ele era, ao que ele respondeu:

– Sou o filho de dona Flávia, que casou com seu Eleotério!

A isso Lourenço abriu o maior dos sorrisos e disse:
- Meu Deus! Você é muito parecido com seu pai, parece que estou vendo ele de novo! E isso é elogio, viu menino? Seu pai era um homem de valor, trabalhador, muito educado!

Daniel sorriu, pois todos que tinham me conhecido falavam isso, e disparou na pergunta:
- E o senhor conheceu ele onde? Trabalharam juntos?

Lourenço riu:
- Mais ou menos... na época eu namorava uma irmã dele...

Daniel coçou a cabeça, olhou Lourenço, achou-o até elegante com o chapéu de feltro, só depois da "análise" perguntou:
- O senhor namorou a Dita? A que sumiu?

Lourenço riu, um pouco sem jeito:
- Na verdade não... casei com a mais velha, a Marialva. Mas não nos demos bem, não... eu me separei dela.

Daniel franziu a sobrancelha. Parecia até um homem novo, bem-apanhado... casado com a tia Marialva? Ela já tinha falado tão mal dele para a mãe. Será que sabia que o ex-marido estava por ali?

Era um sujeito simpático – pensava meu filho – e tia Marialva tinha um gênio difícil, era preguiçosa, não gostava muito de banho... Lourenço continuava brincando com Daniel, enquanto esse pensava se contava a ele ou não que a ex-mulher estava ali mesmo, na cozinha da casa, podendo encontrá-lo a qualquer minuto. Daniel demonstrou interesse num dos cavalos e Lourenço, que tinha gostado dele verdadeiramente, selou o animal e se dispôs a dar uma volta com ele pelo quarteirão.

Depois da volta, feliz da vida, saltaram do cavalo e meu filho, que tinha simpatizado com Lourenço, perguntou:
- Senhor Lourenço, se o senhor visse minha tia Marialva, ia ficar feliz?

Lourenço, que estava sorrindo, perdeu o sorriso na mesma hora, e olhou para Daniel bem sério. Tive que rir com a expressão dele, e devo dizer que se meu bom amigo não fosse de pele tão escura, teria empalidecido:

– Não brinque com isso, menino! Aquela lá é sua tia, mas é uma cobra! Mantenham-se, você e sua mãe, o mais longe possível dela!

Meu filho coçou novamente a cabeça, como sempre fazia quando estava "sem jeito":

– Não sei como falar isso, mas quando o senhor a deixou, ela veio procurar a minha mãe, e mora conosco desde então. Mamãe também não está feliz com o arranjo, mas, fazer o quê?

Lourenço ficou de queixo caído:

– Quer dizer que ela se mudou para cá?

– Foi! Não tem para onde ir...

Estava começando a ter pena de Lourenço, mas não deu tempo: mal Daniel acabou de contar, eis que chega Marialva, suando muito, e pegando meu filho pelo braço:

– Ah, então está aqui! Seu padrasto mandou lhe chamar, quer conversar contigo sobre o colégio...

Mas, vendo que ele estava acompanhado de um senhor, logo fez "ares de dama", enquanto Lourenço se escondia sob o chapéu de feltro. Ainda sem ver direito o seu rosto, ela perguntou:

– E o senhor, quem é? Era o senhor que estava a cavalo com o menino?

Senti que a vontade dele era a de correr, mas ficava feio... então ele ficou, tentando mudar um pouco a voz, baixando a cabeça:

– Só estava distraindo a criança. Sou empregado do seu Eleotério.

Quanto mais ele se escondia, mais interessada Marialva ficava! Largou o braço de Daniel e já rodeava um alarmado Lourenço, que parecia dançar uma dança estranha fugindo dela, enquanto ela dizia:

– Mas não vai me dizer seu nome? Por quê? É comprometido? Casado? – e ia avançando para cima dele, passinho por passinho, enquanto Daniel, divertido, olhava a cena, vendo no que ia dar aquilo.

Quando menos se esperava, uma voz grave com um pigarro grosso veio da varanda e chamou:

– Lourenço! Manda essa tonta da Marialva me trazer aqui esse menino, que a mãe dele está esperando!

Era o velho Eleotério que chamava e revelava assim o nome do meu pobre amigo, que a isso, só disse a Marialva:

– Acho melhor levar o menino!

Mas não foi assim que aconteceu...

Ao ver o ex-marido bem-vestido e bem alimentado, Marialva enfureceu-se, tirou o chapéu da cabeça dele, jogando-o no chão e pisando em cima dele com uma raiva e uma velocidade tal, que Lourenço não conseguiu salvá-lo. Aquilo lhe doeu de fato, pois tinha economizado dois meses para comprar seu chapéu de feltro, único luxo que tinha tido na vida, e do qual tinha tido tanto ciúme. Ia reclamar, mas ela gritava de fúria:

– Desgraçado! Abandonou-me para ficar na boa vida! Deixou-me para que eu vivesse de favores na casa de minha cunhada! Desalmado!

A esse comportamento, Lourenço, que já tinha experimentado e gostado da liberdade, reagiu de uma forma completamente diferente da que Marialva estava esperando, que era a de simplesmente se calar, e deixar que ela levasse a melhor como antes. E ele se rebelou:

– Bruxa dos infernos, mulher endemoniada! Saiba que prefiro morrer a voltar a viver contigo! Quem te deu o direito de estragar meu chapéu dessa forma? Já não bastou ter estragado anos da minha vida? Mas não estragará mais! Não te devo nada e nem quero nada de ti!

Inconformada com a resposta, ela dirigiu-se até ele na intenção de atacá-lo fisicamente, ao que ele, rápido, pegou de um pedaço de pau e avisou em bom tom:

– Já me bateu antes e eu respeitei por ser mulher minha. Agora, não é mais minha mulher! E se atrever, leva uma paulada como levaria qualquer doida que me atacasse na rua. Você pode ser gorda, mas não é forte!

Ao ouvir isso, fez-se semelhante berreiro que apareceram Flávia, as empregadas, e alguns vizinhos. Ela tinha sentado no chão do estábulo e tinha o rosto encharcado de lágrimas, só vi quando Flávia chegou com água com açúcar. Enquanto isso, vi no rosto de Eleotério uma expressão de desagrado tal, que poucas vezes tinha visto e Lourenço chegou até ele rápido e muito digno, dizendo o seguinte:

– Sinto muito por isso tudo, patrão. O senhor tem sido muito bom comigo até hoje e eu nunca quis lhe trazer problema. Pode ficar tranquilo que já estou indo embora.

Eleotério desceu da varanda e foi até onde estavam Flávia, Daniel e Marialva. Os vizinhos daquela distância também escutavam perfeitamente, quando ele perguntou a Lourenço:

– Então o senhor me agradece por tudo e diz que vai deixar o emprego para não me aborrecer com a cena. É isso mesmo?

Lourenço abaixou a cabeça ao responder:

– É isso mesmo, meu patrão. O senhor sempre me tratou bem, não merece aborrecimento.

Eleotério olhou bem para Marialva, que parecia feliz em prejudicar Lourenço:

– E foi o senhor que provocou essa cena toda?

Lourenço permaneceu calado, sem jeito para responder. O velho perguntou a Daniel:

– Daniel, quem começou isso?

Meu menino, que não era amigo da mentira, disse logo:

– Foi tia Marialva, seu Eleotério... ela ficou brava assim que descobriu quem era ele.

O velho deu um sorriso frio e olhou novamente para Marialva e depois para Lourenço. Disse com autoridade para minha irmã:

– Levante-se já desse chão, não vê que só animais se arrastam na poeira desse jeito? Componha-se mulher! Se quer morar aqui, saiba que não mora em nenhuma pocilga para se comportar dessa forma. Tenha decência!

Olhou então para minha mulher, que se sentia desconfortável com toda aquela cena, mesmo porque simpatizava bastante com Lourenço e não queria que ele perdesse seu emprego. Sabia da dificuldade de se conseguir outro na época que o país atravessava e de como era quase impossível conviver com Marialva. Nisso, ele perguntou a ela:

– Minha esposa, acredita que devo deixar ir um funcionário que até hoje só tem me dado provas de lealdade e que nunca faz corpo mole em nenhum serviço?

Feliz com a pergunta, Flávia sorriu:

– Acredito que não, senhor meu marido. Mas para trabalhar conosco, ele deve poder trabalhar em paz.

Eleotério deu o braço a ela satisfeito e então dirigiu-se a Marialva, num tom bastante franco:

– A senhora deseja continuar morando conosco? Sabe que está morando aqui por bondade nossa, não é?

A essas palavras, as sobrancelhas de Marialva subiram em sinal do susto que levou e ela apenas balbuciou: "sim, claro que quero morar aqui. Essa é a minha família!".

Eleotério ainda estava bastante bravo, mas moderou o tom por conta de Flávia ao seu lado:

– Então saiba que deve deixar seu ex-marido em paz. É meu empregado e não é mais nada seu! Outro escândalo como esse e eu a coloco porta afora numa rapidez tão grande, que a senhora não vai acreditar no que lhe aconteceu!

Marialva começou a chorar novamente, soluçando, o que o irritou ainda mais:

– Agora entre e vá lavar essa cara. Aproveite e tome um bom banho que está cheia da poeira vermelha desse chão, parece uma porca! E vamos Daniel, que eu já ia até me esquecendo do que ia falar contigo.

Olhando para trás, procurou Lourenço com os olhos e perguntou a ele:
– Tudo resolvido?
Lourenço tinha a cabeça baixa, mas um sorriso de alívio nos lábios:
– Resolvido sim, patrão. Muito obrigado!
– Então está bem! Qualquer coisa, me diga! Não gosto que mexam com os meus...
Entendi Eleotério e o seu raciocínio porque acompanhei o pensamento do velho: tinha tido já tantos empregados, tantos o tinham roubado, outros tantos eram preguiçosos ou inábeis no serviço, fora os beberrões ou mulherengos demais (nada bom para quem agora tinha uma mulher tão bonita). Tinha confiança em Lourenço, mais de uma vez tinha podido contar com ele, que não sumia, não pedia por descanso, não pedia por aumento e nem o aborrecia falando demais. "Não ia ser uma doida como aquela Marialva que colocaria na rua empregado tão bom. Melhor que ela fosse embora, já que aborrecia Flávia mais do que devia!", pensava ele.
Entraram para a sala, Marialva indo para o banheiro limpar-se, tendo que lidar com o riso das duas empregadas, a arrumadeira e a cozinheira, que por sinal não gostavam nada dela. Sentado em sua cadeira na sala, o velho esperou que Flávia e o menino se sentassem para só então dizer:
– Daniel, como sabe, eu e sua mãe queremos o melhor futuro para você. Estamos a quatro horas de ônibus da Capital e você sabe que aqui não há mais uma boa escola para meninos de sua idade.
Vi meu filho arregalar um pouco os olhos e segurar na mão da mãe que estava perto da dele. Flávia segurou a mão do menino, como se pedisse para que ele escutasse, o velho continuou:
– Eu quando tinha a sua idade não tive a chance de estudar, mas você vai ter. E para entrar na faculdade e ter diploma de doutor no futuro, tem que começar agora, entende?

Ele fez que sim com a cabeça, o que deixou Flávia orgulhosa dele, abrindo um sorriso.

– Pois bem – prosseguiu Eleotério – eu já tinha prometido a sua mãe que você teria a melhor educação que o dinheiro pudesse pagar e você vai ter. Semana que vem vamos você, eu e ela para a Capital fazer a sua matrícula no melhor internato de lá. Já mandei um homem meu lá e ele mandou uma lista de tudo que temos que providenciar, seu enxoval todo, que sua mãe vai comprar e providenciar seus uniformes. Estou fazendo tudo o que posso. Vai se dedicar?

Daniel o olhou com firmeza, sabia que custava muito caro tudo aquilo, então respondeu:

– Vou sim, seu Eleotério. Agradeço muito o que está fazendo por mim.

O velho resmungou um "é bom mesmo..." e depois perguntou:

– Já tem ideia do que vai ser quando crescer?

Daniel, muito reto em sua postura, respondeu:

– Tendo essa chance, senhor, pretendo ser médico. Sempre há gente precisando de médico, não é, mamãe?

A essa resposta, Eleotério levantou as sobrancelhas e pensou consigo mesmo: "é só o que me faltava! Quer ser médico! Até parece que tem inteligência para isso, o moleque... mas a isso o tempo responde!". Mas, diante de Flávia, disse apenas:

– Pois vai ter que estudar bastante!

E se retirou.

Flávia ficou que não se aguentava de tanta alegria. Abraçou e filho e pegou o papel com tudo o que ele precisava, pegou o dinheiro que Eleotério tinha deixado em cima da mesinha perto da porta e foi se despedir do marido, que a vendo bonita e arrumada para fazer as compras, disse-lhe:

– Não vá sozinha que não quero ninguém mexendo contigo! Leve o Lourenço que ele traz os pacotes, e use o carro. Ele existe para isso!

Dizendo isso, sorriu e ela lhe deu um beijo no rosto. Voltaram ao final da tarde, Lourenço tropeçando com um monte de pacotes que Flávia logo levou à sala de costuras: queria ela mesma costurar o uniforme do filho. Vendo a mulher chegar e se sentar em frente à máquina, Eleotério estranhou:

– Mas é você que vai costurar? Agora você é uma mulher rica, Flávia, não precisa disso, ficar se cansando!

Ela riu:

– Não é por você ter dinheiro que vou ficar lhe explorando! Já está sendo tão generoso, não custa economizar ao menos um pouco!

Ele enterneceu-se com a preocupação dela, que nunca mulher nenhuma tinha tido antes, mas ficou chateado quando ela não lhe deu atenção. Pensou consigo: "ainda bem que esse menino está indo embora, nos toma tempo demais! Se ficasse aqui não iríamos nos dar bem... nunca vi tanto apego com a mãe!".

Fui notando que com o passar dos dias, o velho ia ficando cada vez com mais ciúmes do afeto entre a mãe e Daniel. Se de início tentou ser amigável, às vésperas da viagem já não conseguia sequer olhar direito o menino, que era o motivo das lágrimas de Flávia, ao sentir que pela primeira vez na vida seria separada dele.

Eu, pelo meu lado de pai, tinha lá minhas apreensões sobre meu filho ser matriculado numa escola de gente abastada. Não haveriam outros negros lá... eu não havia passado por nenhuma discriminação séria na vida, mas nunca tinha ficado num lugar aonde só iam pessoas brancas, a despeito do otimismo de Flávia, que tinha três avós brancos e um negro, eu sabia bem o que era ser de pele escura.

Na única vez em que ela se preocupou e perguntou a Eleotério se não haveria problema para Daniel num ambiente assim, ele tinha respondido que: "num ambiente como aquele, a cor que vale não é branco nem preto, mas o verde do dinheiro!". Aquilo fez algum sentido para Flávia, mas eu continuava em dúvidas. Não queria o meu filho magoado...

De forma que eles partiram para a capital no belo carro de Eleotério, deixando Marialva tomando conta da casa, com Lourenço dirigindo o carro já com um novo chapéu de feltro comprado por Flávia que não o queria triste. Meu filho partiu alegre, olhos brilhando, esquecido até mesmo do mau humor do padrasto, que começava a tornar a convivência entre eles impossível.

E eu fiquei naquele casarão, andando pelo jardim, espiando Marialva a dar ordens às empregadas que obedeciam ou não, conforme o humor delas, deixando minha irmã tremendamente irritada. A solidão me consumiu de um jeito tal, junto com as minhas preocupações, que eu fiquei a pensar na razão de tudo aquilo, da felicidade do homem que me havia mandado matar tão jovem e que agora desfrutava da companhia de minha bela esposa, de meu filho indo enfrentar um ambiente que eu não aprovava... quando eu voltaria a ser o dono do meu destino?

Sentindo-me sozinho e desesperançado, vi Dita apareceu no portão da casa. Para minha surpresa, não estava mais com um vestido roto e amassado, e parecia mais limpa, cabelo até mais penteado. Vestia um vestido simples, de flores pequenas, e estava calçada em sapatos baixos... o surpreendente, porém, é que estava mais corada, e não tinha o cheiro de bebida e podia me sorrir, com todos os dentes na boca.

– Dita! Que mudança, minha irmã... que houve contigo?

Ela abaixou a cabeça e veio andando em minha direção, sorrindo timidamente:

– Vieram me visitar. Adivinha quem veio?

Olhei para ela e tive que dar um sorriso também:

– Nossa mãe?

Ela fez que sim com a cabeça e sentou-se num banco do jardim:

– Sabe que sempre tive medo de encontrar a mãe. Achei que fosse levar uma surra ou coisa parecida... a mãe era meio "brava" quando a gente era criança, lembra?

Olhei para ela lembrando com alegria:

– Vamos reconhecer que não éramos muito fáceis. Mas, como foi?

Ela sorriu, os olhos brilhavam:

– Foi tão estranho, Tobias! Eu primeiro vi uma pequena luz, estava num canto escuro, mas não estava ébria, só triste, pensativa. Então a luz foi crescendo, mas dessa vez eu não tive medo e ela transformou-se na mãe, só que mais nova, bonita, sorridente! Mais nova do que eu, vê se pode!

Fiquei curioso, e perguntei:

– E ela te disse algo?

Os olhos dela se encheram de lágrimas:

– Disse, falou assim, e eu não esqueço: "filha minha, andou perdida, foi? Tanto que te procurei! Para que brigar se sinto tanta saudade? Se não te guiei bem pela vida, deixe que eu te guie agora, Benedita! Vem! Teu arrependimento me chamou e agora, Jesus te chama!".

Olhei para minha irmã, que tanto tinha errado na vida, e agora finalmente tinha se encontrado com minha mãe! Deus tinha sido bom com ela, finalmente, pensei... o rosto, antes marcado de feridas das pancadas que tinha recebido anterior à desencarnação, estava curado, e agora era o rosto da Dita que eu me lembrava: simples e honesto, com o sorriso simpático de antes. Embora ainda triste, fiquei feliz por ela:

– Conseguiu perdoar os seus algozes, minha irmã? Mesmo esse safado do Eleotério?

Ela me deu um olhar triste, mas me respondeu com sinceridade:

– É fácil culpar os outros pelas nossas próprias fraquezas, meu irmão. Não que Eleotério seja bom, mas se não fosse com ele, seria com outro qualquer... eu é que não tinha escolhas boas por mim mesma! Podia ter me negado a ir com ele, sabia que era casado, queria destruir seu casamento, não tinha intenção boa. Queria ser rica, como hoje a Flávia é! Para isso não me importou família, nem desespero de mãe ou irmão.

Eu não me importava com vocês, por que ia achar que vocês se importariam?

Olhei para ela magoado, mas nada disse. Ela continuou:

– Não é fácil admitir a própria culpa e, agora, minha mãe acreditando que não tinha feito o bastante para me levar para um bom caminho... era eu mesma que não queria o bom caminho! Pois nem ao ver-me na escuridão, ela deixou de orar por mim e quando comecei a ver aonde a maldade e o egoísmo levam, através de minhas caminhadas pela Terra, ela finalmente pôde chegar até mim. Aonde vai levar o ódio e o egoísmo de Marialva? Aonde estava me levando a minha ganância e o meu orgulho? Até a sua vida foi sacrificada, meu irmão, e eu estou aqui também para pedir o seu perdão honestamente. Não fosse a minha decisão tão enganosa, estaria ainda com a sua Flávia e o seu menino! Pode me perdoar?

Olhei para Dita quem tanto já tinha sofrido com os próprios erros e que já tinha perdoado seu próprio assassino. Não pude dar outra resposta:

– Não foi você que encomendou minha morte, irmã. Era tola, inconsequente, mas não me lembro de você querendo me prejudicar em nada! Fique em paz, só desejo o seu bem!

Ela me deu um abraço e em seguida me olhou nos olhos, como há muito ninguém tinha olhado:

– Não quer se esquecer de tudo isso, Tobias? Estou me sentindo tão melhor e olhe que errei muito! Você está cometendo erros agora, que não tinha cometido em vida... não fique por aqui, meu irmão! De tudo, Deus toma conta!

Pela primeira vez olhei para ela irritado naquele dia, e respondi raivoso:

– Fácil falar para quem não tem filhos! Você não teve também um amor daquele que atravessa a eternidade, Dita. E ela está agora nas mãos desse assassino que só pensa em afastar meu filho da própria mãe o tempo inteiro! Como posso sair daqui se Marialva, por um nada, pode prejudicar Flávia e o menino?

Ela me olhou triste, e se despediu dizendo:
– Quem sou eu, Tobias, para chamar sua atenção em algo..., mas saiba que aqui tem, antes de tudo, uma amiga que lhe estima! Não se sinta só, nossa mãe e eu, estamos sempre pensando em você.

E se foi, no seu vestido de fundo claro e florezinhas estampadas. Chorei sorrindo ao vê-la partir: quando pude imaginar que iria ver minha irmã vestida novamente daquela forma simples, sem a pintura exagerada, bonita a seu próprio modo?

Sentado no banco de jardim da casa fiquei pensando que minhas duas irmãs tinham tido encontros há muito esperados: Marialva com seu ex-marido e Dita com nossa mãe. O Senhor realmente tinha caminhos estranhos e cada um colhia o que plantava. A violenta Marialva havia colhido resistência e ódio, a arrependida Dita, o aconchego e o perdão.

Pensei em quando Flávia colheria a paz e a alegria que ela tanto espalhava para as pessoas à sua volta. Estava rica financeiramente, mas disso ela nunca fizera questão! Será que estaria alegre ou ao menos em paz com aquele casamento? Eu não tinha ainda me aproximado dela, ciumento e receoso com o que "leria" em seu pensamento.

Olhei ao longe e esperei que meu filho estivesse bem. No momento era só o que me importava.

CAPÍTULO 22

# A história de Daniel

### Narrativa de Tobias

Paulina era o nome da cozinheira de Flávia. Era uma italiana de ancas largas, busto farto, cabelo castanho um tanto grisalho, mãos fortes e grande prole: seis filhos! Todos criados, já que Paulina contava com quase cinquenta anos e segundo ela, tinha se casado aos quatorze.

Enviuvou cedo, assim que teve o último filho, e como o marido não era "flor que se cheirasse", resolveu que não ia ter outro: "bastam os filhos para me dar trabalho!", dizia ela. Engordou, lutou e deu conta de criar os seis trabalhando em casa alheia. Na falta do que fazer enquanto Flávia e Daniel estavam na Capital, prestei atenção nos outros que estavam na casa e devo dizer que Paulina, se minha mãe estivesse encarnada, seria uma boa amiga dela!

Ficou logo amiga de Flávia, e gostava da arrumadeira, Eliana, uma mulata tímida que tinha um medo danado de Marialva. Medo esse do qual Paulina não compartilhava e protegia a menina, que devia ter os seus dezessete anos, sempre que podia. Logo, a situação dentro da casa com os patrões fora era mais ou menos a seguinte: minha irmã dava ordens a Eliana, que corria a obedecer, até que Paulina notava, e então...

Exemplificando:

Marialva: "Eliana, venha dobrar minhas roupas no armário, que estão uma bagunça!".

Lá ia a menina, deixando o serviço da casa. Depois de um tempo, Paulina procurava Eliana para um serviço qualquer e a encontrava no quarto de Marialva enquanto minha irmã supervisionava o serviço da outra.

Paulina: "largue já isso, que é de responsabilidade dessa folgada e venha fazer o serviço que te pagam para fazer. Você não é empregada dela!".

E Eliana saía, feliz da vida! Então Marialva pedia pratos especiais, para trazer chá, sucos, convidava pessoas... até que Paulina disse, depois que a última visita foi embora: "vou contar tudo para seu Eleotério!".

Ela empalideceu, mas não perdeu a pose, e disse: "pode contar!". Disse, mas não dormiu a noite, pois eles chegariam no dia seguinte.

Fiquei pensando em como uma pessoa pode se encrencar tanto em tão pouco tempo! Flávia chegou junto do marido, e estava com o rosto desfeito por tantas lágrimas que tinha deixado pelo caminho. Ao ver Paulina, deu-lhe um abraço de amiga e disse:

– Que falta vai me fazer o meu menino! Nunca fiquei longe dele...

Sabedora do quanto é difícil ficar longe de filho, Paulina pensou que ser pobre tinha as suas vantagens, nunca tinha ficado longe de filho! Assim sendo, consolou-a e levou-a para a cozinha. Marialva, muito esperta, só saiu quando viu Eleotério chegar resmungando com Lourenço que: "nunca vi, chorou a viagem inteira! Mas, com o tempo se acostuma!". O bom negro, assim que viu a ex-mulher, despediu-se e foi guardar o carro. Observei os dois confabulando, o velho a reclamar o dinheiro gasto na escola (uma fortuna!), mas comentou também:

– Vai valer a pena! Estava muito agarrado com a mãe. Desse jeito eu não ia ter um casamento de verdade, Flávia só tinha olhos para esse menino!

Minha irmã apressou-se em concordar com ele, dizendo que era mesmo "um exagero só!" o apego entre os dois. Depois quis saber:

– E é bonito o colégio? Vão tratar o menino bem lá?

Nesse ponto vi o velho olhar bem para a distante cozinha e ver se Flávia ainda estava por lá com a cozinheira, pois não queria que ela ouvisse. Depois, olhou para os lados para ver se a arrumadeira não estaria por perto e só então disse:

– O colégio é bonito sim. Mas eu faço questão de disciplina e deixei isso claro com o diretor! Daniel sempre foi muito mimado e isso não faz bem a ninguém. Ele me mostrou os quartos antes, tudo muito ajeitadinho e eu disse logo que não queria daquele jeito. Não quero que o menino se sinta um maricas! Tratamento duro para ele!

– Fez muito bem – disse minha irmã.

– Nada de regalias! Castigo sempre que precisar, para isso estou pagando! Dei até uma doação extra. Quero que o menino se torne um homem de fibra. Não comente isso com Flávia, sabe como é sensível... estou fazendo pelo bem dele!

– É claro! – disse Marialva, feliz pela confiança.

Enojado pelo tom da conversa, fui até Flávia que se consolava com dona Paulina na cozinha, dizendo que ao menos o filho deveria ser bem tratado no colégio, que para o seu gosto ela tinha achado ser "chique demais". A cozinheira tentava consolá-la dizendo que o menino era sempre bem-comportado e que não teria dificuldades.

Era verdade, Daniel tinha um gênio bom. Apesar de forte para a idade, era gentil com os mais fracos, respeitoso com os mais velhos e dava-se bem com todos à sua volta. Mas nunca havia sofrido nenhum preconceito! Vivera até então com meninos de sua classe social, muitos de sua mesma raça, e a pobreza torna todos iguais. Não conhecia a inveja, nem a competição, comum aos garotos de classe mais abastada: em seu bairro era comum compartilharem tudo. Era o que sua mãe o tinha ensinado e ensinava aos alunos de sua turma, que dividindo os brinquedos escassos, todos teriam mais.

Agora ouvindo as palavras de Eleotério sabia que ele não seria tratado igualmente por ordem do próprio padrasto, senti que meu filho passaria por coisas que eu nunca tinha passado na vida! Que escolha Flávia tinha feito sem querer! Temi por Daniel mais do que nunca, pois pior do que a fome, que mata o corpo físico, é a humilhação contínua que pode despedaçar a alma! Onde tinha colocado o gentil menino?

## Comentário de Ariel

Clara, que sempre foi apaixonada por crianças, sentiu o coração apertado por Daniel de quem já gostava tanto, e perguntou:
– E como foi na tal escola para o pequeno, que é de temperamento tão educado e doce? Foram muito rígidos com ele?

O dia já tinha amanhecido, e apesar da névoa constante eu já avistava vindo da cabana, Lourenço e Daniel, conversando, em nossa direção. Ao ver Olívia sentada na mesa, o menino abriu um largo sorriso e veio mais rápido em direção a ela, ao que eu disse:
– Podemos perguntar a ele mesmo, Tobias? Ou acha que o fará sofrer?

Tobias olhou seu filho com carinho, que a essa altura conversava alegre com a nossa menina iluminada e disse:
– Na realidade, acho que fará bem a ele. Nunca pôde nos dizer nada disso, devido à dificuldade de falar que tinha quando eu o recolhi. Quem sabe não lhe alivia o que tem no peito?

Lourenço, que vinha chegando, ouviu nossa conversa:

– Quer que ele fale sobre o que aconteceu no colégio?

Tobias acenou afirmativamente com a cabeça.

– Bom, eu o vi depois disso, mas ele não quis dizer nada. Pode ser que não seja bom o que vai ouvir. Ele estava muito abatido...

O pai respondeu:

– Eu sei... mas como vamos ajudar a curar se não soubermos o que aconteceu?

Olhei para ele de forma firme:

– Nada mais de vinganças, Tobias?

Ele me olhou firme:

– Ora, Ariel... o que de pior podia acontecer, já aconteceu. Ele se matou, não foi? Não... muita água já passou por debaixo dessa ponte. Não é necessário mais vingança alguma, pode ter certeza.

Chamamos então Daniel, que veio sorrindo, depois de fazer Olívia prometer que "cozinharia" novamente. Ao ser perguntado se contaria sobre como foi tratado na escola, ele titubeou:

– Não sei se meu pai vai gostar de saber disso. Eu era muito novinho na época, foi complicado.

– Seu pai também já passou por coisas complicadas, Daniel. Queremos saber o que houve para te entender melhor, principalmente o seu gesto final – disse a ele.

Ele ficou cabisbaixo:

– Meu gesto... se as coisas tivessem sido diferentes, mas foi tudo tão ruim, eu era tão novo, tanta coisa acontecendo.

Ele coçou a cabeça como se quisesse se lembrar da melhor forma possível, e disse:

– Quando eu cheguei à escola, fiquei espantado com o luxo: lustres altos, o chão de madeira mais parecia um espelho! Eu e minha mãe olhávamos um para o outro e a minha vontade de imediato foi sair correndo dali. Mas logo uma senhorita nos recebeu, muito arrumada e nos levou à sala do diretor. Essa era mais bonita ainda, atapetada, cheia de veludo nas paredes, teto alto: ele me olhou com uma cara estranha, como se eu estivesse no lugar errado, mas depois olhou seu Eleotério e disfarçou sorrindo.

Deu uma vontade imensa de puxar a saia de minha mãe e dizer que não queria ficar ali, os outros alunos me olharam meio de lado, pois eu estava de uniforme, assim como eles, e os sapatos estavam meio largos nos meus pés. Alguns passavam e cochichavam entre eles quando me viam, outros olhavam com admiração para minha mãe, bela como sempre, num costume lilás e um chapéu de palha. Havia alunos de todas as idades, todos muito limpos e organizados, mas da minha raça, apenas eu. O diretor se dirigia a seu Eleotério e à minha mãe falando de políticos importantes e doutores que tinham se formado ali, mas não me olhava. Ao final de duas horas mostrando tudo, se reuniu com seu Eleotério dizendo que era para acertar o dinheiro e minha mãe se despediu de mim, aos prantos, dizendo que eu seria bem tratado e que eu me comportasse bem, como sempre tinha feito.

Nisso, os olhos dele se encheram de lágrimas ao se lembrar da escola.

– Assim que eles saíram, eu achei que ia ser levado para um dos quartos de alunos, que ele tinha mostrado à minha mãe, mas não foi o que aconteceu. Levou-me a um quarto pequeno, mas limpo, de cama humilde no lado dos empregados do colégio e avisou que eu dormiria ali. Não reclamei, estava acostumado à simplicidade, mas estranhei não ter o mesmo tratamento dos outros alunos. Avisou-me que devia levantar às seis, me lavar no banheiro dos empregados e estar pronto para o café às seis e meia no refeitório, junto com os alunos.

Clara perguntou:

– Não achou ruim dormir com os empregados e não com os alunos?

Daniel riu de um jeito amargo:

– Aquilo, na realidade, foi Deus me protegendo. Ali eu tinha sossego... quando entrei no refeitório no dia seguinte, foi um silêncio constrangedor. Já na fila para pegar comida sofri um ou dois empurrões e algumas ofensas, ninguém me deixava sentar junto na mesa. Não conseguia entender o motivo daquilo, até que um rapaz da cozinha me sorriu e acenou dizendo: "ei, menino, tem lugar aqui!", e eu fui correndo me sentar com ele lá dentro, protegido dos demais. Fiquei confuso, nunca tinha sido tratado daquela forma! Outro problema na fila para entrar na classe: para não arrumar confusão fui para o final da fila e fiquei longe deles, pois se entrasse em ordem por altura, como todos, seria outro "festival de empurrões". Achavam o quê? Que eu tinha alguma doença contagiosa?

Fiquei tão constrangido com o relato do menino que meu queixo caiu. Mesmo sabendo que estava ele há poucas décadas do fim da escravatura, o comportamento dos colegas não devia ser tolerado pelos educadores, ou pelos que se diziam educadores!

– Não consigo entender esse tipo de escola, num país miscigenado como o Brasil. Que escola era essa, Daniel?

O menino me olhou um tanto triste:

– Não sei bem que escola era, mas era uma escola muito cara, fechada, alunos brancos, bem claros, ainda mais claros que os da vila. Não era adequado que um menino como eu estudasse ali. Não sei se minha mãe sabia o que eu enfrentaria por lá.

Ele suspirou ao se lembrar:

– Havia uma necessidade sem fim de provar que os outros alunos eram melhores do que eu. As provas eram diferentes das minhas para que eles tirassem melhores notas, e eu tivesse que enfrentar castigos. Mas nas aulas de educação física eu me sobressaía, por mais que eles quisessem me sabotar! Vencia fácil em qualquer corrida e, no boxe, deixava no chão qualquer um do meu peso. Tolice minha!

– Tolice? Por quê? – perguntou Clara.

O menino ficou triste de novo:

– Isso foi o bastante para que uma turma me esperasse no entardecer e me desse uma surra daquelas inesquecíveis! Seis dias de enfermaria me fizeram decidir por não mais ficar ali ouvindo insultos, sendo trapaceado e humilhado frequentemente.

Mandava cartas à minha mãe, que nunca me respondia... por fim mandei uma, avisando que se ela não me tirasse daquela escola, eu fugiria! Eu estava lá há cinco meses. Cinco meses de inferno e temia pela minha vida.

Tive que perguntar a ele:

– E sua mãe não lhe respondia? Será que ela recebia as suas cartas?

Daniel estava com um semblante desolado:

– Para um menino que tinha acabado de fazer treze anos, que sofria abusos constantes, e não via a mãe há mais de cinco meses, abandonado naquele inferno, eu achava que minha mãe não queria mais saber de mim. Na carta contei a ela tudo que estava passando, na esperança de que ela me resgatasse e disse que esperaria por quinze dias, depois disso, fugiria. Mas não foi isso que aconteceu.

– E o que aconteceu? – perguntei a ele.

– Ora, "seu" Ariel... aconteceu de "seu" Eleotério aparecer.

CAPÍTULO 23

# Obsessão

### Comentário de Ariel

Daniel havia pedido por um anjo e um demônio havia aparecido. Fiquei imaginando o susto do menino ao ver o padrasto chegar no carro com Lourenço na direção e nada de ver a mãe. E Eleotério, segundo ele, chegou furioso, dizendo: "tanto dinheiro gasto a troco de nada!", ele estava "na melhor escola do Estado e agora não podia ficar mais!". Daniel continuava sua narrativa:

– O homem estava tão furioso que saía espuma pela boca! Dizia que nem ia contar nada à minha mãe para não lhe dar desgosto, que ela estava toda orgulhosa de dizer que o filho ia se formar na Capital e ser médico! Olhei para ele e engoli em seco: eu tinha falhado! Não tinha conseguido ficar ali e estudar... como encararia a minha mãe, que tinha até se casado para que eu tivesse estudo?

Tobias olhou o filho com carinho:

– Se sua mãe soubesse de um décimo do que você estava passando, tinha ela mesma te tirado de lá. Não percebe isso, Daniel?

Eu olhei o menino e disse:
– Talvez ele perceba hoje, Tobias. Mas na época tinha sofrido tanta humilhação que não se dava conta disso.

Daniel me deu um olhar agradecido:
– Era isso mesmo. Você ouve todos os dias como é inferior, como não vale nada. Fiquei com vergonha de encarar a minha mãe, tinha falhado miseravelmente! Ele me pegou pela orelha e me jogou dentro do carro dizendo: "pois você vai é para o sítio, ficar com o Lourenço, aprender a cuidar de vaca! Ao menos vai ser útil enquanto eu preparo sua mãe para essa novidade!". Impossível dizer de minha tristeza ao desapontar minha mãe e do medo que tive do velho! Mas as coisas tinham mudado, nos cinco meses em que eu fiquei longe.

Foi a vez de Tobias sorrir:
– E como tinham mudado... e muito por minha influência, eu admito. Nunca havia imaginado que Daniel tivesse ido parar em tamanho ninho de cobras, principalmente porque Eleotério queria Flávia apenas para si e o menino bem longe. Não fosse tão mau, teria escolhido uma escola adequada a ele e tudo teria dado certo, mas a maldade é burra! E foi isso que o levou a termo...

Olhei para ele desconfiado, e perguntei:
– E as suas maldades deram certo, Tobias?

Ele deu uma risada amarga:
– De início eu até me diverti, meu bom Ariel. Depois me provaram ser o pior erro que já cometi.

## Narrativa de Tobias

Algo no coração de minha mulher batia de forma triste ao deixar o filho naquele casarão, com um anexo ao lado que servia de dormitório aos meninos. No diretor que parecia tão gentil com ela e Eleotério, ela vislumbrou um olhar frio para com Daniel, que não lhe saía da cabeça e tinha ido até o carro conversando com o marido sobre ser correto deixar o menino lá, numa escola onde ela não tinha visto ninguém da raça dele. Lembrava-se ela disso agora, e também da resposta dele: "com o dinheiro que estou pagando, será muito bem tratado!".

"Mas o dinheiro comprava tudo?". Era o que pensava ela, às lágrimas com dona Paulina, que a escutava e tentava consolar. A italiana, que gostava muito de Daniel também não via com bons olhos a escola, mas via o jeito que Eleotério olhava o menino quando a patroa não estava por perto, logo, achou que talvez ele estivesse melhor por lá, dada a fama do velho na vila.

– Dona Flávia, lá o menino aprenderá coisas novas! E depois, ele pode escrever para a senhora, não? Qualquer coisa a senhora o traz de volta! Até preso manda cartas, imagina um estudante!

A isso, Flávia olhou para ela com mais esperança. É verdade: podia escrever para Daniel, perguntar para ele como estavam as coisas, se estava bem. Marialva, que estava no canto da cozinha ouvindo a conversa, logo disse:

– Bobagem! O menino já tem treze anos, logo será um rapazinho! Deixe-o aprender as coisas da vida. E depois, conforme você mesma disse, está num lugar luxuoso. Imagine se tivesse a vida do pai dele, tendo que capinar duro nessa idade!

Pensei comigo mesmo que eu gostava de capinar, não via nada demais nisso. Estava cercado de amigos, muitos da mesma raça, ajudava minha mãe, colhia café, feijão, o que tivesse para fazer eu fazia e até aprendia a ler do meu próprio jeito. Mas não sei se gostaria de estar cercado unicamente por brancos numa escola de luxo. Não invejava Daniel. Flávia respondeu a ela:

– Você acha que luxo é tudo, Marialva! Nunca a vi tão preguiçosa, tão indolente! Sua vida é ficar vendo revistas e comendo o dia inteiro, não sei como pode... soubesse a falta que sinto de dar minhas aulas, do povo de nosso bairro!

Marialva a olhou com raiva:

– Deixe de ser tola, mulher! Trabalhava dia e noite para sustentar seu filho e na hora da doença nem podia tratar dele, nem dinheiro para remédio tinha, esqueceu? Agora que vive folgada e podia receber amigas em sua casa, que tem um marido que nunca lhe nega nada, fica criando caso! Deus dá carne a quem não tem dentes!

Flávia a olhou sentida. Tinha sido somente por Daniel que tinha aceitado aquele acordo, mas a verdade é que antes de Marialva, tinha tido sempre suas economias e podia ter tratado de seu filho numa doença. Não poderia ter pago uma educação cara, mas ao menos o teria junto de si, sem correr riscos de Deus sabe o quê, que agora sentia em seu peito... que caminhos a vida tomava! Agora estava ali, presa àquele senhor que não amava, embora até se sentisse grata a ele, longe de seus alunos e da simplicidade que tanto apreciava. Com seu filho longe, todo aquele luxo que para ela nada representava e ainda tendo que conviver com a cunhada, com quem não conseguia simpatizar.

Ouvindo assim seus pensamentos, eu pensei comigo mesmo: ao menos eu posso livrá-la de uma coisa – de Marialva! Posso tirá-la daqui, nisso Flávia terá paz, não terá mais que conviver com semelhante cobra!

Daí para a ação, não foi difícil, eu tinha a coisa mais preciosa do mundo: tempo. Ainda tinha ódio, disposição e inteligência. Não tenho a menor vergonha de dizer que minha irmã foi vítima de enormes dores de cabeça de vez em quando, que a deixaram enjoada e irritada. Passou a ver vultos pela casa, tinha pavor do rádio, isso fora os palavrões que começou a soltar... esses irritavam bastante Eleotério, que já a considerava um estorvo sem tamanho.

Comecei a cercá-la, influenciando-a, dizendo que Eleotério devia a ela muito mais do que lhe dava, lhe orientei a chantageá-lo e ela primeiro começou a tratar Flávia com desdém, dizendo coisas como:

– Se acha muito esperta? Pois não é. Sou muito mais inteligente que você.

Flávia a olhava muito desconfiada quando ela falava isso e perguntava:

– Se é tão esperta, por que vive aqui às custas de Eleotério? Em que, foi mais inteligente do que eu?

Ela sorria como uma tola, e depois dizia:

– Acha que beleza basta, Flávia? Pois não basta! Fui eu que te dei isso tudo, ouviu? Fui eu!

Tanto disse essas frases, que um dia Eleotério chegando em casa, ouviu. E ao ouvir empalideceu, olhando minha irmã com uma fúria difícil de conter:

– Que foi que você deu a Flávia, além de desgosto, negra? Que é que ela está te afrontando, minha esposa?

Flávia, que já julgava Marialva meio doida, tentou apaziguar:

– Deixe disso, não vê que ela vive vendo vultos, xingando pelos cantos, que não está em seu juízo perfeito? Cismou que é a dona dessa casa por "direito"... que é que se vai fazer? É uma pobre coitada! Já fala há alguns dias que se não fosse por ela, eu não tinha me casado contigo e nem Daniel tinha conseguido ir para a escola!

Diverti-me vendo Eleotério estremecer por dentro de medo que a "doida da Marialva" abrisse a boca e contasse de seus malfeitos! Como podia ter confiado em semelhante criatura! Olhou para ela e disse aos berros:

– Vá arrumar já os seus trapos. Vai embora daqui agora mesmo!

Marialva o olhou com um misto de fúria e medo. A fúria falou mais alto:

– Expulsar-me, depois de tudo que fiz por você?

Ele foi até onde ela estava e lhe deu tamanha bofetada que minha irmã foi ao chão. Ela levantou-se para avançar nele e outra bofetada fez sair sangue de sua boca, só então ela se acalmou:

– Ingrata! – disse Eleotério – que fez por mim além de me apresentar a Flávia? Só por esse gesto tenho que lhe agradecer! Por conta dele tenho lhe aturado todos esses meses, dando-lhe comida, teto, vestindo-lhe e calçando com o bom e o melhor! Agora inventa de querer me afrontar debaixo de meu teto? Quer me arruinar o casamento com minha mulher e tenta avançar em mim? Saiba que, por muito menos, gente já "desapareceu" dessa terra! Ponha-se em seu lugar, negra!

Flávia levou um grande susto, pois nunca tinha visto Eleotério tão irritado em sua vida, mesmo assim, ajudou a levantar Marialva do chão, e disse-lhe:

– Tenha calma, ela não está no seu juízo...

Ele olhava Marialva com um ódio irrefreável, mas ao ver Flávia, conteve-se e disse-lhe:

– Minha Flávia, você é a criatura mais bondosa que eu conheci em toda a minha vida! Antes de você, eu nem sabia que gente assim existia. Tem me feito mudar muito, mas eu reconheço uma cobra ruim assim que eu vejo. Essa mulher não fica mais aqui.

Flávia assentiu com a cabeça, enquanto Marialva, apavorada e sentindo o sangue na boca, perguntou:

– Mas para onde vou? O padre não há de me querer mais... vou para a rua?

Eleotério disse:

– Lugar de doida como você é sanatório. Vou já providenciar!

Ao ouvir falar de sanatório, ela gritou e Flávia interveio:

– Sanatório não, Eleotério! Você não pode deixá-la no sítio? Não há ao menos uma casinha por lá onde ela possa ficar?

Eleotério podia ser mau, mas não conseguia negar nada a Flávia. O sítio, na realidade, era uma grande fazenda, não faltavam casinhas por lá...

– Está certo, se assim lhe agrada. Mas se brigar com algum dos caseiros que tenho por lá, já aviso, vai para um sanatório. Lugar de doida é hospício. Ainda mais doida que avança! Vá juntar suas coisas!

E Marialva foi. Três semanas de obsessão contínua, alimentando os próprios instintos maus dela e os seus próprios medos e delírios de grandeza, e lá ia minha irmã para uma casa simples de caseiro no sítio de Eleotério. Nada mais de vestidos novos, ter que fazer sua própria comida, pegar sua própria água, lavar sua própria roupa. Quem sabe não aprenderia algo com isso?

Eleotério mandou chamar Lourenço e disse a ele que conversasse com os caseiros próximos a ela, e explicasse que estavam proibidos de falar com ela. "Não queria que ela ficasse espalhando mentiras a seu respeito!", foi a explicação que deu, e Lourenço cumpriu a ordem. Flávia quis ir junto com ela, mas o velho não deixou, disse que generosidade tinha limite e que comida não faltaria a ela.

Vi Marialva saindo de cabeça baixa, com sacolas e mais sacolas de roupa que Flávia tinha lhe dado, a boca inchada. Sentou atrás no carro que Lourenço ia dirigir e não ia nada feliz. Tive um pouco de pena de Lourenço, de ter que levá-la: a viagem não ia ser fácil se ela resolvesse ir falando sem parar, reclamando da vida sem cessar.

Quando ela se foi, pensei que ao menos Flávia teria mais sossego, e realmente teve. É incrível como o ar de uma casa pode ficar mais leve quando uma pessoa que odeia a tudo e a todos se retira: com o seu bom humor um pouco restaurado, minha mulher conseguiu com o marido uma mesada pequena para comprar retalhos e passava os seus dias na máquina de costura, fazendo roupas para os órfãos da vila, que levava à igreja e que o padre gostava bastante.

Eleotério de início implicou, dizia que ela "trabalhava feito uma escrava", mas quando ela foi homenageada pelo Clube das Senhoras da Vila, ficou bastante orgulhoso, pois jamais imaginou ter uma mulher considerada benemérita. Vestiu um terno e foi à cerimônia, deixando bem claro que era ele "quem tinha dado o pano das roupas!". Nunca mais implicou: Flávia e as suas mágicas.

Enquanto isso, Marialva vivia a sua "nova vida" no sítio...

CAPÍTULO 24

# O PLANO

### COMENTÁRIO DE ARIEL

OLHEI O MENINO DANIEL, tão bonito e já corado, e perguntei:
– Não recebeu nenhuma carta de sua mãe na escola?
Ele deu de ombros:
– Não. Meu pai diz que ela escrevia quase toda semana, mas eu nunca recebi nenhuma carta. Achei que ela tivesse me esquecido.
Tobias confirmou, triste:
– Ela dava as cartas a Eleotério e era ele quem pegava as correspondências também. Você também escreveu?
Daniel fez que sim com a cabeça:
– No início, eu não falava nada dos maus-tratos. Mas não recebia resposta. Escrevia toda semana, que era o que eles deixavam, mas percebi que eles liam as cartas... não era raro eu receber os castigos mais estapafúrdios quando reclamava nelas, então, parei de escrever! Minha última carta foi quando fiquei internado na enfermaria: foi um pedido de socorro!

Clara comentou:

– Pior que regime de presidiário! Cruzes!

Tobias disse:

– Flávia recebia notícias pelo diretor do colégio que mandava cartas ao velho dizendo que Daniel ia muito bem, se adaptando com o regime do colégio e isso a deixava mais tranquila. Embora estranhando a falta de cartas do filho se conformou um pouco mais quando Eleotério disse que "o menino deve estar ocupado demais, mas logo estaria ali para as férias!".

Eu fiquei pensativo e perguntei a Daniel:

– Quando chegou no sítio lhe trataram bem?

Daniel coçou a cabeça, meio sem jeito:

– Eu estava tão envergonhado de ter fracassado na escola e de decepcionar minha mãe, que no fundo achei até bom ela não saber por enquanto. Era muito novo, achava que não valia grande coisa! Tinham me dito que eu era um estorvo tantas vezes que eu acreditei! Não tinha mais fome, vontade de brincar, nem de conversar e seu Eleotério deixou bem claro que eu ficaria lá até decidir o que faria comigo. Pensei que só de estar longe do colégio, eu estaria bem.

Olhei para o menino com certa preocupação, agora que sabia que Marialva estava no mesmo sítio onde ele ficaria.

– Daniel, o sítio era grande. Onde você ficou morando lá? Com algum caseiro?

Os olhos do menino se encheram de lágrimas.

– Não. Eu fui morar com a tia Marialva.

Olhei para Tobias, que olhou para mim com um sorriso amargo:

– Viu bem, Ariel, como as maldades que a gente faz não ficam sem resposta? Atormentei minha irmã para que saísse de junto de Flávia, ei-la agora, cheia de ódio e sem freio, junto do meu menino!

## Narrativa de Tobias

Lourenço era o braço direito de Eleotério, que profundamente encantado com Flávia, agora mal ia ao sítio. Honesto, direito e trabalhador, ele passava cinco dias no sítio, e dois na cidade prestando serviços ao patrão. Não havia férias para Lourenço, que sequer fazia questão delas, nem domingo, nem feriado. As coisas eram assim!

Ele não se queixava, já tinha tido uma vida tão pior... agora dirigia automóvel, se vestia bem, comia o que queria, dava ordens aos caseiros. Estava no melhor dos mundos, mas nunca tinha sido arrogante com ninguém, ao contrário: os caseiros do sítio gostavam muito dele – era justo! Não humilhava ninguém, pagava certinho, nunca tentava ludibriar a quem quer que fosse. Quando viu que Marialva iria para lá, na hora que ela embarcou no carro e começou a reclamar ele disse logo:

– Se me atormentar em meu serviço, o próximo caminho que eu tomo é o do sanatório, ouviu? Não pense em abusar comigo, não sou mais o "bronco" que você conheceu.

Como ela continuasse a reclamar, ele parou o carro e começou a jogar as coisas dela no meio da estrada. Depois que ela viu que ele estava falando sério, e que ela podia ficar no sol, calou-se e se conformou. Dali pra frente as coisas ficaram "civilizadas".

Mas ao levar Daniel, o coração do bom negro apertou-se. Gostava tanto do menino! Admirava o bom coração, a inteligência, o amor do moleque pela vida! Ao ir buscá-lo no colégio depois de apenas cinco meses dele estar lá, viu sair do colégio um menino abatido, com um aspecto assustado, olheiras fundas... Que tinham feito a Daniel? Dona Flávia ia ficar muito zangada!

O patrão tinha lhe pedido segredo, era fato, mas ao ver o menino tão encolhido no carro, indo para o sítio e sendo deixado ao lado da casa onde estava Marialva, ele ficou preocupado. Não tinha gostado daquilo!

Ao ler o pensamento de Lourenço, finalmente, me dei conta de onde estava o meu menino!

Sabendo que meu filho não tinha sido bem tratado na escola e que estava escondido no sítio sob a tutela de Marialva, eu quase enlouqueci! Segui Lourenço até o sítio, que ficava realmente longe da vila, umas boas três horas a cavalo, e me arrepiei quando ele apeou justo na frente de uma casa rosa, simples, sem eletricidade e sem água encanada (um luxo que só a casa principal tinha), e vi Marialva descabelada e com um vestido sujo como uma mendiga surgindo da porta, perguntando:

– Trouxe açúcar, ou, pelo menos, melado? Estou passando fome nessa casa! Ainda mais com esse diabinho para alimentar.

Nunca tinha me perguntado como seria a casa de uma pessoa preguiçosa como Marialva, mas agora finalmente tinha a resposta: a casa até que era boa, janelas largas, deixando entrar a luz do sol, uma sala e dois quartos, piso de madeira, banheiro do lado de fora, como se fazia naqueles tempos, na roça. Mas o chão estava impregnado de barro e sujeira, deixando ver a madeira em apenas algumas partes, o mesmo barro que cobria os pés de minha irmã. Um balde de água suja com pratos engordurados aos pés da pia que estava lotada de um limo esverdeado e roupas de mulher, sujas, jogadas para todo lado; teias de aranha cobriam o teto sem lage, e pareciam estar ali há décadas, os lençóis, também amarronzados, estavam nas camas e no chão dos quartos, e como fedia tudo!

E encolhido num canto da varanda, estava Daniel. Os braços abraçando os joelhos, sujo, taciturno, triste e descalço! Ao vê-lo em tais condições, pálido e com olheiras fundas, que pena me deu de meu filho! Marialva olhou para ele e pegou uma vara, batendo em suas costas:

– Ande, traste! Pegue este balde e vá pegar água no poço! Não se mexe para nada esse preguiçoso!

Olhei para minha irmã cheio de ódio e esperei por uma reação normal de Daniel, que seria de responder a tia ou de no mínimo dizer que pegasse a água ela mesma. Mas algo em Daniel tinha se "quebrado" sem chance de conserto: ele simplesmente levantou e se dirigiu a um poço, uns quarenta metros distantes da casa e o encheu de água. Quem também não gostou nada da cena foi Lourenço, que esbravejou:

– Ordinária! Acha que o menino é seu escravo? Largue isso aí, Daniel, que hoje você dorme comigo, lá na casa maior! Ande, Marialva, pegue umas roupas para o menino!

– Não tive tempo de lavar!– respondeu ela.

Lourenço esperava já por esse tipo de resposta:

– Pois pegue sujas mesmo. Aliás, pegue você mesmo, Daniel! A Lucinda que mora lá, lava pra você!

Observei meu filho pegar umas poucas mudas de roupa de cabeça baixa, obediente e ir em direção a Lourenço e seu cavalo. Este estendeu-lhe o braço e colocou-o na garupa, ao que ouviu de minha irmã:

– Ao que eu sei, o velho disse que era para ele ficar comigo, que sou "da família", e não contigo! Quem vai buscar água e lenha para mim agora? Não sabe como sou doente?

Lourenço a olhou com raiva:

– O menino não é seu escravo, já disse! Conte ao patrão e vai ver o que faço contigo! Não vê que o menino está adoecendo? Nesse chiqueiro é que não há de ficar bem.

E levou Daniel para a casa principal. A sede do sítio era grande, limpa, móveis pesados de madeira maciça. Dei-me conta finalmente de que era ali que vivia a família anterior de Eleotério, logo, era toda mobiliada de coisas boas e antigas, vindas do seu sogro, naturalmente.

Daniel entrou na casa olhando muito ao seu redor: as cortinas de renda um tanto empoeiradas, as poltronas de couro, um pequeno rádio de madeira a um canto da sala, tudo de uma sobriedade só. Seu coração se apertou de saudade da mãe e de sua casinha simples, de dois quartos, mas tão aconchegante! As cortinas feitas de algodão, floridas, balançando ao vento! "Nunca mais", pensou o meu o filho e eu me entristeci junto com ele. Lágrimas nos olhos por se lembrar do cheiro das cocadas, dos amiguinhos do bairro que nunca o tratavam com indiferença, da mãe que sempre tinha um sorriso escondido, mesmo quando ralhava com ele. Uma nuvem de tristeza envolvia o meu filho, deixando um rastro cinza a sua volta: como encarar sua mãe que tinha se sacrificado tanto e dizer que tinha fracassado como estudante? Que não tinha tido as boas notas de sempre?

Tentei me aproximar dele, enquanto Lourenço dava ordens à empregada da casa para lavar as roupas do menino e providenciar-lhe um bom lanche, acerquei-o dos meus braços, mas sua tristeza era tão grande, que parecia barrar mesmo o meu amor de pai que dizia: "sua mãe jamais o recriminaria, Daniel! Quando foi que ela não o perdoou por qualquer coisa? A culpa não foi sua!".

Mas as asas cinzentas da tristeza ali estavam, envolvendo o meu filho, tirando-lhe a fome e o brilho dos olhos. Sentado num canto da sala, ele escondia o olhar do ambiente, como se quisesse sumir.

Do outro canto da sala, surgiu uma mulata de seus quarenta anos, bem-humorada, lenço colorido na cabeça, ancas largas e uns seios volumosos. Olhou para o menino e sorriu. Era Lucinda:

– Ora vejam só, parece que um pardalzinho caiu do ninho e veio parar por aqui! Como se chama, rapaz?

Daniel assustou-se com a voz dela, alta e alegre, e levantou-se limpando os olhos, um tanto sem jeito com a sujeira:

– Sou Daniel, filho da Flávia, que se casou com seu Eleotério. Prazer...

Ela sorriu para o menino, que continuava de cabeça baixa, e disse:

– Quer dizer que aquele velho diabo casou mesmo? E já tirou você de perto da sua mãe? Vamos para um banho... acho que tenho uma roupa de meu filho aqui, quando tinha a sua idade, que aquelas suas vão demorar um tempo para limpar! Aquela sua tia, que "porca", hein! Depois vamos tomar um lanche. Fiz biscoitos e estou batendo um bolo de coco. Gosta?

Daniel obedeceu, pois era obediente. Fiquei muito mais tranquilo ao ver dona Lucinda por perto dele, aquela parecia ser uma "mãe" por natureza, uma dessas mulheres de bom coração que enfeitam a vida dos que a cercam. Finalmente via uma luz no fim do túnel para o meu filho! Não sabia como agradecer a Lourenço!

E de fato, com o passar dos dias, Lourenço e Daniel tornaram-se extremamente amigos. O menino, que antes não se movimentava, agora já montava a cavalo e o acompanhava pelo sítio, a conhecer os caseiros e fazer amizade aqui e ali. Vendo-o florescer novamente, afastado de Marialva, eu me senti mais tranquilo e fui ver como estava Flávia, pois estranhava bastante que ela não aparecesse para visitar o filho, que já não via há seis meses. Não era normal que ela o esquecesse assim, causando tamanha mágoa ao menino.

Cheguei ao casarão do centro da vila e a vi sentada na varanda, muito bonita, recebendo algumas senhoras numa mesa para o chá, numa tarde. Como estava mais magra, a minha querida! Será que estava adoentada?

Dona Paulina na cozinha conversava com a arrumadeira, faladeira como de costume:

– Será que essas duas vão demorar muito? Veja como estão as bandejas de empadinhas, Eliana. Coloco mais?

Eliana colocou as mãos na cintura e franziu a sobrancelha como quem diz: "será que já comeram todas?", nisso girou nos calcanhares e foi verificar. Voltou com um ar satisfeito:

– Ainda tem bastante, mas acho melhor daqui há pouco levar um suco. Está quase no fim... como falam, não é? Dona Flávia tem uma paciência...

Notei Paulina dando um sorriso de compreensão:

– É o que mais ela tem. Queria tanto ver o filho agora, nas férias! Mas seu Eleotério disse que eles iam fazer uma excursão ao exterior para estudar línguas. Imagine! Parece que o nosso

Daniel foi para uma tal de "Nova York", no estrangeiro, agora que a guerra acabou. Vai aprender a falar inglês! A patroa ficou orgulhosa, mas triste! Parece que vão ser mais oito meses até ver o menino de novo!

Eliana tomava seu café, admirada com a sorte de Daniel. Só então perguntou:

– Mas, foi todo mundo da escola? Eles devem ter muito dinheiro, não?

Dessa vez foi a própria Paulina quem respondeu a pergunta, orgulhosa do menino, sem desconfiar da verdade:

– Que nada! Parece que Daniel venceu um concurso com mais outros dois rapazes. Inteligência, minha filha! Dizem que tinham as melhores notas. Já disse para dona Flávia não ficar triste! Quem me dera ter tido filho inteligente assim.

Aquilo me calou no peito com a mais profunda das revoltas! Flávia achava que o menino estava nos Estados Unidos, enquanto o pobre se doía da humilhação no sítio do velho, que Deus sabe que ideias tinha para o seu destino! Que pretendia ele com toda essa mentira deslavada? E Daniel esperando a visita da mãe!

Na varanda ela ouvia pacientemente as duas senhoras falando de suas vidas, das quermesses da igreja, e seu pensamento ia longe para o filho enquanto tentava se conformar com a saudade. Observei que quase não comia, nem tocava no prato. Sorria educadamente, os olhos verdes atenciosos como sempre, mas no fundo deles, uma tristeza e ao mesmo tempo, uma esperança de que o filho estivesse feliz, tendo um bom aprendizado. "Não tinha sido isso que almejara durante toda a sua vida? Que Daniel tivesse as chances que ela e o pai dele nunca tinham tido? Pois agora ele estudava em solo estrangeiro, teria a educação de um príncipe!" – pensava ela.

Estava respondida a minha questão. Da rua agora chegava o facínora, em seu terno de linho claro, fumando seu cigarro de palha. Passou pelas senhoras cumprimentando-as, que tinha um grande orgulho de ter uma mulher com tão bom trato social.

Apesar da origem humilde, a educação e o hábito da leitura de Flávia a tornavam uma figura por demais procurada entre as senhoras locais, que imitaram até o seu jeito de vestir. Na simples vila, ela brilhava.

Com o coração carregado de ódio o vi passar por elas e dar um beijo na testa de minha mulher, que sorriu para ele em cumprimento, quando ele disse que tinha recebido outra carta do diretor da escola de Daniel. Antes que Flávia se manifestasse, ele fez questão de ler em voz alta, para que as amigas dela comentassem.

A carta em questão cobria meu filho de elogios e dizia que ele estava indo muito bem, muito esforçado e se dedicando bastante, como sempre. Rogava que pedisse desculpas à mamãe pela falta de cartas, mas que o estudo era muito importante para a futura carreira que pretendia seguir, e por aí ia... notei os olhos de Flávia se encherem de lágrimas e se conformarem um pouco. Quem estava escrevendo tais cartas, pensei eu? Algum amigo? Notei que as cartas chegavam sem envelope, em bonita letra de homem e papel sem nenhum timbre. Flávia já não teria desconfiado?

O fato é que ele leu, guardou a carta no bolso e minha esposa ficou sendo elogiada pelas amigas, mas disse apenas:

– É... tudo isso é muito bom, mas vocês não sabem a falta que ele me faz!

E suspirou profundamente!

Eleotério, que ia saindo do local, ao ouvir aquele suspiro que parecia conhecer tão bem, franziu o cenho, entrou para o lar chateado e saiu em seguida, dizendo que ia encontrar uns amigos. Flávia se despediu com um aceno, ele tirou o automóvel da garagem e eu resolvi ir com ele. Será que já tinha arrumado alguma amante? Deus queira que sim! Quem sabe deixasse Flávia em paz.

Mas não foi à casa de nenhuma mulher que ele foi, mas ao cassino, que abrigava quartos de mulheres no andar de cima. Quando não estava com Flávia, sempre que queria beber sem ser interrompido e ver um ou dois conhecidos, lá ia ele ao mesmo lugar e dessa vez, ao entrar, viu logo um "amigo de bar" de alguns anos, que ao vê-lo cumprimentou:

– Ora vejam só... quem é vivo sempre aparece! Veio fazer a alegria das moças do lugar, Eleotério? Faz meses que não te vejo!

Eleotério olhou o amigo Otávio Quintilha, o advogado, com ares de pouco-caso, mas logo sorriu e disse-lhe:

– Não diga asneiras, homem! Com a mulher que tenho em casa, acha que vou me meter com essas daqui? Só se fosse doido! Vim para trocar conversa com amigos, que isso também faz falta... e isso, mulher nenhuma faz!

Otávio sorriu. Tinha ido ao casamento e conhecido Flávia e ficado impressionado com a beleza e educação da moça. Respondeu então:

– Faz muito bem. Dona Flávia é mesmo, com a licença do amigo, uma formosura sem par. Lembro-me de seu casamento. E como estão as coisas? Tirando a saudade de conversar com os amigos, vai tudo bem?

Eleotério o olhou um tanto desconfiado: não gostava que fizessem elogios demais a Flávia, ciumento como ele só. Mas gostava do advogado, que com seus trinta e cinco anos e solteiro, dava-se ao respeito. E depois, Flávia não estava por ali e nem saía de casa sem estar acompanhada. Tomou de sua bebida e resolveu que podia confiar:

– Sabe de uma coisa, Otávio, caso ache algum dia uma moça como aquela, case-se sem medo! Nunca vi gênio tão bom! Enquanto minha primeira mulher era ciumenta como o diabo, essa moça é uma doçura só. Apesar das empregadas, cozinha que é uma maravilha, a casa vive cheirosa, sem falar que ela é uma beleza de se observar. Não enxergo mais minha vida sem ela!

Otávio ergueu as sobrancelhas:

– Jura? Mas é bom assim? Sempre achei que as mulheres, apesar de belas, é certo, chateassem a gente com mil pedidos e admoestações...

Eleotério riu:

– Flávia não. Nunca reclama de nada, nem é de pedir grandes coisas. Enquanto minha primeira esposa vivia falando mal dos outros e reclamando, essa outra nunca fala mal de ninguém e a única coisa de que sente falta é do filho, que está estudando longe... mas mesmo disso ela não reclama, só suspira!

Otávio pensou na bela morena tão apegada ao menino que ele tinha visto na casa, e disse:

– Mas não é para menos, Eleotério! É o único filho dela e me parece muito boa mãe! A maior parte das mulheres fica assim quando o filho vai embora estudar.

Ele fez uma careta:

– Pois eu falo que é para ela ir se acostumando, que o menino ficará longe por um bom tempo. Prefiro-a só, comigo, sabe? Não tenho mais paciência para crianças! Por mim, ele nem existiria! Com o tempo ela se acostuma sem ele!

Aquilo me calou fundo no peito. Tão fundo que corri ao sítio para ver meu Daniel e o encontrei dormindo numa cama limpa, com roupinhas asseadas, no mesmo quarto de Lourenço. Ao menos, pensei eu, não estava mais naquela escola infernal.

Observei com o passar dos dias, os laços entre Lourenço, que nunca tinha tido filhos, e Daniel ficarem cada vez mais fortes. Marialva olhava os dois ao longe numa raiva incontida, pois não gostava de viver só e muito menos da vida que estava levando. Meu filho finalmente começou a engordar novamente e a sorrir nos cavalos do sítio... hoje me refiro a isso como a calmaria antes do furacão.

Num belo dia, lá pelas nove horas da manhã, bem em frente da casa da sede eis que chega minha irmã com uns trapos debaixo de braço, suja de dar medo e grita em voz alta:

– Ó de casa! Daniel! Lourenço!

Lourenço não estava, mas Daniel estava na cozinha com dona Lucinda, que de colher de pau na mão, saiu porta afora para ver quem chamava pelos dois:

– Pois não? O que a senhora deseja?

Minha irmã não se fez de desentendida:
— Sou a tia desse menino e não estou bem de saúde. Ele deve ficar comigo! Ou eu fico aí com vocês, ou ele vai embora para minha casa! Não posso ficar sozinha, estou muito mal!

Lucinda olhou a mulher, que parecia não se banhar há meses, e olhou para Daniel, que espertamente se escondeu atrás de suas ancas largas. Só então respondeu:
— Essa casa é de seu Eleotério, não tenho autorização de deixá-la morando aqui sem que ele saiba. E não vejo como o menino poderá cuidar da senhora! Não notou que é só um menino?

Marialva começou com uma tal preleção de cantilenas e reclamações que só depois de uns quinze minutos Lucinda a deixou ficar na varanda. Que Lourenço resolvesse aquilo quando chegasse! Daniel ficaria com ela na cozinha, por enquanto.

Só de ver a tia, meu filho não quis mais comer. "Coisa triste ser criança" – pensava Daniel – "todo mundo manda na vida da gente!". Estava tão contente por ali, sendo bem tratado por Lucinda e Lourenço, comendo sossegado, já fazendo planos de um dia ver a mãe e pedir perdão por não estar estudando! Agora parecia que ia ter que voltar a morar com a tia Marialva que ele tanto detestava! Através da janela da cozinha, ele a olhou sentada no chão da varanda: como podia uma pessoa ficar daquele jeito? Parecia mais uma mendiga! E na casa dela tinha poço por perto, não tinha necessidade de ficar assim!

Enquanto eu lia os pensamentos de meu filho ouvi o motor de um carro chegando para o meu desconforto: era o velho Eleotério, que vinha ver as contas com Lourenço! Ele parou o carro justo à frente da sede e deu com Marialva lá, agora em pé, descalça, cheirando mal, suja como nunca tinha estado antes, na varanda de sua casa. Impossível descrever o seu nojo e a sua raiva:
— Que faz aqui, mulher? Não lhe dei uma boa casa onde devia morar? E que trajes são esses? Virou mendiga, agora? Não há um poço na frente de sua casa onde você possa se lavar ao menos?

Se está achando que é minha parente, se engana! Onde está o menino, que eu lhe dei para tomar conta?

Foi o que bastou para que Marialva apontasse para a cozinha e dissesse em altos brados:

– Pois o seu amado empregado o tirou de mim! E eu fiquei tão triste sem o meu sobrinho que fiquei doente, não consigo mais nem tirar água do poço para me lavar! Lourenço implicou comigo só porque eu estava "corrigindo" o menino! Se eu, que sou a tia, não educar o moleque, quem pode educar?

Eleotério analisou o estado de minha irmã, imunda, as unhas grandes, o cabelo imprestável de tão embaraçado, o cheiro forte de suor azedo e chegou à conclusão de que ela nunca poderia cuidar nem dela mesma, quanto mais de um menino. Imediatamente se perguntou o que ela estaria querendo e indagou:

– E por que trouxe todos esses trapos para cá? Estou reconhecendo alguns... aquilo ali, não é um vestido verde que Flávia lhe deu? Por que está trazendo suas roupas para cá?

Ela abaixou a cabeça envergonhada:

– É que tenho muitas dores nas costas, seu Eleotério. Imaginei que se meu sobrinho está aqui, eu poderia ficar junto dele para garantir-lhe a educação. Sou tia, é meu direito ficar com ele! O senhor mesmo o entregou a mim! Tenho direito!

Eleotério mandou um menino de recados chamar Lourenço, que apareceu rápido em cima de um cavalo e explicou ao patrão que tinha tirado Daniel da casa de Marialva pelos maus-tratos dela com o menino, que vinha emagrecendo dia a dia. O velho ouviu tudo pacientemente e em seus olhos eu vi um brilho malicioso, quando ele disse a Lourenço:

– Sei que suas intenções são as melhores possíveis, Lourenço. Mas o menino deve ficar com a família, como ela mesma disse. Leve o menino, Marialva. E não me apareça mais aqui.

Vi no rosto do meu filho o desamparo cruel e no de Marialva a decepção estampada. Achava realmente que conseguiria novamente sua vida boa se chantageasse o velho com o filho da mulher dele, mas tal não ocorreu. Pasmo de medo, entendi perfeitamente o que queria Eleotério: maltratar Daniel o máximo que pudesse, se possível tirar-lhe a saúde para, enfim, ter Flávia somente para ele. A mesma Flávia que acreditava ter o filho brilhando, estudando no exterior.

Aproximei-me de Eleotério feito um raio, cercando-o pelas costas, aos gritos, a dizer para ele "Louco! Se o menino morre, você mata Flávia, seu tolo!". Ele pegou de um copo de aguardente enquanto via Daniel e Marialva descendo o morro para a casa dela, mas me escutou e ficou pensativo: "Será que faço mal? Flávia pode se revoltar se Daniel morre..." e em seguida pensou: "qual nada! Ela já está se acostumando sem o menino!".

E sentindo o cheiro do almoço que estava na mesa, chamou dona Lucinda e Lourenço, dando ordens explícitas de que não queria mais meu filho dentro daquela casa. Fiquei em cima dele tanto tempo gritando impropérios, dizendo que voltasse atrás ou se arrependeria, que ele teve uma dor de cabeça das mais descomunais, mas nada o demoveu de seu plano.

## CAPÍTULO 25

# NOITE SEM LUAR

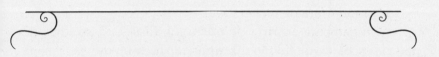

### COMENTÁRIO DE ARIEL

TENTEI IMAGINAR A SITUAÇÃO do pequeno Daniel diante de tanto desamparo. Ele tinha os olhos baixos e tristes enquanto o pai contava aquela parte de sua vida e só então disse a ele:

— Sentia o senhor às vezes junto de mim, mas não sabia que era tanto! Quer dizer que esteve comigo durante todos aqueles dias?

Tobias olhou o filho com os olhos cheios d'água:

— Foi o maior sofrimento que me lembro de passar! Vê-lo sem se alimentar, apanhando de sua tia, as pequenas maldades dela, as humilhações. Mas também acompanhei a amizade de Lourenço, que de vez em quando aparecia, trazendo melado e doces para acalmar Marialva e escondido lhe trazia boa comida que dona Lucinda lhe mandava. Mas você não comia, meu filho! Parecia envolto numa névoa cinza!

O menino olhou ao longe:

— Sei que pareço novo, mas, às vezes, me sinto tão velho! E

estava tão cansado, que mal conseguia me mexer do chão... no início ela me batia, para que eu pegasse água, quis me obrigar a cozinhar, mas não queria me ensinar. Depois de um tempo disse que minha mãe não vinha me ver, porque eu não prestava, e ela não queria saber mais de mim. Que ela era quase branca e tinha vergonha de aparecer com filho negro.

Olhei para o menino assustado, era o tipo de coisa que Marialva poderia mesmo dizer, mas que Flávia nem em sonhos faria. Clara, que era mãe, perguntou a ele:

– Você não acreditou nisso, não é Daniel?

Ele olhou Clara de forma triste:

– Antigamente eu riria de quem me dissesse isso, mas depois da escola onde fui tão discriminado, de oito meses de separação de minha mãe e de humilhações contínuas, eu comecei a achar que era verdade. De início gritei com minha tia, chamei-a de "burra" e "malvada", mas aquilo ficou na minha cabeça. Por que minha mãe não ia à escola procurar por mim? Por que não aparecia? Os meses se passavam, minha saudade aumentava, eu via seu Eleotério, mas nada de minha mãe... pedi a Lourenço que indagasse ao velho por ela, e ele o fez. Foi quando obtive a resposta.

– Que resposta? – perguntei eu.

– Ele disse, seu Ariel, que minha mãe estava muito doente, e por isso não vinha me ver.

Com o coração apertado olhei para Tobias, que com um olhar sem expressão, me olhou de volta, e tomou a narrativa.

## NARRATIVA DE TOBIAS

Numa visita à minha esposa, sentei-me junto a ela que estava deitada em sua cama e partilhei de seus pensamentos: a única doença de Flávia, era a saudade do filho, que a fazia suspirar pela casa lamentando a decisão tomada de se casar com

Eleotério. Saudades de Daniel, da sua pequena casinha, de seus vizinhos alegres e prestimosos, de seus alunos, cada um com suas histórias! Que vida era aquela em que estava metida agora? Vestidos bem cortados de tecidos finos, é verdade... mas acaso não estava vestida antes? Eram vestidos de algodão simples, mas ela vivia enfeitada com seu sorriso, que agora não a enfeitava mais! Sua comida por acaso era melhor? Tinha um pouco mais de carne, mas era tudo! Nunca tinha feito questão disso. Antes de Marialva aparecer, nada tinha lhe faltado, tinha até dinheiro guardado!

Agora estava ali, presa naquele palacete, que sentia não ser seu, sem poder ir para a rua quando quisesse, sem poder ir ver seus amigos de bairro, ou dar as aulas de que tanto gostava. Sem falar na falta que Daniel lhe fazia, que o tempo não apagava, só fazia doer mais fundo... será que seu menino, tão doce e tão inteligente estaria mesmo feliz no estrangeiro? Seu coração de mãe se apertava toda vez que pensava nele!

Era grata a Eleotério, mas era só isso, se soubesse como seria a sua vida de casada, não teria aceito o pedido. Seria egoísta sim, Daniel longe dela era um preço caro demais! Por isso suspirava e pensava em dizer a seu marido que trouxesse de volta o menino do estrangeiro de qualquer forma, o queria aqui. Junto dela!

Quando vi o seu raciocínio dei graças aos céus por um lado e me apavorei por outro! Eleotério podia tudo, menos trazer Daniel novamente para junto de Flávia, ou seu casamento desmoronaria, assim que o menino abrisse a boca para contar a sua história. Minha esposa não se prendia por dinheiro ou posição social e ele sabia muito bem que ela havia se casado para proporcionar uma vida melhor ao menino!

Mas crédula, como Flávia imaginaria o que se passava por suas costas? Apressaria o fim do filho, Deus sabe de que forma, apressando Eleotério a trazer Daniel de volta. O ideal seria Daniel fugir e vir para junto da mãe sem que ninguém desse por conta. Tentei influenciá-la de toda forma, já que sabia que ele não a deixaria ir ao sítio nem se aproximar dele de forma alguma. Tentei dar-lhe paz durante um momento de vigília, quando ela tentava dormir, para que nada dissesse ao velho, ela pareceu ficar mais calma, se convencer de que o filho estava bem e se fortalecendo com a "educação no exterior", até que ela dormiu um sono profundo e sem sonhos. E eu voltei para o meu filho, tentando ajudá-lo também.

No sítio, meu menino dormia sem coberta, no chão sujo, em meio a um cheiro horrível de casa sem asseio nenhum há muitos meses. Notei nele uma tosse seca e ruim enquanto Marialva, envolta em trapos e com cheiro de aguardente, roncava profundamente. Tinha dado para beber agora e exigir de Lourenço a bebida, que ele dava para conseguir ver o menino e levar sua roupa para lavar na sede da casa. Em profundo sono, vi meu filho se desprender do corpo e se sentar encolhido, junto ao corpo, de cabeça baixa. Tentei me aproximar dele, chamando-o pelo nome, mas ele não me ouvia, só então lhe toquei no ombro de seu perispírito, e ele me olhou, cheio de dor:

– Que quer?– me perguntou – não vê que quero ficar só? Não basta o que tenho que aturar quando acordado?

Olhei para ele triste, mas insisti:

– Sei que não me reconhece mais, mas sou seu pai, Tobias. Tem que fugir daqui, Daniel! Tem que ir para junto de sua mãe! Aqui você corre perigo.

Ele me levantou os olhos vazios:

– Minha mãe tem vergonha de mim. Não consegui ficar na escola, sou escuro e ela é clara. Procurar ela para quê? Ainda por cima está doente, se eu for ter com ela, é capaz de piorar!

Olhei para ele com decisão e disse:

– Sua mãe pensa em você noite e dia, se soubesse que está aqui, viria imediatamente. Mentiram para ela e para você. Vai ao encontro dela na cidade!

Ele me olhou novamente e eu li a dúvida em seu olhar. Só

então me dei conta do que os meus maus atos tinham feito a mim mesmo:

– Você diz ser meu pai, mas não é. Meu pai era cheio de luz e de bondade, mas o senhor é cheio de ressentimento e vingança. Pensa que não enxergo seu coração? O que um homem com tão maus sentimentos pode querer de mim? Deixe-me em paz com as minhas dores, acha que já não sofro o bastante?

Percebi finalmente o que tinha me custado obsidiar e guardar tanto ódio, vingança e ressentimento: eu já não brilhava mais! Ao contrário, emanava pesadas vibrações que afastavam o meu filho e o faziam duvidar de minhas intenções para com ele! Meu castigo por minhas ações começava, mas nem assim, eu caí em mim...

Vendo que eu não conseguiria influenciar meu filho para sua própria salvação, tentei ao menos ficar perto dele o tempo que podia. Que tortura ver alguém se sentindo tão só enquanto você ali estava por companhia!

Eleotério ia ao sítio de duas em duas semanas, observava o crescimento da criação, via o gado, conversava com Lourenço a respeito de tudo. Sabedora disso, um dia Marialva resolveu tomar finalmente um banho e se vestir com um vestido "mais ou menos" limpo para ir falar com ele. Viciara-se em bebida, e não podia mais passar sem ela, e apesar de Lourenço, às vezes, lhe levar um litro ou outro de aguardente, esse estava lhe negando por pensar na segurança do menino.

Assim, achou justo, Deus sabe o porquê, já que estava "tomando conta" de Daniel, receber alguns cobres por mês, com os quais poderia comprar a bebida que quisesse. "Afinal", segundo ela mesma, "tinha direito a ter algum prazer nesta vida!". Desta forma, ainda que meio descabelada, mas desta vez calçada, apresentou-se perante Eleotério, que para sua surpresa, a recebeu com alguma educação e lhe perguntou o que ela desejava. Muito precavida, pois já havia levado algumas respostas ruins, minha irmã começou:

– Pois olhe, seu Eleotério, sabe que o menino Daniel está em minha casa e que eu gosto muito dele. É rebelde, como o senhor sabe, faz muita birra para comer, por isso anda tão magrinho, mas é meu sobrinho. Por isso, acho que devo cuidar melhor dele. Afinal, Flávia não vai querer ver o menino tão magro quando o encontrar de novo.

O velho pensou consigo mesmo que o menino jamais veria a mãe novamente, mas sorriu um sorriso cínico e deixou que ela continuasse:

– Sabe como Flávia criou mal essa criança, fazendo todas as suas vontades! Então, ele sente falta de algumas coisas, para comer principalmente. Minha cunhada era uma excelente cozinheira, coisa que não sou, mas que eu posso comprar na vendinha aqui perto do sítio e trazer para Daniel, para que ele se alimente melhor. Então eu queria pedir ao senhor, que me desse uma pequena quantia por mês para que eu possa sanar as necessidades do menino.

Eleotério primeiro franziu as sobrancelhas como se ela tivesse lhe xingado ou algo do tipo, mas depois deu uma sonora gargalhada! Mas riu tanto que chegou a se dobrar, e só então disse:

– É verdade que anda bebendo, negra? Mais de um vizinho seu veio me contar isso. Quer dinheiro para cachaça, é isso? Se viciou? Deve ser de família, me contaram que sua irmã também era viciada!

Ela estranhou ele ter mencionado Dita, mas ele não lhe deu tempo de perguntar nada, continuando a falar:

– É... cachaça é coisa séria! E vem com essa desculpa de comprar coisas para o menino! Nem a roupa do moleque você lava... pensa que não sei que Lourenço leva comida para ele? Deixo barato porque não quero abrir mão do meu capataz, que mais honesto e trabalhador não há. E como ele não leva todo dia, o menino vem "minguando". Não tem vergonha, Marialva?

Ela o olhou com o semblante assustado, mas logo replicou:

– Ora, eu tomo uma cachacinha de vez em quando, mas não é

vício. Esses meus vizinhos são é muito faladores, até parece que não bebem nada! E cuido do menino sim, que é meu sobrinho, da minha família. Se não quer me ajudar, posso ir até a vila e pedir a Flávia, ela não me negará!

A essa resposta, Eleotério levantou da cadeira em que estava sentado, pegou do relho (pequeno chicote de bater em cavalos) que estava em cima da mesa da varanda, e a ameaçou dizendo:

– Já dei conta de gente por muito menos que isso. O vício te fez perder o medo? Incomode Flávia com pequenezas que você verá "capim crescer pela raiz", entendeu? Quem dará por falta de uma negra intolerável como você? Ninguém!

Observei minha irmã se encolhendo trêmula de medo e buscando um jeito de ir embora o mais rápido possível, lamentando-se ter falado em excesso. No que ela virou as costas para retirar-se, ele falou:

– Quem disse que pode ir embora?

Ela estacionou no ato e respondeu:

– Quer algo de mim, então? Sabe que eu não o trairia. Posso falar demais, mas não sou burra.

Ele a olhou com argúcia por debaixo do chapéu de feltro verde:

– Então quer dinheiro, não é? É isso o que deseja?

Ela abaixou a cabeça sob o gordo pescoço, um tanto envergonhada:

– Não é o que todo mundo quer? Não consigo trabalhar, tenho muitas dores! Preciso ter algo para os meus gastos, mas também ia comprar coisas para o menino.

Ele fez que acreditou:

– Sei... sei... a verdade é que você sempre foi preguiçosa, Marialva. Indolente e egoísta, por isso está sempre vivendo da caridade alheia. Mas, tudo tem seu preço, sua tola, sempre tem. Já está velha e ainda quer conseguir coisas de graça? O que eu lucro em te dar dinheiro? Que vantagem me traz isso?

Ela ficou meio confusa, mas respondeu:

– Ora, o menino ficará melhor tratado para quando Flávia o encontrar...

Ele, irritado, estalou o pequeno chicote no chão:

– Não seja burra, negra! É comigo que fala! Sabe perfeitamente que vai gastar tudo consigo e que Flávia não vai ver mais o menino, ou me deixaria! Que ganho eu, ao te dar dinheiro?

Assustada com a honestidade dele, ela que não tinha raciocinado o bastante, respondeu:

– Flávia não vai mais ver o menino? Como assim? Achei que o senhor o ameaçaria, ou coisa parecida! Acha que Flávia ia abrir mão da vida boa que está levando? Será? Ela não é tão burra assim!

– Flávia não é como você – respondeu ele. – Se um dia ela desconfiar do que acontece com o filho, me deixa de imediato. Viveu com ela tanto tempo e não a conhece! Ela é a razão da minha vida entre outras coisas, porque é a única pessoa que conheço que não se vende!

Marialva se calou. Nunca tinha achado honestidade coisa importante, para ela, o que valia era ter mais que os outros. Sempre tinha sido assim. Por isso perguntou-lhe:

– Que quer de mim, afinal?

Ele passou a mão pela barba já branca, o bigode amarelado pelo fumo, e perguntou:

– Como está a saúde do menino? Lourenço me disse que ele anda fraco, com uma tosse persistente.

Ela pensou se diria a verdade ou não. Mas resolveu que mentir seria pior:

– Não está bem. Magro demais, chora por qualquer coisa, tosse muito. Mas não chega a ter febre alta, só um pouquinho. Às vezes, no meio da noite, escuto ele chamando pelo nome da mãe, acho que é a única coisa de que ele gosta ainda.

Eleotério sorriu:

– Pois olhe, se fizer o que vou lhe pedir, terá dinheiro inclusive para comprar uma pequena casinha que será só sua. Afinal, isso não me fará falta e você tem me prestado bons serviços.

Ela o olhou desconfiada, e disse:

– Eu não vou matar o menino! Tenho medo do inferno, seu Eleotério!

Ele riu:

– Não precisa matar Daniel. Longe disso, que não vai ser necessário. Mas não quero que ele tenha esperanças de que vai ver a mãe. Seria uma maldade! Diga a ele que sua mãe, depois de uma doença longa, faleceu!

Minha irmã recuou um passo para longe dele, sabia o que a notícia causaria a meu filho. De olhos arregalados fitou Eleotério e só então disse:

– O menino vai ficar muito triste! A mãe é tudo que lhe resta na vida! Não vai mesmo deixá-lo ver a mãe nunca mais?

O velho desconversou:

– Ora, deixe de sentimentos que eu sei que você não tem! Eu mesmo fui criado solto e veja no que me tornei! Homem criado em barra de saia de mãe não presta para nada! E depois, no futuro, ele me agradecerá. Para quem acha que irá meu dinheiro todo quando eu me for? Para Flávia, e logo, para esse moleque infeliz!

Marialva pareceu raciocinar e achou certa lógica no que ele dizia. Pensou consigo mesma que seria mesmo bom para Daniel ficar longe de Flávia, mesmo porque ela não tinha outra escolha. O velho continuou:

– Chegue-se aqui. Vou lhe adiantar um pouco de seu dinheiro. Faça umas compras para você e o moleque, se lhe agradar...

Ela o olhou desconfiada:

– Vou ter que sair do sítio?

Ele notou qual era o problema dela e respondeu:

– Claro que não. Vou fazer o que me pede... de vez em quando vou lhe dar um dinheirinho, nada me custa! Mas mantenha o menino perto de ti!

Ávida, Marialva pegou o dinheiro, e correu até a venda que

era do próprio Eleotério e vendia coisas para os empregados do sítio. Lá comprou biscoitos, duas garrafas de cachaça, e algumas linguiças. Já ia saindo quando voltou, e levou duas barras de sabão, que precisaria lavar algumas panelas para cozinhar o que fosse, já que estavam todas sujas. Em vão tentei influenciá-la para que não dissesse ao meu filho que a mãe dele tinha morrido. Ainda com bastante dinheiro em mãos, ela chegou em casa e deu com Daniel, ainda um tanto febril no canto de um dos quartos da casa. Ele estava magro e sujo.

– Daniel! Levanta! Vou buscar água e te dar um banho. Tem roupa limpa por aqui, não tem?

De corpo dolorido, meu filho respondeu:

– Não precisa me dar banho, que já estou ficando homem! Deixe que pego a água. Apenas acenda o fogão.

Ela riu, mas era verdade. Apesar de todo jeito de criança, o menininho estava crescendo! Com dificuldade, ele levantou-se e pegou dois baldes d'água, encheu a tina enquanto a tia tentava sem sucesso acender o fogão. Pegando uns gravetos finos lá fora, ele finalmente acendeu e ela recostou-se para tomar seu primeiro gole de aguardente e reclamar da vida. Marialva finalmente pegou de uma das barras de sabão com areia e pôs-se a limpar uma das panelas que estava grossa de gordura, e tentando ganhar a simpatia do sobrinho disse:

– Veja, comprei umas linguiças. Você gosta, não é? Vou fritar umas para a gente hoje.

– E quem lhe deu dinheiro? Você nunca trabalha, onde arranjou?

A tia ficou sem jeito:

– Foi teu padrasto que me deu, quando soube que estávamos sem carne em casa. Na verdade, ele quer que você seja um homem de bem e que fique forte.

Ela olhou a bagunça e a sujeira em torno, como se estivesse vendo a imundície em que vivia pela primeira vez:

– Amanhã vou contratar uma faxineira para dar um jeito

aqui. Eu não consigo, as costas doem muito! E você, já para o banho, que está sujo de doer!

Ele encheu os dois baldes da tina e se encaminhou para o banheiro fora de casa apesar da febre baixa e das dores no corpo, estranhando muito aquilo tudo, principalmente as gentilezas dela e de Eleotério, dando dinheiro para que ele vivesse melhor. Um calafrio percorreu a espinha de meu filho e eu o notei ficar alerta, como um animal que está prestes a ser atacado.

Terminado o banho, ele se enxugou numa toalha não muito limpa, vestiu uma camiseta leve e sua calça de flanela, e ficou sentado num banco da pequena cozinha, espiando a tia fritar a cheirosa linguiça e colocar colheradas de farinha de mandioca na mesma. A cabeça lhe doía, mas a fome de quem mal tinha comido até aquela hora (já eram umas três horas da tarde), o mantinham ali na espera. Tomando ainda sua aguardente, Marialva pensava no jeito de dizer a meu filho que Flávia tinha falecido. Parte dela sabia do imenso pecado que isso representava, mas a outra parte sabia que, desobedecer Eleotério significaria ficar na rua, sem ter para onde ir, ou coisa muito pior. Olhou para Daniel num misto de pena e inveja. Pena pelo engodo de que seria vítima, inveja pelo que o velho tinha lhe dito: então o menino herdaria tudo no futuro? Tinha que tratá-lo bem, dali por diante. Ele seria o seu amparo na velhice!

Vendo o menino sentado no banco, limpou a mesa em frente a ele e colocou o prato com a linguiça frita e a farinha, dizendo:

– Ande, coma Daniel! Precisa comer para sarar dessa gripe que pegou! Não quero meu sobrinho fraco e doente. Não está melhor com o banho?

Daniel a olhou desconfiado... o cheiro da bebida chegava até ele e o prato não lhe parecia apetitoso: a linguiça um tanto crua de um lado, meio tostada de outro, mas ele foi comendo o lado tostado como podia, e se enchendo de farinha para passar a fome. Que saudade da comida de sua mãe, sempre cheirosa e no ponto certo! Quando a veria de novo? Será que tinha melhorado da doença? Assim calado estava, quando a tia começou, um tanto bêbada pela aguardente:

– Sei que você ainda é muito novo, Daniel. Mas sabe qual é a coisa mais importante que temos nesse mundo, meu sobrinho? A família! Podemos ter amigos, conhecidos e até cônjuges, mas isso tudo a vida pode levar. A família não. Essa nada tira!

E ele se lembrou da mãe, única pessoa que tinha realmente amado na Terra e sorriu concordando. Ela continuou:

– É por isso, sobrinho, que enquanto eu viver você nunca será sozinho, sua tia sempre estará contigo. Isso não é bom, Daniel?

Vi meu filho erguer finalmente os olhos do prato de comida e pensar que não era nada bom. Viver com ela naqueles poucos meses tinha sido o inferno na Terra, por nada nesse mundo queria ficar com essa tia, de humor inconstante, que na maior parte do tempo o fazia de escravo e agora ainda estava frequentemente embriagada! Ele olhou para ela e disse em voz baixa, mas audível:

– Eu também tenho a minha mãe, tia Marialva... um dia ela virá me buscar.

Uma das características de minha irmã, era a sua agressividade quando confrontada. Estava tentando ser doce com o menino, mas ao ver que ele lembrava sempre de Flávia, e já inflamada pelo álcool, cuja garrafa já estava mais de um quarto vazia, ela deu um tapa na mesa, e exclamou:

– Flávia! Já está longe da mãe há não sei quantos meses e não se esquece dela nem um segundo! Acha que pode viver agarrado nas saias dela o resto da vida, garoto? Pois não pode mais! Esquece sua mãe, agora só tem a mim!

Notei o espanto de meu filho, que de olhos arregalados olhou a tia e perguntou:

– Por que agora só tenho a você? Minha mãe não me quer mais? Abandonou-me?

Cheia de fúria e um pouco culpada por mentir em coisa tão séria, ela disse da pior forma possível:

– Sua mãe morreu, moleque! É isso que estou tentando dizer!
Daniel se apavorou, jogou no chão o prato com o resto da comida e no instante seguinte, o menino sempre tão cordato gritava com ela:
– Morreu coisa nenhuma! Mentira sua! Acha que vou ficar com você, aqui, nessa imundície, comendo sua comida ruim? Eu vou é fugir daqui! Minha mãe não morreu nada! Mentirosa! Não me verá mais!
Daniel estava crescendo, mas ainda não tinha a altura da tia e menos ainda o seu peso e a sua força! Marialva, que nunca tinha escutado do menino uma resposta sequer, apavorou-se e vendo-o tremer de ódio com a notícia, bêbada, deu-lhe tamanha bofetada que o jogou ao chão, aturdido com o golpe. Trancou então a porta atrás de si e disse a Daniel as palavras mais duras que ele tinha ouvido durante toda a sua vida:
– Pois não ouviu que ela estava doente, seu cretino? É por que soube que não lhe quiseram na escola! Ficou tão triste que parou de comer! Queria tanto um filho médico e você só lhe deu desgosto. Dizem que nem saía à rua mais de tão chateada que ficou! Casou com esse velho para lhe dar estudo e você a decepcionou. Agora, está morta! Não quis nem lhe ver antes, já foi enterrada. Vai fugir para ficar no caixão, junto dela?
Ao ouvir tudo aquilo, vi meu filho realmente passar mal e colocar para fora toda comida ingerida. Em seguida foi para o quarto sujo e se enrolou em andrajos, enquanto Marialva abria a porta novamente e bebia sofregamente a sua aguardente na cozinha, aliviada de finalmente ter falado o que tinha prometido a Eleotério. Nem o mínimo de preocupação com o menino, que agora envolto na mais pesada culpa, amargava a morte da mãe na consciência. Morte essa que nunca havia ocorrido, de uma mãe que tudo daria para vê-lo de novo!
Fiquei ao lado de Daniel, mas ele parecia envolto num manto cinzento de desespero cruel. Pensei em orar a Deus pelo meu filho, mas que Deus atenderia a um ser que tinha feito as mal-

dades que eu fiz, obsidiando e tramando vinganças sobre a Terra? Eu ainda não me arrependia, ao contrário: ao olhar Marialva, pensava em que castigo seria o bastante para alma tão perversa. Não tinha ainda notado o quanto a maldade pode contagiar!

Meu filho, para minha surpresa, não chorava mais. Calado, com febre, esperando a escuridão da noite, Daniel envolto em sujos trapos tentava cobrir-se do frio, ouvindo a tia na cozinha, até que ela finalmente caiu de embriaguez e começou a roncar alto. Só depois de meia hora, levantou-se e saiu, iluminado pela luz do luar, rumo à casa da sede, no perfeito silêncio do sítio.

Os cachorros que vigiavam a casa vieram lamber-lhe as mãos. O carro de seu Eleotério ainda estava lá, então ele devia estar no quarto principal. Dona Lucinda já devia estar em casa há muito tempo e Lourenço, no último quarto do corredor, como sempre. A casa estava em completo silêncio quando meu filho se dirigiu à cozinha, acendeu o lampião e debaixo da pia abriu a cortina do armário, pegando uma lata amarela que Lucinda tinha lhe mostrado uma vez e que estava muito bem vedada: o veneno para ratos.

Com uma faca sem ponta Daniel abriu a lata para meu desespero. Por mais que eu gritasse em volta dele, que era tudo mentira, que Flávia estava viva, que não perdesse a esperança, meu filho não me ouvia! Ele sentou-se na escadinha da porta da cozinha para o quintal da sede e olhou a lua cheia no céu pensando: "minha mãe deve estar lá! Com sorte, converso com ela e me aceita de volta!", e cheio de febre tomou o veneno sólido, em pequenos grumos, em duas colheradas.

E assim caminhou o meu filho para uma longa noite sem luar.

CAPÍTULO 26

# A NOTÍCIA

### COMENTÁRIO DE ARIEL

OLHEI EM VOLTA E dei por mim que Olívia estava novamente longe de nós, dessa vez conversando animadamente com Daniel à beira do riacho. Clara, que tinha escutado a última parte da narrativa aos prantos, perguntou a Tobias:

— Deve ter sido muito difícil acolher seu filho no mundo espiritual...

Tobias sorriu, meio sem jeito:

— Difícil não foi bem a palavra: quase impossível! A desencarnação de um suicida quase nunca é fácil! E a morte de Daniel foi extremamente dolorosa, o veneno, apesar de parecer rápido, causou enorme estrago no esôfago, estômago, vias respiratórias, enfim, por onde passou! E na realidade, Daniel sequer duraria muito tempo! Os maus-tratos que vinha sofrendo já estavam causando uma séria pneumonia, junto com uma subnutrição bastante profunda. Meu menino naturalmente viria logo para o plano espiritual, se continuasse naquele sítio nas mãos de Marialva, sem remédios.

Olhei Daniel, agora brincando com Olívia que entretinha o menino para que ele não ouvisse coisas tristes. Sabedor das dificuldades que alguns encontram para deixar o corpo devido a força vital que ainda não se dispersou, perguntei a Tobias:
– Ele demorou a deixar o corpo?
Ele olhou o filho com carinho:
– Nem me lembre disso! Nada que eu fizesse o tirava do transe da dor, que sendo muito intensa, marcou meu filho! O que eu pude fazer foi ficar perto dele, tal qual um guarda e impedir que qualquer outro espírito se aproximasse, e assim fiz.

## Narrativa de Tobias

Foi dona Lucinda que chegando cedo à casa da sede encontrou meu filho, encolhido nos degraus, com uma grossa baba na boca e a expressão gelada da morte. Ao ver o menino tão magrinho morto ao lado da lata de veneno benzeu-se, chorou profusamente e disse: "ah, Daniel! Um menino tão bonito! Por que não o deixaram aqui na casa, conosco? Tantos quartos vagos aqui, comida boa! Por que comer veneno, menino, por quê?".

Arrependeu-se de não ter mandado comida mais vezes a ele. Tinha medo que o velho descobrisse, mas se soubesse que o menino estava tão magro, tinha ido lá ela mesma! Não era possível que num sítio de tanta fartura, um menino ficasse daquela forma... e Marialva estava tão gorda! Como podia? Fechou os olhos de meu filho achando que assim ele descansaria em paz, e foi chamar Lourenço, que chegou correndo e sem acreditar no que tinha ouvido.

Ao ver meu menino no chão, pude ver o quanto meu amigo gostava dele! Apesar do "rigor mortis" já ter começado, ele limpou Daniel e abraçando-o, chorava como menino pequeno. Parecia ter perdido o único filho que jamais teve. Quando deu com a lata de veneno, seu semblante se transformou de dor em raiva, e ele disse a dona Lucinda:

– Suicídio? Um menino dessa idade? Isso tem dedo de Marialva... eu vou lá ter com ela!

E deixando Daniel enrolado num lençol, em cima da larga mesa de madeira da cozinha, pegou do cavalo e foi ter com minha irmã, que ainda dormia a sono solto embalada pela aguardente da noite anterior.

Chegando lá, deu com a mesma sujeira de sempre, o prato de linguiças no chão que Daniel tinha jogado e Marialva roncando em cima de uma cama imunda que já não era trocada há meses. Escondendo o asco, ele a sacudiu dizendo:

– Acorda, Marialva! Acorda que tenho que falar contigo e é para já!

Ela abriu os olhos um tanto aturdida, a luz lhe incomodava como poucas vezes na vida e a cabeça lhe doía. Mas a expressão no rosto de Lourenço a assustou e ela se sentou na cama perguntando o que ele queria dela.

– Onde está seu sobrinho, velha?

Ela estranhou, ele nunca tinha lhe chamado de velha antes. Mas então deu-se conta de que Daniel não devia estar na casa, se ele lhe perguntava aquilo.

– E eu lá sei! Deve estar por aí... o moleque não me obedece! Que foi? Aprontou alguma?

Lourenço, de relho na mão, segurava o ódio porque queria saber o que tinha acontecido:

– Brigaram ontem, foi? Que houve por aqui?

Marialva entendeu aquilo como se Daniel tivesse ido fazer queixas a Lourenço. Chateou-se logo e tratou de se explicar, não queria ficar mal com o capataz, que sempre lhe trazia comida e aguardente.

– Ora... soube que ontem fui falar com o velho, não é? Pois fui, tomei banho e tudo! Se vou ficar com o filho de Flávia, tenho que ter melhores condições de criar o menino, não acha? Não posso ficar dependendo da sua boa vontade de me trazer as coisas! Então, fui pedir uma mesada, para os meus gastos pessoais e até para manter essa casa mais limpa! Sabe que não posso fazer nada com as minha dores nas costas...

Lourenço se encostou na parede da pequena varanda e nada disse, ela continuou:

– Mas, você sabe como é o velho... ele me disse que não quer mais saber da Flávia com o filho, mas que quando morrer, vai deixar tudo para o menino! Entendeu? Daniel vai ficar muito rico! Temos que tratar bem do moleque! Então ele me disse que me dava a mesada, mas que eu tinha que dizer pro menino que a mãe dele tinha morrido.

Lourenço achou que não tinha escutado direito:

– Dizer para o menino que a mãe que ele adora, tinha morrido?

Ela explicou com o maior sorriso:

– Claro, seu tolo! Assim ele não pensa mais em procurar por ela! O velho quer viver sossegado com a Flávia, sem filho nenhum! Viu que esperto!

Lourenço apoiou o rosto nas mãos e deixou correr algumas lágrimas, o que assustou Marialva que se aproximou, tentando entender o que havia se passado para que ele reagisse daquela forma. Ao vê-la tão perto, ele se descontrolou e deu-lhe tamanha bofetada que ela caiu ao chão olhando-o assustada, ao que ele disse:

– Só não lhe bato mais, porque você mesma cavou a sua própria desgraça! Anda Marialva! Vamos a pé para a sede, quero te mostrar o que te aguarda!

E a arrastou sem mais nem uma palavra até a casa principal do sítio, enquanto ela esbravejava e ele a empurrava para frente. Chegando lá, a cozinha já estava cheia de gente velando o corpo de meu filho, que tinha uma vela de cada lado, estava limpo, mas nada tirava a expressão de dor do rosto dele.

Ouvindo talvez o murmúrio da cozinha, Eleotério se levantou ainda de pijamas e foi ter com o povo reunido, se espantando muito com o movimento. Ao dar com o corpo do menino em cima da mesa, olhou a cozinheira um tanto assustado e depois olhou Lourenço, como a pedir alguma explicação. O negro apenas disse:

– Se matou quando soube da morte da mãe, senhor.

Eleotério olhou para ele muito assustado, depois olhou para Marialva e descobriu quem tinha contado a história. Deu ordem a Lourenço de: "providenciar um caixão ali no sítio mesmo, que fariam o enterro à tarde, sem estardalhaço. Todo mundo sabia que a igreja não aprovava suicídio, então não precisava de padre!".

Com isso, Lourenço entendeu que Flávia não seria avisada. Lembrando-se da boa senhora que sempre tinha sido tão gentil com ele, subiu-lhe um ódio à garganta que poucas vezes tinha sentido na vida. Pediu a um caseiro, que era também um bom marceneiro que fizesse um caixão para Daniel, coisa que ele fez rapidamente, mas o comentário da maldade do velho se espalhou pelo sítio numa velocidade espantosa, assim como os maus-tratos de Marialva para com Daniel, e se ela já não era querida antes, agora era odiada.

Lucinda ficou tão sentida que ao saber do motivo da morte de Daniel, propôs que rezassem por ele uma novena inteira, o que as senhoras mães do sítio realmente fizeram e que deu ao meu filho algum alento, fazendo com que ele, ao longo de algumas semanas, finalmente conseguisse se levantar da carne e ouvir os meus apelos desesperados de pai!

Enterrado numa parte distante das casas do sítio, lá fiquei com ele, pela primeira vez em anos orando e pedindo a Deus que tivesse piedade não de mim, que eu não merecia, mas de meu filho, que tinha passado por tanto sofrimento! E foi numa noite dessas, onde eu tentava ter paciência, e tinha me esquecido ao menos um pouco do ódio e da vingança, sempre presentes em meu coração, que eu vi uma presença brilhante se apresentar ao meu lado, e nela vi o vulto de minha mãe. Sorri para ela de imediato, mas depois, sabedor de minha situação, envergonhei-me, mas ainda assim pedi a ela:

– Mãe! Socorre Daniel! Olha o sofrimento de meu filho,

que aqui está, ainda junto ao corpo, sentindo as dores atrozes do veneno!

Tão bonita ela estava quando sorriu tristemente e me disse:

– Ah, Tobias! O que você vê como um menino é um espírito milenar, que tantas vezes já caiu pela senda do suicídio! E agora novamente incorre neste erro fatídico, impulsionado, é claro, pelos maus-tratos dados a ele... mas se tivesse superado essa prova, que vitória não seria! Ele tinha escolha, meu filho, na realidade, sempre teve! Cumpre a nós agora ajudá-lo, mas que oportunidade perdida...

Olhei para ela sem entender, pois não esperava por aquilo! Sempre achei que minha mãe defenderia o neto como uma leoa. Tantos crimes tão mais graves, por que uma punição tão séria a um suicida? Por que ficar preso ao próprio corpo? Lendo meus pensamentos, ela me explicou:

– Não seja tolo, Tobias! Acredita num Deus assim mesquinho, disposto a torturar a quem já sofre? Deus é amor, meu filho, um amor tão grande que não temos ainda condições de entender! Somos pequenos grãos de areia num universo infinito, mas também somos feitos de energia, meu amado. Condensada num corpo físico para existir na Terra por um determinado tempo, e o nosso Daniel, por desespero, abreviou esse tempo. É causa e consequência.

– Como assim? – perguntei.

– Era um menino jovem, começando a vida, embora já estivesse doente e bastante debilitado. Podia ter fugido antes e ter ido falar com a mãe, ou simplesmente ido embora e tentar a vida no mundo. Qualquer lugar poderia ser menos perigoso do que onde estava! Ali, embora ele não soubesse, tramavam a sua morte diariamente e foi o que acabou acontecendo. Quando uma pessoa boa cruza os braços, os maus podem tomar conta!

Refleti na sabedoria das palavras dela, que continuou:

– Boa parte dos suicidas fica presa ao corpo pela energia vital ainda não ter se esgotado. Somos todos ligados ao nosso corpo por cordões, ou laços vitais, que vão sendo desligados um a um na hora da morte natural. Em caso de desastres ou assassinatos são desligados quase que de uma só vez, com a ajuda muitas vezes de espíritos que já estão por ali, cientes da desencarnação, e embora o espírito costume ficar meio atordoado, logo é induzido a um sono profundo e se adapta. Vários espíritos ajudam nessa tarefa quase sempre. Mas os suicidas, cortam eles mesmos os seus próprios laços, escolhem seu momento de partida, logo, não costumam ter quem os acolha, então a energia fica difusa e confusa e o espírito, amedrontado, não raras vezes materialista, que acha que com a morte tudo se acaba, costuma ficar preso durante anos no próprio corpo. Daniel está com medo, sentiu uma dor dilacerante, não entende que não tem mais corpo, por isso encarcera-se por ali. Ouviu durante sua vida inteira que suicidas vão para o inferno, logo, sair do corpo para quê?

Olhei para meu filho com desalento. Observei minha mãe lhe dando passes vigorosos. Ela me disse algo que me encheu de esperança:

— Não perca a fé, seu menino não há de ficar muito tempo assim! Estava tão doente, com a mente tão debilitada, a imunidade tão baixa que isso já em si, tornou seus laços mais débeis e fracos. Daniel em breve estará contigo, confuso e atormentado, que a hora da desencarnação dele já se aproximava! Não notou que seu filho estava já em sério desequilíbrio mental, sem nenhuma vontade de prosseguir vivendo?

Olhei para ela e só então me lembrei da "nuvem cinza" que envolvia o meu menino, que lhe tirava a fome, o brilho dos olhos e o fazia chorar continuamente, até que, mesmo as lágrimas secaram. Assenti com a cabeça e ela me respondeu:

— É uma tristeza que já vinha de outras vidas e aflorou. Pena que ele não resistiu e lutou! Mas logo estará contigo, o organismo estava frágil, Tobias. Acolhe bem o seu filho e encaminha-o para o bem.

Em seguida, ela me olhou com ternura, me disse que tivesse

fé e parasse com "isso de vingança", e se foi. Já se fazia quinze dias da morte de Daniel, vendo que ele estava mais tranquilo depois da visita de minha mãe, resolvi naquela manhã andar pelo sítio, a ver como as coisas andariam por lá. Eleotério novamente voltava ao sítio para ver "seus negócios", como sempre dizia e eu dessa vez, o olhei e em meu coração não consegui sentir nada, nem ódio, nem raiva, nem coisa alguma que não fosse desprezo. Deus sabe por que eu tinha finalmente me cansado, talvez porque ele tivesse ajudado a corromper de fato a única pessoa que me importava: meu filho!

Mas com Lourenço tinha sido diferente... se os outros achavam que o bom negro tinha apenas ficado mais sério com a morte do menino, é porque não o conheciam bem. A morte de Daniel tinha atingido Lourenço duramente, nem mesmo ele sabia que tinha se apegado tanto ao garoto! Bom de coração, detestava injustiças e tinha reparado há muito, nas maldades do velho e de Marialva... ele, que nunca tinha tido inveja, ou julgado mal quem quer que fosse, agora maquinava vinganças em sua cabeça.

Primeiro ele pensou em contar tudo para dona Flávia. Mas depois pensou: "se ela gostasse mesmo do menino, tinha vindo aqui ver ele!" e então decidiu não ir. Que engano! Flávia daria a vida pelo filho, mas o ódio nubla o julgamento! Depois de muito matutar, disse para si mesmo: "do que é que o velho mais gosta? De dinheiro! O velho mata por dinheiro! Então o velho, vai ficar sem dinheiro...".

E estava pensando nisso, quando se lembrou de Marialva, sozinha naquela casinha imunda, com as suas aguardentes. Não, ela tinha que pagar também. E foi justamente pensando nisso que perguntou a Eleotério se queria mantê-la ali para sempre. E terminou dizendo que "tem caseiro dizendo que não aguenta mais os escândalos dela. Duas famílias muito boas estão pensando em pedir as contas!".

Eleotério não poderia ter ficado mais bravo, mas disse:

– O problema é que, se a toco daqui, ela pode querer ir ficar com a minha mulher, e aí a minha paz acaba de vez!

Mas Lourenço já havia pensando nisso:
— Não existe um sanatório para doidos perto da Capital? Leve ela para lá. Por um dinheiro muito menor o senhor interna ela e termina com o problema. Ela não é certa da cabeça mesmo!

Eleotério sorriu da ideia, que não podia ser melhor! Felicitou Lourenço por lhe livrar finalmente de tal incômodo e não demorou dois dias para que Marialva fosse levada, de camisa de força, para o sanatório em questão. Ficava a menos de duas horas de carro da vila, e ao que se soubesse, ninguém saía de lá.

Aos poucos fui cuidando de Daniel, que fora finalmente do corpo, começou a apresentar algumas melhoras. Às vezes eu ainda voltava ao sítio e notava realmente sinais de empobrecimento de Eleotério para desespero dele: era gado que morria e ninguém atinava o porquê. Lavouras que davam praga, criação, nada vingava. Até um pai de santo foi chamado, mas os caseiros foram saindo um a um, dizendo que era o "espírito do menino Daniel" que estava assombrando o sítio. Eu ri muito daquilo, pois sabia muito bem quem era o "espírito" responsável. Lourenço conseguia o que queria finalmente. Divertido com o empobrecimento do velho, às vezes o seguia até sua casa na vila, e via Flávia, cada vez mais impaciente por ir ver o filho no exterior.

Num belo dia, depois de mais de um ano da morte de Daniel, cismado com o derrocar do sítio, Eleotério chegou em casa com uma carta na mão e pediu para falar com Flávia. Vi minha mulher chegar muito bela, apesar de magra, num vestido amarelo com um belo chapéu e parar de frente a ele, mostrando a bela roupa:

— Gostou? Mandei fazer com a dona Regina! Como vamos viajar em dez dias para ver meu menino, quis uma roupa nova. Acha que Daniel vai me achar bonita?

Eleotério olhou a bela mulher, a quem o tempo agraciava com ainda mais beleza, se é que aquilo era possível. Flávia, que jamais lhe pedia uma joia ou qualquer agrado, tinha lhe pedido o impossível: visitar o filho no exterior, que já não se aguentava de saudades dele!

Naquele ano da morte do filho, algo de que ela nem suspeitava ou teria enlouquecido, ela tinha adoecido, ficado sem comer, suspirava pelos cantos... a isso tudo ele amenizava trazendo sempre "notícias fantásticas" de como o menino estava indo bem nos estudos, que era o primeiro da classe, que a cidade que estava era linda! Chegou a conseguir cartões postais de Nova York que encantavam os olhos da mulher e a faziam crer que seu menino estava "brilhando com sua inteligência" num lugar cheio de luzes como aquele! Mas, há coisa de seis meses, enlouquecida de saudades, ela criou coragem e pediu ao marido: "se ele não pode sair de lá, quero ir vê-lo".

Quando ela lhe pediu isso, o velho lembrou-se imediatamente do menino magro e enterrado num caixão pobre num canto do sítio. Olhou a bela mulher à sua frente, que era a razão de sua vida, pois nunca tinha gostado de alguém como amava Flávia e disse:

– Levo sim, minha querida. Mas preciso primeiro do dinheiro da safra e de vender umas cabeças de gado. Uma viagem dessas é cara, precisa de documentos que demoram... não se vai a Nova York do dia para a noite, Flávia.

Ela aceitou, com uma nova esperança no olhar. Enfim veria o seu menino! E assim ele foi enrolando esses últimos seis meses, dizendo a ela que estava providenciando tudo, que tinha comprado as passagens num cruzeiro, pois tinha medo de avião, deixou que ela fizesse um enxoval novo para o filho, o que a fez razoavelmente feliz nesse período. E agora, há dez dias da viagem, lá estava ele, cabisbaixo enquanto ela mostrava feliz o vestido amarelo, única roupa nova que tinha feito desde que se casara com ele, e que fizera para ver o filho em Nova York.

Ele a olhou com um ar compungido e disse:

– A roupa está muito bonita, minha bela! Mas em você, qualquer coisa cai bem, Flávia! Peço que se sente, tenho que lhe dar uma notícia que não é boa, recebi uma carta hoje, do diretor da escola.

Ouvi o coração de minha amada bater mais lento e ela empalidecer levemente. Sem nada dizer, ela se sentou e esperou que ele falasse, com medo do que ele diria. Vendo que ela nada perguntava, Eleotério disse:

– Não tenho outra forma de lhe dizer isso, minha amada! Sabe o quanto eu estava feliz de fazer essa viagem contigo, já tinha até os nossos passaportes, conforme eu lhe mostrei. Mas o destino, Flávia, às vezes é cruel conosco!

Agora, realmente pálida em seu vestido amarelo, minha esposa perguntou:

– De que fala, Eleotério? O que houve?

Ele abaixou a cabeça, seu rosto mal se via debaixo do chapéu de feltro verde:

– Infelizmente, de acordo com a carta do diretor do colégio, nosso menino Daniel ia participar de uma prova em outro Estado nos Estados Unidos e para isso pegou um avião que ia para a Flórida. Iam vários estudantes, só os melhores de lá e o avião caiu no mar. Não houve sobreviventes!

Flávia recostou-se no encosto da poltrona, tirou o chapéu que estava preso à cabeça e eu pude ver o olhos verdes mareados de lágrimas. A respiração interrompeu-se por quase um minuto, enquanto ela tentava processar a ideia de que a última vez que ela tinha visto seu menino, foi na porta daquela escola maldita, perto da Capital e depois, nunca mais! Assustado com o silêncio da mulher, Eleotério pediu a Paulina uma água com açúcar para acalmar a mulher, que permanecia estática, mas que finalmente voltava a respirar, em arfadas fortes, como se o corpo tentasse voltar à vida. Depois de tomar a água, ela finalmente disse-lhe:

– Deixe-me ver a carta!

A carta, escrita em letra elegante, mas em papel sem timbre, deve ter sido escrita, sem dúvida, por algum amigo letrado de Eleotério. Vinha sem envelope, assinatura ininteligível, contando exatamente o que o velho tinha lhe contado. Depois de ler e examinar a carta, conforme tinha feito com todas as outras, Flávia ergueu a sobrancelha esquerda e disse para o marido:

– Onde está meu filho, Eleotério? No fundo do mar americano, dormindo com os peixes? É nisso que quer que eu acredite?

Ele espantou-se muito com a dúvida dela, nunca antes manifestada e quis zangar-se. Ela o calou:

– Sempre achei que você me amasse e que seguiria o nosso trato, como eu o segui. Não tenho sido uma boa esposa? Acreditei em você até agora, mas um papel escrito, sem timbre de escola, não vale a vida de meu filho! Onde está meu Daniel, Eleotério? Acreditei que não abriria mão da minha presença, estava assim enganada?

Notei, com prazer, o velho perder a cor das faces:

– Vai me deixar? Tenho culpa de um avião cair na América? Depois de tudo que fiz pelo menino? Ingrata!

Flávia o olhou desconfiada e só então disse:

– Posso estar enganada, mas não acredito na morte de meu filho! Se tal aconteceu, não tenho mais motivo algum de estar viva! Vou para o quarto de hóspedes, deixe-me descansar.

Deixando o velho enlouquecido na varanda, Flávia foi para o quarto de hóspedes e pediu a Eliana, a copeira, que levasse todas as suas roupas para lá. Desconfiada estava há bastante tempo, mas não acreditava que seu marido tentasse algo sério contra Daniel. No máximo tentar afastá-lo dela com os estudos, como ela achava que vinha fazendo... devia saber desde o início, que se algo acontecesse ao menino, ela desapareceria. Tinha estranhado a história do exterior, mas eram tantas fotos de cartões-postais elogiando o desempenho de seu filho! Mas aquela morte tinha sido muito "providencial". Que tinham feito a seu menino? Iria procurar Marialva, quem sabe ela não lhe diria algo? Estava no sítio e era muito ligada a Eleotério, devia saber de algo... tinha um bom dinheiro que sobrava das despesas, no dia seguinte iria.

E foi. Assim que o marido saiu de casa, pegou um carro de

aluguel e se dirigiu ao sítio. Estranhou muito as pequenas lavouras devastadas, o pouco gado e chegando na casa da sede, deu com Lourenço que não fez uma cara boa quando a viu, mas ainda assim a cumprimentou. Perguntando por Marialva, ele disse a verdade: que Eleotério a tinha colocado num manicômio, já que ela tinha começado a beber muito e a incomodar os caseiros. Flávia espantou-se com a "sorte" da cunhada, mas perguntou ao motorista do carro se sabia onde ficava o "asilo de loucos" e ele disse que sabia e a levou lá.

Chegando ao manicômio, depois de duas horas e meia de viagem, Flávia parou diante do prédio com altos muros e ponderou que nunca tinha achado que Marialva terminaria daquela forma! Era preguiçosa e embusteira, mas louca? Longe disso! Foi com esse sentimento de piedade que bateu palmas diante do grande portão de ferro e foi recebida por um assistente com cara de poucos amigos, mas ao saber que era visita para um dos internos, ver o carro de aluguel e moça tão bem-vestida, deixou logo que ela entrasse.

Se de fora, o prédio não era hospitaleiro, de dentro fazia medo. Não consigo até hoje atinar se havia mais vivos ou mortos no lugar, pois a quantidade de obsessores era muito grande e ao me verem entrar, não fizeram uma cara boa. Pobres almas aprisionadas, Deus sabe há quanto tempo, por sentimentos tão nefastos, que chegavam realmente a perder a sanidade. Os muros antes caiados de branco, estavam sujos de excrementos em diversas partes, alguns estavam nus, mesmo em clima frio e outros se sentavam nos cantos, encolhidos. Os aprisionados com debilidade mental eram numerosos, sendo que muitos eram agressivos e Flávia passava pelo meio deles no pátio, procurando pela cunhada, bastante assustada com tudo que presenciava. O atendente, a quem eles respeitavam, disse-lhe:

— Sinto que veja essas coisas, senhora. Mas as famílias os abandonam aqui porque são de difícil convívio. A maior parte é realmente muito agressiva e, sua cunhada, não fica atrás... mas já andou apanhando muito. É impaciente a Marialva, não? E não gosta de trabalhar também, mas aqui já aprendeu que para ficar longe desses daqui, é mais seguro trabalhar na lavanderia. Por isso está lá. Trabalha devagar, mas trabalha! É isso, ou vem pro pátio junto com esses...

Flávia riu por dentro: então Marialva finalmente laborava? Conseguiram o impossível! Pensei comigo mesmo: se ela soubesse o que a cunhada tinha feito a seu filho, teria pena dela? Não acredito... eu não tinha!

Entrando no ambiente da lavanderia, cheio de vapor e cheiro de soda, ela finalmente avistou Marialva, que estava lá há um ano. Completamente grisalha e com um dos olhos inutilizado, ela ergueu o olho bom para Flávia e parou de mexer o tacho com roupa limpa e fervente para encarar minha esposa, linda em seu costume cinza e bem cortado. Limpando as mãos, agora grossas, nas ancas, veio ter com ela:

– Com que então, veio finalmente me ver, cunhada? Como soube que eu estava aqui? Aquele demônio do seu marido contou?

Sem saber direito o que fazer, Flávia, que de nada sabia, deu-lhe um leve abraço e disse:

– Meu marido não sabe que estou aqui. Fui ao sítio, perguntar de ti e me informaram do ocorrido. Que foi que houve para te colocarem aqui? Disseram-me que você se viciou em bebida, é verdade?

Marialva, que de doida nada tinha e raciocinava muito bem, logo viu que poderia tirar alguma vantagem dali!

– Que gente má! Foi isso que lhe disseram? Já me viu embriagada, por acaso? É verdade que numa reunião tomei um vinho e passei mal, mas foi só isso. Colocaram-me aqui, porque eu não concordava com as maldades do Eleotério! Aquele velho sim é uma cobra peçonhenta! Colocou-me aqui para eu não falar!

Flávia sentiu uma dor sem limites no peito:

– Não falar o quê, Marialva? Isso tem algo a ver com meu filho, Daniel?

Ela a olhou como quem sabe que pode tirar proveito. Não queria mais ficar no sanatório, apodrecer em vida ali. Só então disse:

– Tem a ver com Daniel, sim! Tire-me daqui que eu conto tudo que você precisa saber!

CAPÍTULO 27

# A BUSCA DE FLÁVIA

### NARRATIVA DE TOBIAS

Para onde nos levam as escolhas que fazemos nesta vida? Olhando naquele momento para Flávia e Marialva, pensei comigo mesmo no que aconteceria se minha esposa a tirasse dali e descobrisse o que tinha se passado com o filho dela. Sabedor de seu sofrimento, tive medo que enlouquecesse com o destino do menino que tinha sido a luz de seus dias e que por outra escolha sua, tinha terminado sua vida em total desespero. Óbvio que ela não tinha culpa, que tinha sido enganada, mas não seria outra tragédia que se desenharia diante de meus olhos?

Lembrando-me ainda do enorme sofrimento de Daniel em seus primeiros tempos depois de morto, temi que Flávia fizesse o mesmo por loucura ou desespero e me acerquei dela a gritar: "não ceda a Marialva, esquece tudo isso! Nosso menino está comigo, está melhor do que quando estava vivo. Deixe-a onde ela está!".

Mas o coração de minha esposa ainda o imaginava vivo, não

tinha conseguido aceitar a morte de Daniel, apesar de desconfiar que Eleotério o estava afastando dela. Imaginava-o no exterior, mas se não estava lá, devia estar por aqui, pensava. E se Marialva sabia onde estava o menino, ela a tiraria dali.

Sem mais o que pensar, ansiosa por ver o filho e fugir com ele para o mais longe possível, ela foi falar com o diretor do manicômio, que estranhou ver senhora tão bela e bem-vestida querer retirar uma de suas internas. Depois de breve conversa e constatar que eram parentes, ele não se opôs. O caso de Marialva era de alcoolismo e de agressividade, não de insanidade e ter alguém que a tirasse de lá, francamente, era um problema a menos. Assinados os papéis, eis Marialva em suas roupas velhas, agora bem mais largas, enxergando apenas de um olho e completamente grisalha. O ano, passado na instituição, a tinha envelhecido ao menos quinze anos, e a mulher que ia ao lado de Flávia, pensava em vingança.

Mal entrou no carro, Flávia perguntou:

– Pronto, está fora! Agora me diga, onde está Daniel? Onde Eleotério o colocou?

Marialva olhou para ela e sorriu com descaso:

– Só agora vai atrás de seu filho? Que foi? Separou-se? O velho sabe que está aqui?

Flávia olhou para ela com uma raiva malcontida:

– Ele me disse que meu menino estava estudando no exterior. Quando íamos para lá vê-lo, algo deu errado. Suspeito que esteja por aqui e ele esteja escondendo Daniel. Não fiz outra coisa nesse tempo todo que não fosse chorar e rezar pelo meu menino! Você sabe muito bem o motivo pelo qual me casei... disse saber de Daniel, agora fale, ou a deixo aqui mesmo, no meio da estrada.

Marialva riu, divertida:

– E vai ficar sem pista nenhuma dele? Não acredito que faça isso!

Flávia olhou a cunhada e perdeu a paciência:

– Motorista, por favor, pare o carro. Dê meia-volta, vamos

voltar ao manicômio, achei que podia ajudar, mas como o senhor vê, continua doida!

O motorista, que ouvia naturalmente toda a conversa, parou o carro e já ia engatando a ré, quando Marialva disse:

– Está certo, Flávia. Comportei-me mal. Vamos para o sítio de seu marido... lá eu te conto, e outras pessoas também, o que houve com Daniel.

E depois de Flávia perguntar ao motorista se ele podia dormir no sítio, que ela pagaria em dobro o seu tempo, seu Acácio, que era um senhor já de meia-idade disse que: "está tudo certo, dona. Eu também tive filhos, sei como a senhora se sente, não se preocupe. Sou viúvo há muitos anos, não tenho ninguém que me espere, levo-a ao sítio e aonde mais a senhora quiser. Precisa pagar em dobro não, basta cama e comida! Pode contar comigo". Flávia tinha ganho um admirador, que ficara penalizado com as suas lágrimas de angústia durante o trajeto.

Penalizado, observei que minha esposa tentava a todo momento espantar a ideia de que o menino pudesse estar morto. Não conseguia conceber a vida sem Daniel! Longe dela durante todo aquele tempo, finalmente soube o que tinha sido para ela o período da distância: religiosa, Flávia havia se dedicado aos menores carentes da igreja junto com o padre, para com isso tentar afastar um pouco a saudade do filho! Pensava agora nos inúmeros rostinhos que tinha atendido, levando um agasalho, providenciando comida e contando histórias durante todo o tempo, três vezes por semana, na paróquia local, que ficava a duas quadras de sua casa. Quanto sua máquina de costura tinha laborado pelas crianças alheias, será que ela agora saberia que o próprio filho passou por tanto frio, encolhido no quarto frio e imundo da casa de Marialva? Que ficava sem roupas para vestir devido à sujeira do ambiente?

Marialva ia calada, já não sabia se tinha sido boa ideia levar Flávia para o sítio. Falariam mal dela, com certeza! Não poderia deixar ninguém chegar perto... fingiu dormir no assento do carro para poder pensar melhor e só sabia de uma coisa: culparia Eleotério por tudo! O miserável pagaria caro por tê-la colocado naquela casa de doidos!

Lia seu pensamento como numa tela: "só Deus sabe das surras que levei... até perder um olho perdi! Gente sem respeito nenhum, gente pobre, gente ruim. E ainda tinha que lavar a roupa suja deles! Mas vou descontar em você, Eleotério, você que me aguarde! Gosta de Flávia, não é? Pois a ela não verá mais!".

Pensei que se o amor nos cega, o ódio nos tira completamente o juízo! Não sabia ela da capacidade de fazer mal de Eleotério? Alguém pobre como Marialva deveria ter o mínimo de cuidado antes de afrontar alma tão perniciosa e vingativa como ele. O que esperava a tola? A morte?

Ainda assim dirigiam-se para o sítio no silêncio da noite, quebrado apenas pelo barulho do motor do carro que só parou diante da porteira principal e depois, diante da casa. Já tinha escurecido há um bom tempo. Lourenço chegou no portão da varanda com uma espingarda em punho e quando deu com Flávia descendo do carro, franziu o cenho meio assustado, mas mais surpreendido ficou, quando viu Marialva, com o cabelo completamente branco, uns quinze quilos mais magra e só com um olho aberto. Estranhando tudo aquilo, abriu o portão e perguntou:

– A senhora trouxe bagagem, dona Flávia? O patrão vem também?

Flávia olhou-o com seriedade e respondeu:

– Não, Lourenço. Vim para conversar contigo e com Marialva. Por favor acenda os lampiões da sala que vou passar um café. Este senhor que nos trouxe, dormirá aqui. Providencie uma cama com lençóis limpos, eu mesma coloco na cama depois.

Ele estranhou aquilo ainda mais, mas vendo a ex-mulher calada e olhando-o desafiadoramente, fez o que lhe era pedido.

Flávia tirou o chapéu, encaminhou-se à cozinha e como tinha fome, imaginou que os outros também tivessem e fritou ovos, pães com manteiga, ferveu leite e colocou umas fatias de carne de porco que estavam numa lata para tostar. Logo, o cheiro de comida encheu a sala e todos se sentaram. Ela fez uma refeição leve e assim que viu que estavam satisfeitos, mas não cheios, olhou para Marialva e perguntou:

– Agora é hora, Marialva. Espero por meu filho por tempo demais. Onde está Daniel, que sabe sobre meu filho tão amado?

Marialva empalideceu, mas foi Lourenço, que tinha sentido a morte de Daniel como um divisor de águas em sua vida, quem falou primeiro, movido pelo sofrimento que lhe invadia os dias:

– Só agora, senhora, vem pedir para saber de seu filho? Há quanto tempo não o vê?

Flávia o olhou sem nada entender, mas respondeu:

– Faz um ano, nove meses e seis dias. E não há um dia que eu não chore de saudade dele! Disseram-me que estava no exterior, estudando e que eu não podia vê-lo por estar indo muito bem nos estudos e ser muito caro ir lá, mesmo assim, agora eu ia. Desconfio que mentiram para mim. Sabem de meu filho? Onde meu filho está?

Ao ver as lágrimas nos olhos dela e lembrar-se do carinho com que ela tratava Daniel, Lourenço imaginou que aquela mãe não estava mentindo, ou não estaria ali. Sabia agora da extensão da maldade de Eleotério e não duvidava que tivesse enganado a bela mulata, por quem tinha paixão e imensos ciúmes. Ele baixou a cabeça e respondeu:

– Acho que me enganei com a senhora... queria ter sabido antes! Seu filho esteve realmente aqui conosco, dona Flávia.

A partir daí, ele contou o mês em que Daniel tinha chegado ao sítio e ela deduziu que tinha sido, mais ou menos, a data em que Eleotério tinha dito que ele foi para o exterior. Flávia colocou a mão na boca sem acreditar, só então disse:

– Mas veio para cá? Por que não o levou para a nossa casa? E o menino estava triste? Foi expulso? Meu filho?

Lourenço explicou da discriminação sofrida por conta da raça e Flávia chorou amargamente, pois sabia que Daniel jamais tinha passado por isso antes. Sabê-lo sem consolo e orientação carinhosa da mãe, deixou-a sem palavras, até que ela caiu em si e perguntou onde ele tinha ficado no sítio e ele respondeu, que por ordens de Eleotério, ele tinha ficado com Marialva. Ela finalmente olhou para a cunhada e perguntou:

– E vocês ficaram aqui, nesta casa?

Minha irmã respondeu, com satisfação:

– Claro que não! Seu marido nos colocou numa casinha pobre, longe daqui, com água de poço! Imagine se eu, com as minhas costas, consigo ficar tirando água de poço e cozinhando em fogão a lenha!

Flávia a olhou enraivecida:

– Sempre se fazendo mais do que é, Marialva! Não foi assim que nossas mães cozinharam a vida inteira? A casa não vivia limpa e cheirosa? Nós não fomos bem criadas? Que tratamento deu a Daniel, Marialva, você, que com água encanada mal lavava as suas roupas?

Ela se fez de desentendida:

– Ora, fiz o que pude! Sabe como sou doente! Mas não maltratei o menino. Era meu sobrinho, não o trataria mal!

Lourenço interrompeu Marialva:

– A senhora querendo, levo-a na casa onde ela ficou com o menino. Está lá, tal como ela a deixou... ninguém mexeu em nada. Estava tão suja que ninguém quis ficar no lugar! E ela bebia, dona Flávia. Ainda tem um monte de garrafas de cachaça no local... não era lugar para crianças.

Minha irmã o fuzilou com os olhos:

– Mas isso tudo é culpa de Eleotério! Sabia que eu era doente e quis que eu ficasse com o menino. Por que não o levou para a mãe? Sabia que Flávia queria o filho mais do que qualquer coisa no mundo! O pessoal aqui no sítio acha que você, cunhada, abandonou o menino para viver na riqueza! Se soubessem! Era tudo ciúme do velho que não queria dividir a mulher com o filho! Não precisava ter acabado tudo como acabou!

Anos de sofrimento apareceram no semblante de minha mulher que, finalmente, começava a entender que seu menino podia não estar mais no reino dos vivos.

– Fala de Daniel no passado, maldita! Não posso crer que um menino, que agora vai fazer quinze anos, não esteja mais entre nós! Eleotério não seria louco a ponto de mandar matá-lo! Que houve com meu filho? Ele fugiu? Por que não me procurou?

Foi Lourenço quem respondeu, da vergonha de Daniel de não ter ido bem na escola, das reprimendas que Eleotério sempre fazia dizendo da vergonha que a mãe dele sentiria ao vê-lo fracassar e do mal que isso fazia ao menino. Flávia não acreditou que o filho se sentisse tão abandonado e desesperançado a ponto de se esquecer do amor que tinham, mas a humilhação na escola tinha surtido seus efeitos. Aos poucos, o bom negro contou a ela dos maus-tratos sofridos por longos períodos, da falta de alimentação, do frio na casa de Marialva, das surras e da tristeza do menino, cuja única esperança, era ver novamente a mãe.

Em meio a tudo isso, Marialva esbravejava e culpava Eleotério. Flávia já não a olhava mais, enojada de ter acolhido em casa pessoa que tinha transformado a sua vida em tamanho inferno. Finalmente tinha notícias reais de seu filho, e quem as contava, era quem ela nunca esperava que contaria: o fiel empregado de seu marido! Olhou Lourenço com amizade e entendeu o quanto aquele senhor devia ter amado o seu menino.

– O senhor gosta muito de Daniel, não é mesmo?

Lourenço tinha os olhos rasos d'água:

– Soubesse a senhora o quanto me arrependo por não ter feito mais! Quantas vezes levei comida para lá e essa daí (apontava para Marialva) comia tudo? Pegava as roupas do menino para lavar aqui e ela, de raiva, às vezes sujava, queria que lavasse as dela também! Depois começou com a cachaça! Perturbava os homens das outras, era uma confusão só. E o menino, ela tratava de escravo se pudesse... era o único a tirar água do poço!

Depois de esbravejar, olhou novamente para Flávia:

– Cheguei a pensar mal da senhora. Desculpe-me, não sabia... Daniel foi o filho que eu não tive. Antes gostava de andar a cavalo comigo, andava pelo sítio todo, os caseiros gostavam dele! Estava aprendendo tudo comigo, inteligente como ele só! Mas foi perdendo o brilho, era muita pancada! A senhora pode acreditar que se tem alguém que sente falta do moleque, quase tanto quanto a senhora, esse alguém sou eu. Mas quem faz, dona Flávia, paga!

Ela teve medo de perguntar, o dia já estava amanhecendo e ela temia pelo pior, mas perguntou:

– Pode falar, Lourenço. Que foi que Eleotério fez com Daniel?

E ele falou da tosse que Daniel pegou, da rejeição à comida, das noites de frio. Falou da dependência ao álcool que Marialva tinha desenvolvido com rapidez e da conversa dela com o velho Eleotério. Nesse ponto Marialva interrompeu e disse:

– O velho me falou que ia ficar tudo para Daniel, Flávia! Que tudo ia ser dele! Pensei logo no menino rico, cheio de fortuna, que esse velho não ia durar para sempre. E depois, ele ia me dar dinheiro para cuidar melhor dele, ia contratar uma mulher para dar um jeito na casa, limpar, cozinhar. Achei que tudo ia ficar bem...

Flávia olhou Marialva e perguntou com frieza:

– Sei... meu filho estava muito doente, ele lhe prometeu dinheiro. Conheço Eleotério, ele não promete dinheiro a toa, que foi que lhe pediu em troca?

Marialva silenciou e Lourenço tomou a palavra, enquanto os primeiros raios de sol invadiam a sala:

– Não vai falar, peste? Pois eu falo. O velho mandou que ela dissesse a Daniel que você tinha morrido. Não queria que o menino pensasse em fugir e fosse lhe encontrar em sua casa, desmascarando a mentira.

Flávia tonteou. Tentou imaginar um Daniel doente, magro, sofrido e com a notícia de que ela havia falecido. Não conseguiu.

– Disse a ele que eu morri, estando eu viva e bem? Disse isso a um menino doente? Teve essa coragem, sua louca? Não sabia o quanto nos amávamos? E como ele ficou depois disso?

Marialva disse logo:

– Eu não tive culpa! Tinha bebido um pouco e adormeci! Ia lá adivinhar que ia acontecer o que aconteceu? Achei que ele fosse dormir!

Flávia olhou com os olhos em brasa para Lourenço, que já não queria falar mais nada, e perguntou:

– Por favor, conte-me, Lourenço. Termine a história. Sou mãe, tenho esse direito.

Lourenço baixou a cabeça, concordando com ela:

– Tudo que sei, dona Flávia, é que acordei com Lucinda, que é a empregada aqui da casa, chorando muito diante do corpo de seu filho, que mastigou veneno de rato e morreu ali na escadinha da cozinha para o quintal, sozinho. Foi a coisa mais triste que já vi na vida... foi sepultado aqui mesmo, no sítio. Estava tão magrinho, que quase não pesou no caixão. Desde lá a minha vida não tem sido a mesma, sempre me perguntando se não podia ter feito mais pelo menino, se soubesse como estava a senhora, juro que tinha feito diferente!

Ouvindo isso, Flávia finalmente perdeu os sentidos e eles a colocaram deitada no sofá, enquanto Lucinda chegava e com muito susto, observava a cena.

Do lado de cá, do plano espiritual, observei minha esposa sair do corpo em desespero, a gritar pelo filho e finalmente me enxergar e correr até mim num abraço desesperado:

– Tobias! Perdão meu marido! Que fiz com nosso filho! Onde está Daniel, Tobias? Dizem que os suicidas não têm perdão... fui a pior mãe do mundo, meu marido. Eu que mereço o inferno, não nosso filho!

Feliz de finalmente poder falar com ela, agradeci a Deus a chance de conversar com minha amada e poder acalmá-la no momento mais terrível de sua vida:

– Não diga isso nem de brincadeira, minha amada! Tenho acompanhado os seus dias de dor, e sei perfeitamente o que vai no seu coração de mãe! Quem nunca se enganou, Flávia? Foi iludida! A maldade lhe rondou durante todo esse tempo, e agora se culpa por maus atos alheios.

Ela não conseguia se acalmar:

– É bom comigo, sempre foi! Nosso filho se suicidou por dor! Era meu dever cuidar dele e deixei que aquele velho nojento o matasse com suas maldades. Você viu nosso Daniel, Tobias? Devo me matar para vir cuidar dele?

Meu medo se materializou e eu a abracei com força:

– Nunca, Flávia, repita tamanha sandice! Não confia mais em mim? Nosso filho ficou contigo até agora, daqui por diante, eu tomo conta dele! Ele se recupera, já está ficando mais forte e não sofre mais frio ou fome. Aqui tem o pai do lado que o protege de qualquer mal. Fique tranquila, minha querida. A morte não é o final, apenas o começo de uma nova vida. Não crê no Cristo?

Ela, que sempre tinha sido uma crente ardorosa, me olhou com fé:

– Creio. Sempre tive fé.

– Acredita então que seu filho ficaria abandonado num vale de lágrimas qualquer? Ele tem pai, Flávia, que lhe acompanha há anos. Afaste-se de Eleotério, dedique-se ao bem, como tem feito sempre e um dia nos encontraremos. Não se entregue ao desespero! Daniel está comigo e estará bem!

Ainda em lágrimas, ao lembrar-se de sua fé e ouvir minhas palavras, ela pareceu acalmar-se. Deixei-a um tanto adormecida voltar ao corpo e fiz fervorosa prece de agradecimento a Deus por ter me deixado falar com ela. Tanto medo tive que ela perdesse a cabeça com a informação, e ela ainda tinha tido a notícia com detalhes. Olhei Lourenço que, preocupado, a olhava no sofá, o belo rosto descorado e Lucinda sem saber se a fazia cheirar cânfora ou não. Vendo a respiração voltar ao normal, decidiram por deixá-la descansar um pouco.

Devia ser sete horas da manhã e o motorista tinha ido dormir. Marialva agora tinha invadido um dos quartos e roncava a sono solto, Lourenço comentou com Lucinda:

– Não sabe o quanto nos enganamos com essa senhora! Nunca vi uma maldade tão grande ser feita!

Lucinda, admirada com a beleza de Flávia, disse:

– É mesmo bonita a mãe de Daniel. Por que não vinha ver o menino?

Lourenço explicou-lhe com detalhes, o que deixou a cozinheira boquiaberta, quando terminou ela disse:

– Mas que velho miserável! Tanto que o menino sofreu esperando a mãe! Quer dizer que ela se casou para o menino ter uma chance de estudar e ser feliz na vida, e o desgraçado me faz isso com o Daniel? Só matando!

Lourenço concordou com a cabeça. Flávia aos poucos abriu os olhos verdes e ao vê-la acordar, Lucinda se aproximou e ofereceu um café novo, mas minha esposa só fazia chorar. Sem saber o que fazer, a cozinheira pegou um pano de prato limpo e sentou-se ao lado dela, abraçando-a com solidariedade e dizendo:

– Todos nós gostávamos muito dele aqui! Nunca perdi um filho, mas imagino como seja... tome um café, que eu lhe mostro onde ele foi sepultado.

A isso Flávia começou a soluçar profusamente, mas aceitou o café. Queria ver onde estava o filho, há tanto tempo esperado! Olhou para dona Lucinda e se lembrando do "sonho" que tinha tido comigo, perguntou a ela:

– A senhora tem fé? Acredita em Deus?

Dona Lucinda benzeu-se e respondeu:

– Claro, mais do que tudo na vida!

Enquanto sorvia o café fresco, minha esposa disse-lhe:

– Quando soube que Daniel tinha falecido, achei que ia

enlouquecer. Sabe o que Deus fez para mim? Tirou-me os sentidos e eu sonhei com o pai de Daniel, que faleceu há muitos anos. Ele me disse que eu tivesse fé, que nosso filho estava bem melhor, junto com ele, e que ele tomaria conta do menino agora.

Dona Lucinda benzeu-se, como quem diz: "será?". Flávia continuou:

– Passou pela cabeça me matar para ir cuidar de meu menino finalmente. Mas meu marido me disse que fizesse o bem por aqui, que um dia nos reencontraríamos. Há tempos trabalho com o padre na vila, não quero mais ver Eleotério. Não pensarei em vingança, que isso fica a cargo de Deus, mas vou servir a outras crianças, fazer por elas o que não pude fazer por meu filho. Talvez assim não enlouqueça.

Levantou-se da mesa, o rosto ainda em lágrimas, secas pelo pano de prato oferecido por dona Lucinda.

– Se importa agora, de irmos ao túmulo de meu filho?

Flávia olhou a pequena cruz de madeira e Deus sabe o porquê, a achou adequada: uma pequena cruz para um pequeno menino. Na sua singeleza e simplicidade pensou que não imaginaria outro tipo de túmulo para seu filho: terra batida, frágil cruz de madeira anônima e por cima um canteiro de margaridas que alguém tinha plantado. Lá estavam elas, festeiras e felizes a receber Flávia: eram suas flores preferidas, e ela sorriu por entre as lágrimas. Era como se Daniel lhe desse um último presente!

Os caseiros, ao saber que a mãe de Daniel estaria ali, vieram curiosos para assistir a mãe diante do túmulo do filho. Alguns maledicentes, que culpavam Flávia pela morte do menino se espantaram muito quando souberam da história verdadeira, olharam a expressão triste dela, o jeito que se sentou, alisou as margaridas no chão, depois se ajoelhando e fazendo ardorosa prece por seu filho amado e jamais esquecido. Pediu a Deus, por último, que nenhum dos presentes ali passasse por semelhante dor... ao ouvirem isso, poucos foram os que não se solidarizaram com ela.

Lembrando-se que seu filho não estava mais ali, mas só os restos dele, ela se dirigiu à casa da sede, agradecendo a presença de todos que oraram pelo seu menino. Ao chegar, deu com Marialva tomando um lauto café da manhã com as sobras da noite anterior. Minha irmã a olhou interessada:

– Vai aonde agora? Voltar à vila? Que vai fazer com Eleotério? Ele deve estar doido atrás de você!

Flávia a olhou com tamanho desprezo que ela quase se arrependeu de perguntar:

– E de que isso lhe interessa, Marialva? Os meus caminhos não são mais os seus!

– Como não são? Acha que o velho vai me querer aqui, depois de eu ter lhe contado o que contei? Vai ter que me arranjar um pouso, cunhada! Pode até ser aquela casinha onde você morava na vila!

Flávia olhou para ela com curiosidade. Será que ela pensava que continuaria sendo bancada por Eleotério? Estava realmente louca ou era burra?

– Esqueceu-se de por que me casei, Marialva? Queria uma vida nova para Daniel. Onde está Daniel agora, que foi que fizeram com ele?

Marialva silenciou, mas depois disse:

– Não vai deixar o velho, vai? Você tem uma vida de rainha, nada lhe falta!

Flávia suspirou:

– Vida de rainha? Ensandeceu? Quando foi que me faltou algo? Eu sempre trabalhei! Presa numa casa que não era minha, sem poder fazer o que gostava, sem meus amigos, na mais completa solidão, para agradar a um homem que eu achava que estava fazendo um enorme bem a meu filho! Nunca quis aquela vida, sempre me senti uma escrava! Por que continuaria nela agora?

Marialva começava a entender o que se passava na cabeça

dela, e não gostava do que estava ouvindo. Lourenço ouvia tudo do vão da porta da cozinha, lembrando-se de quantas vezes tinha visto Marialva bater em Daniel, deixando-o sem comida, de castigo, no frio do relento. O ódio das lembranças começou a crescer em seu peito, mas foi Flávia quem continuou a conversa:

– Não posso lhe dar casa nenhuma para morar, porque eu não tenho como! Antes de você aparecer na minha vida eu tinha casa, emprego, dinheiro guardado e meu filho! Perdi tudo, Marialva, até meu filho! Não tenho mais nada para dar-lhe, além do desprezo que sinto. Mas não vou perder a minha dignidade coexistindo com um homem que maltratou tanto o meu Daniel, se fizesse isso, não poderia nem me olhar no espelho!

Lourenço admirou-se: então era aquela mulher que Marialva durante tanto tempo tinha acusado de interesseira! Deixaria Eleotério! Pouca coisa o deixaria mais feliz do que aquela notícia, pois sabia que o maior bem do velho era a esposa, bela e jovem. Ouviu-se então um som de carro, freando às portas da casa e Lourenço foi ver quem era: chegava o dono sítio, que adentrou a casa e muito estranhou ver a esposa e Marialva no local. Ele tentou esbravejar:

– Flávia, que faz aqui? Coloquei até a polícia para te procurar! E que carro é esse ali fora? Quem te trouxe aqui?

Longe de ter medo, que ela nunca tinha tido, minha esposa respondeu:

– É um carro de praça. Vim fazer o que já devia ter feito há pelo menos um ano e meio atrás, Eleotério. Vim ver meu filho, ou o que restou dele.

CAPÍTULO 28

# CAI O PANO

### Narrativa de Tobias

O que fazem os atores quando a cortina se fecha e todos voltam à vida real? O olhar frio de Flávia calou Eleotério de início, mas depois ele começou logo a se justificar, dizendo que tinha feito tudo aquilo para que ela não se aborrecesse, que o menino precisava "tomar jeito de homem" para gerenciar o sítio depois de sua morte, falou por quase meia hora enquanto Flávia, sentada numa das cadeiras, escutava. Quando finalmente ele terminou, ela disse:

– Nosso trato não dizia que eu me casaria com você para que ele tivesse os melhores estudos possíveis?

– Foi... mas ele não se deu bem na escola, era preguiçoso! Não te contei porque não queria te decepcionar!

– E aqui, por acaso, ele teve esses estudos? – perguntou ela – Você cumpriu sua palavra trazendo-o para cá, sem me comunicar, deixando-o com Marialva, que fez dele o que quis?

Ele começou a titubear, depois, vendo Marialva sentada, ainda mordiscando um pedaço de pão, começou a culpar a negra sem nenhuma vergonha, dizendo que ela o enganava, trazendo sempre as melhores notícias do menino. Só então lhe ocorreu perguntar:

– Afinal, o que aconteceu aqui? Não era para essa negra estar no manicômio? Como foi que ela saiu de lá?

– Eu tirei. Ela disse que me contaria o que tinha acontecido com Daniel, e eu a trouxe aqui. E fiquei sabendo de tudo, dos maus-tratos, da fome que o menino passou, do frio, da doença e da morte por veneno de rato, não foi Marialva?

Minha irmã estremeceu e disse:

– Mas não fui eu que contei, foi o Lourenço!

Pego de surpresa, pois jamais imaginaria que seu empregado o trairia, Eleotério olhou o empregado sem acreditar:

– Isso é verdade, Lourenço?

Lourenço o encarava, frio como uma rocha:

– É sim, senhor. Mas não contei sozinho, não. Tinha que ver a Marialva falando do senhor! Uma beleza!

Cônscio de que Lourenço sabia um "pouco demais" de sua vida, Eleotério titubeou, mas o forte negro ainda disse:

– Ela é mãe, sentiu a falta do menino esse tempo todo, seu Eleotério. Não se faz o que o senhor fez. Contei a ela sim, antes que descobrisse de outra forma! Também tive mãe e ela me amou, não se faz isso com uma pessoa.

Eleotério correu para esmurrá-lo, mas Lourenço, muito mais forte que o velho, segurou-lhe a mão no ar e o fez sentar-se, muito a contragosto. Fora de si, o velho o encarou, agora preso à cadeira pelas mãos dele:

– Está louco, negro? Não teme mais a morte? Acha que pode me enfrentar dessa forma? Esqueceu o dinheiro que eu tenho, os conhecimentos que possuo?

Ele não tardou a responder:

– O dinheiro que o senhor tinha... há quase um ano seus negócios não vão bem, não é mesmo? Nunca achei que fosse tão fácil espalhar praga em lavoura... e o gado, os porcos, a criação. Tudo desaparecia ou estava morto, não é? Morto como o menino que o senhor tanto maltratou. Marialva eu deixei em paz, estava no manicômio, pagando pelos pecados dela. Mas com o senhor, a coisa tinha que ser diferente!

Eleotério não acreditava nas palavras do negro, que por tanto tempo tinha-lhe sido tão fiel e honesto. Realmente já tinha dívidas no banco difíceis de liquidar, já tinha vendido parte de algumas de suas lojinhas e praticamente o que lhe restava agora era o sítio, castigado pelas pestes e com os caseiros indo embora. Olhou-o com fúria:

– Ainda por cima ladrão! Como fui confiar num sujeito desses?
– Tive um bom professor, seu Eleotério. Acha que nunca vi as contas que o senhor fazia com os caseiros, sempre levando vantagem? Eles tiveram prazer em me ajudar. Tudo nessa vida tem seu troco.

Flávia olhava tudo aquilo com os olhos tristes e apenas comentou:

– Ao menos, agora, não terá mulher para sustentar – e olhou para o motorista, a essa altura acordado e esperando por ela. – Vamos seu Acácio, não tenho mais nada a fazer aqui.

Ao ver a mulher saindo porta afora, Eleotério fez menção de se levantar, ao que foi violentamente empurrado por Lourenço, que disse a Flávia:

– Pode ir sossegada, dona Flávia. Esse ficará aqui uns dois dias. Mas se esconda, porque ele vai atrás da senhora e sabemos que é violento.

Flávia olhou aquele que tinha sido seu marido com um misto de ódio e pena, e disse:

– Fique tranquilo, Lourenço. Dê-me realmente esses dois dias, que nunca mais esse senhor vai poder encostar as mãos em mim.

E saiu com o motorista. Agradeci a Deus novamente por ela não ter perdido o juízo, mas a mulher que saía daquela casa não era a mesma que entrou. Não sabia o que faria, mas a inteligência de Flávia sempre tinha me surpreendido e os gritos de Eleotério me chamaram a atenção. Desesperado, ele tentou segui-la, ao que Lourenço, fiel à sua palavra deu-lhe tamanho murro que o deixou desacordado e carregou-o para o quarto. Observando a cena, Lucinda disse:

– Nossa, Lourenço! Será que não matou o homem? Foi você mesmo que espalhou aquelas pragas? Santo Deus e o povo achando que tinha sido maldição pelo que ele fez ao Daniel!

Ele sorriu:

– E no fundo foi isso mesmo! Eu gostava tanto do menino, tão bonzinho, inocente! Passar pelo que passou... quando esse demônio o colocou nas garras da Marialva, sabia bem o que ia acontecer. Se Daniel fosse um menino revoltado, desses que respondem e atacam, teria sobrevivido. Mas era bom, sempre pensando em não desagradar a mãe, achando que devia obedecer.

Marialva, que a tudo ouvia, deu uma risada de deboche:

– Era bom! Até parece! Não sei quantas vezes tive que lhe bater de vara para que tirasse água do poço! E para lavar as roupas, então? Nem se fala, dizia que era eu quem tinha que fazer aquilo, não lavava de jeito nenhum... de pirraça eu o deixava passar fome, cozinhava para mim mesma e olhe lá! Não queria fazer as coisas para mim, por que eu faria para ele?

Lucinda olhou para ela apavorada:

– Era um menino de treze anos, sua maluca! Tinha que se alimentar! Agora que está morto, está feliz? Veja só o que vai ser de sua vida, vai morar onde? Comer o quê? Aqui não vai ficar, Flávia vai sumir de sua vida. Sua maldade foi sua maior burrice, Marialva! Você vai morrer sem ter quem lhe acuda!

Ao ouvir aquilo, ela se pôs de pé e olhou direto para Lourenço, que a olhava com ódio e nunca tinha perdoado os maus-tratos ao menino. Ela disse:

– Sem ter quem me acuda? Isso é que não! Lourenço é meu marido pelas leis de Deus e tem que me socorrer. Aonde ele for, vou junto!

O negro levantou-se da mesa e vociferou para ela:

– Não vai, não! Nem o próprio diabo me forçaria a ficar contigo! Quem vai querer uma negra velha, feia, preguiçosa, que come por três e ainda por cima caolha? Se ainda fosse uma boa pessoa, mas nem isso é! Cachaceira da pior laia! Ninguém vai te querer por perto nunca, Marialva! Você é como veneno, empesta tudo que toca!

A isso, a cena se tornou violenta e confusa. Em desespero, Marialva foi para cima dele como nos dias de casada, tentando atingi-lo no rosto, enfiando-lhe as unhas longas no pescoço, a urrar de ódio, como se fosse um bicho a atacar uma presa. Lucinda que tudo observava correu a pegar uma vassoura para tirá-la de cima de Lourenço, mas este, segurando-a pelos cabelos, conseguiu se livrar de suas garras e deu-lhe tamanho tapa que ela voou pela sala, batendo a cabeça na enorme mesa de carvalho, tingindo imediatamente a toalha e o chão de sangue.

Observei Lourenço e Lucinda apavorados, a olhar o corpo ainda agonizando no chão, o único olho aberto, mas sem sinal nenhum de entendimento. Apavorado, o negro com o pescoço em carne viva, olhava a mulher e perguntou:

– Meu Deus! Será que matei? Não queria matá-la, só me livrar de suas garras! Que louca!

Lucinda, deixando a vassoura de lado, observou Marialva no chão.

– Ela não dura muito mais, Lourenço. Você não teve culpa! Qualquer homem, se atacado daquela forma, tentaria se defender de qualquer maneira. Deixe ver o seu pescoço...

Realmente as marcas eram feias, e de uma profundidade boa. Nas mãos de Marialva se viam claramente pedaços de pele e sangue de Lourenço, cujo pescoço parecia mais ter sido "navalhado" pela fúria que ela empregou. Minha irmã, poucos minutos depois, desencarnava, mas ainda estava em sono profundo e agitado, pensando talvez, ainda estar na briga com o ex-marido.

Lourenço cumpriu o trato feito com Flávia, ficou ali os dois dias pedidos, contando com o apoio de Lucinda, a quem Eleotério não viu mais, para que não tentasse se vingar dela depois. Meu amigo saiu da casa da sede usando um cavalo e tendo feito algum dinheiro, bandeou-se para outro Estado e lá viveu o resto de sua vida, exatos vinte e cinco anos.

Flávia, ao chegar na casa, tomou logo suas providências e pegando apenas mais uma de suas roupas foi ter com o padre local, muito seu amigo e contando a ele sua triste história com seu filho, conseguiu dele o seu apoio. No dia seguinte, ele a levou para um convento há dois dias de viagem dali, onde passaria o resto de seus dias cuidando de crianças órfãs ou vítimas de maus-tratos como tinha acontecido com seu filho Daniel. Trabalhando no orfanato, ficou razoavelmente feliz e Eleotério realmente não conseguiu mais vê-la, ou sequer se comunicar com ela.

Estávamos Daniel e eu neste plano espiritual, nesta área enevoada e um tanto úmida há não sei quanto tempo, quando meu filho, que ainda não falava com clareza pelo estrago do veneno do suicídio, me sorriu e foi me puxando para uma área além daqui, mais aberta.

Estranhei, pois eu não gostava de áreas muito abertas e nem ele. Não raro por ali passavam espíritos que gostavam de menosprezar os suicidas, como se fossem os únicos a terem cometido erros na vida. Eu protegia Daniel e me livrava deles, mas era sempre um aborrecimento. Por isso, tinha escolhido este lugar onde estamos hoje: há o barulho dos gemidos, mas é mais sossegado. Ainda assim, meu filho me puxava para lá e eu fui, a contragosto, mas fui.

Qual não foi a minha surpresa ao ver Daniel correr e abraçar um vulto sentado em terreno arenoso, que ao ver meu menino, de pronto levantou-se e o pegou nos braços, dando-lhe o mais saudoso dos abraços. Chegando perto, finalmente reconheci Lourenço e foi uma alegria enorme tê-lo ali. Ele me disse:

– Tobias! Tinha tanta esperança que estivesse com Daniel! Há tanto tempo que chamo por ele, Tobias! Se soubesse do arrependimento que tenho por não ter salvado esse seu menino!

Eu lhe disse que não falasse bobagens e agradeci por tudo que tinha feito por ele. Perguntei há quanto tempo tinha desencarnado e ele me disse que há uns dois anos... sabia que tinha muitos pecados, que tinha matado e roubado, sendo assim me perguntou:

– Isso aqui é o purgatório? Minha mãe me falava dessas coisas... logo que morri achei que tinha ido para o inferno, sabe? Pense em quem encontrei, logo depois de meu enterro?

Eu fazia uma boa ideia, mas deixei que ele falasse:

– Pois é, sua irmã Marialva. Se já era feia em vida, pense depois de morta! Diz que me perseguiu durante todo o resto de minha vida e deve ter sido verdade, pois nada do que eu fazia dava certo! Veio atrás de mim feito um demônio, demorei um tempo para saber que eu podia sair da beira dela. Não era para pensar que estava no inferno?

Eu ri e acabei concordando com ele. Lembrei que tinha visto minha irmã após sua desencarnação e tínhamos tido uma discussão das mais feias. Nunca consegui perdoar cada surra dada em meu filho, cada ardil feito contra Flávia e todas as pequenas e grandes maldades que tinha feito. Muito surpresa de que eu sabia de tudo aquilo, ela que tinha vindo ao meu encontro em busca de auxílio, retirou-se muito sem jeito. Não me vinguei dela, mas não a queria por perto. Já tinha aprendido naquela altura, que certas coisas é melhor deixar nas mãos de Deus.

Trouxe Lourenço para onde estávamos e ele nos deu notícias de Eleotério, de pelo menos quinze anos atrás, e ali eu senti uma colheita pesada de atos execráveis. Lourenço, que ainda odiava o homem, me disse com prazer:

– Se tem uma coisa da qual me orgulho, foi de ter "passado a perna" naquele demônio. As últimas notícias que eu soube dele foi que tinha perdido todas as lojinhas da cidade, a casa bonita, e só tinha agora um pequeno pedaço do sítio. Lembra que era uma fazenda razoável? Agora é um "nadinha" de terra, sem caseiro nem nada! Vive lá, sozinho... Gastou uma fortuna indo atrás de Flávia, mas não conseguiu achar. Que mulher a Flávia, Tobias! Não merecia o que aconteceu... uma dama!

Eu abaixei a cabeça, meio triste. Será que um dia veria minha esposa, que nunca na vida tinha prejudicado quem quer que fosse? Eu tinha uma lista de pecados bem grande e ainda que não tivesse, jamais deixaria Daniel ali.

De forma que acolhi Lourenço, mostrei-lhe a velha cabana e os três juntos conseguimos por muitos anos ficar por aqui. Lourenço era o que mais saía de nosso Vale, indo parar em locais diferentes, mas quase sempre dormindo conosco, foi quando numa de suas excursões, ele demorou por duas noites e só então voltou, de olhos bem arregalados, e veio falar comigo:

– Tobias, se achegue aqui... tenho algo para lhe contar.

Curioso, deixei Daniel na cabana, protegido, e fui falar com ele nesta mesa, onde estamos agora. Muito excitado ele me confidenciou:

– Achei o velho Eleotério.

Olhei para ele sem acreditar, mas tendo em vista a idade de Eleotério, era mais que provável que tivesse desencarnado. Meu ódio por ele voltou ao meu peito com uma força gigantesca, e eu perguntei:

– E onde ele está?

Num vale, mais ou menos longe daqui. Mas como eu já sei onde fica, te levo lá num segundo. Quer ir ver?

Claro que queria! Como não querer ver finalmente no plano espiritual o causador de minhas maiores desgraças? Assenti e me pegando pelas mãos, ele me levou e eu me vi em segundos diante de uma rocha, observando um ajuntamento de pessoas, dos mais diversos tipos e um velho de terno, amarrado a pedaço de tronco, no meio deles. Era Eleotério, e ele tinha uma enorme ulceração na parte da barriga, que a camisa aberta, deixava transparecer. Pelo jeito, tinha desencarnado de uma moléstia que tinha lhe atingido o estômago, causando um grande mal e materialista como era, ainda a sentia.

Curioso, olhei os presentes e não foi com surpresa que vi lá, o mesmo velho que, às vezes, o acompanhava com o filho, na casa de jogos e prostituição na Terra. Ao lado deles, estava uma moça, que pelos traços, parecia ser da família. O resto era gente que eu não conhecia, mas pela ferocidade que o tratavam, cutucando-lhe a ferida e lhe atirando coisas, imaginei que fossem outras vítimas de igual teor. O velho não gritava, apenas gemia e xingava em voz baixa, enquanto os outros riam em volta. Tive coragem e fui ao encontro deles. Chegando lá, cumprimentei o velho senhor e seu filho, a quem já conhecia, com um aceno de cabeça e eles me responderam:

– O combinado era que deixaríamos ele com você em vida, mas que depois da morte, ele viria conosco.

– Não discordo – respondi – ele me assassinou também e acabou com a vida de meu filho, entendo perfeitamente o seu ponto de vista. Aliás, de meu filho ele não só acabou com a vida, mas com a alma. O menino se suicidou por culpa dele!

O velho franziu o cenho:

– Ele fez seu menino se suicidar? Que idade tinha o seu filho? Me conte essa história...

E eu contei, com minúcias nos detalhes, para todos os presentes. Falei das décadas que já estava no umbral e de como também estava condenado de ali estar por conta do ódio que ele me fomentara. Eles me ouviram interessados e ao final eu perguntei:

– Há quanto tempo ele está aqui, junto com vocês?

– Já faz para mais de vinte anos... não sei bem, o tempo aqui é tão diferente! O amigo bem sabe. No início, foram outros os castigos, esse velho já gritou muito! Agora só resmunga, acha que está no inferno.

Olhei Eleotério, magro, parecia estar com dores profundas e o impossível aconteceu: tive pena! Dele e de seus carrascos! Perguntei àquele velho sitiante:

– Então estão aqui, há, pelo menos, vinte anos, torturando esse verme? E quanto tempo mais pretendem ficar?

Ele me olhou meio confuso, tal pergunta ainda não tinha lhe ocorrido. A tortura tinha passado a ser uma rotina:

– Pela eternidade, eu acho! Não pensa que ele merece?

– Merecer, ele merece! Não sei é se vocês merecem perder tanto tempo com semelhante estrupício! Acham mesmo que ele vale tanto tempo e trabalho de vocês?

O homem olhou Eleotério, olhou para os outros torturadores que já me olhavam prestando atenção e depois olhou para mim. Só então respondeu:

– O problema é que não dá pra matá-lo. Já estamos mortos, entende? Como fazer com que ele pague pela dor que causou? Se sairmos daqui, ele não sofre o bastante.

Entendi que a guerra ia ser dura, mesmo Lourenço me olhava desconfiado, só então disse:

– Existe aqui alguma pessoa a quem ele tenha feito mais mal do que me fez?

Mesmo o velho sitiante, apesar de titubear, teve que reconhecer que não. Perguntou-me, então, o que eu queria e eu disse:

– Deixe que pelos próximos vinte ou trinta anos, eu cuide dele. Meu menino, condenado a ficar aqui por Deus sabe quanto tempo, merece essa reparação.

De início eles relutaram, tinham um certo prazer na tortura, o que era triste. Mas depois, lembrando da minha história e já um tanto cansados de lidar com semelhante criatura, cederam.

Pensei, ao ver seu maior algoz todos os dias tão derrotado, quem sabe Daniel não superaria o seu medo e a sua revolta?

E ali está agora o velho na cabana, imprestável como sempre, mas ao menos não é torturado todos os dias!

# Epílogo

### Comentário de Ariel

POR QUANTOS CAMINHOS A vida nos leva, mesmo após a morte? Pois que a verdade é essa, não termina com o enterro do corpo, a vida continua, agora sem os laços terrenos, sem a importância do dinheiro, da cor da pele, da posição social. Eis-nos aqui agora, no Plano Espiritual: apenas o que somos, sem mentiras ou disfarces, sem lugar para ilusões.

O velho na cabana não sofria tortura alguma, tinha vindo para ser protegido de seus algozes, justamente por quem tinha sido a sua maior vítima. Era óbvio que Tobias não lhe tinha simpatia e por isso o velho mantinha-se longe. Daniel, apesar de compreender a atitude benevolente do pai, demorou a perder o medo, mas o superou aos poucos e agora já conseguia até conviver com o velho.

Clara, que tinha os olhos cheios de lágrimas, olhou Tobias de uma nova forma, e perguntou:

– Não foi complicado demais conviver com esse senhor? Entendo a sua piedade, mas não achou que ele poderia fazer mal ao seu filho novamente?

Tobias a olhou com carinho:

– Minha bela senhora, quem está ali na cabana, não é o Eleotério de outrora. Mais de vinte anos de sofrimento cruel lhe ensinaram uma certa humildade. Quando vivo, ele contava com a facilidade de poder esconder seus pensamentos, usar o dinheiro para comprar favores e matar para resolver problemas. Aqui, nada disso é possível. Não temos mais o manto da carne, dona Clara, e o maior medo dele é voltar a encontrar seus perseguidores. O carrasco virou a vítima.

Foi a minha vez de perguntar:

– Não o maltratou também, Tobias? Conseguiu conter o impulso de vingança que lhe era tão forte antes?

Nisso Olívia, que chegava com Daniel, viu Tobias de cabeça baixa e respondeu por ele:

– Não é preciso ficar sem jeito, meu bom amigo! Afinal, só de livrá-lo de seus torturadores, fez um grande bem a ele e aos outros.

Ele olhou a menina, que era uma fonte de luz no ambiente um tanto enevoado e escuro e sorriu ao responder:

– É fato que ele, ao saber quem eu era, que já nem se lembrava mais, teve um medo de mim realmente grande. Estava tão debilitado que sabia não poder reagir a qualquer ação minha e quando viu Daniel, ainda com a aparência debilitada, chorou muito. Não de arrependimento, mas de medo pelo que eu o faria passar.

Lourenço comentou:

– A verdade é que eu me amaldiçoei por ter levado Tobias lá. Se soubesse que o resultado seria ter que aturar o velho, não tinha levado coisa nenhuma! Tentei dissuadi-lo, lembrei-o de Daniel, que o menino teria medo. Mas a única coisa que ele me respondeu é que seria uma ótima oportunidade do menino perder seus medos e ver o que acontecia com gente ruim.

Olívia riu para Lourenço e disse:

– E não foi assim que aconteceu? Daniel não superou o medo? Não viu o que atos maus podem causar a uma pessoa?

Coçando a cabeça, num jeito que muito lembrava o próprio Daniel, Lourenço respondeu:

– É verdade... mas ainda não consigo gostar do traste! E acho que se pudesse, faria tudo novamente!

Olívia observou:

– Conversei com ele na cabana por um bom tempo. De início teve um medo danado de mim, me tomou por anjo, Deus sabe o porquê! Não estranhei... espíritos com muitas dívidas a pagar costumam ter receio de alguém que lhes cobre as contas, e ele morre de medo. Os castigos contínuos deixaram a sua marca e ele sempre espera por uma retaliação de Tobias ou de Daniel, não acredita na bondade deles! Mas não tem para onde ir, tem mais medo ainda de sair daqui, onde não apanha, apesar de não ser querido... está no seu "inferno particular".

Tobias ficou boquiaberto:

– Quer dizer que todo esse tempo que o acolhemos sem lhe fazer nenhum mal, não serviu nem para conquistar-lhe a confiança? Como pode achar que estamos lhe preparando alguma armadilha?

Olhei para ele e respondi:

– Tão simples isso, meu amigo! *As pessoas enxergam o mundo da sua própria forma,* como ele sempre armou armadilhas para os outros, como quer que ele acredite na bondade alheia? Nunca foi bom! Por que justo vocês, a quem ele tanto prejudicou, seriam bons com ele? Para ele isso não faz sentido!

Olívia concordou com a cabeça e disse:

– De quem ele tem mais receio é de Daniel. Sente-se imensamente culpado pela morte dele e teme que o menino possua algum poder sobre ele, para fazê-lo pagar pelo sofrimento impingido a ele. Encolhe-se toda vez que ele chega perto, não é, Daniel?

Daniel riu:

– É por isso então, que ele se encolhe todo? Mas que tolo!

– É por isso então, que ele se encolhe todo? Mas que tolo! Tenho uma pena danada dele, antes tão cheio de si. Se antes lhe tinha raiva, isso agora passou... reconheço que devia ter sido mais forte, procurado minha mãe antes de cometer tal loucura. Na realidade, as pessoas nos fazem mal quando permitimos que elas nos comandem. Na época eu era muito jovem, não vi isso.

Olívia, sentada de pernas cruzadas em cima da mesa larga, sorriu para ele:

– Que bom que agora vê isso. Na cabana mora um espírito extremamente atormentado por ele mesmo, obcecado até hoje por Flávia, que não lhe sai do pensamento e que não consegue entender a razão de tê-la perdido! Durante sua vida encarnado, foi cego para qualquer coisa que não fossem as suas paixões desregradas e aqui assim continua, até que decida por si mesmo mudar e se arrepender. Não deve ser nossa vontade nem puni-lo, nem julgá-lo, visto que isso pertence ao Senhor, Pai dele também. E mesmo ele, que se julga abandonado, não está: Deus não virou as costas para ele, Eleotério é que ainda não percebeu o amor de Deus. Sua punição é por ele mesmo traçada.

Clara olhava a menina e agradecia mentalmente que ela lembrasse dessa verdade tão esquecida: mesmo o mais desgarrado dos homens, pode vir a ser acolhido por Deus, caso queira de fato. "Deus não abandona, Clara", tinham lhe dito assim que ela desencarnou e era verdade! Olívia continuou:

– Mas é a primeira vez que eu testemunho no umbral, uma vítima acolhendo um carrasco tão duro, que lhe fez tanto mal! É verdade que não simpatiza com ele, laços de afinidade não podem ser fingidos, mas conquistados! Tobias aqui fez o mais raro: protegeu, por piedade, a quem não gostava. Tão mais fácil fazer o bem a quem se ama e ainda assim tão poucos o fazem! O espírito obsidiador, que deixava Marialva enlouquecida, que dava dores de cabeça em Eleotério, desesperado por sua Flávia, acaba tendo um ato digno de menção e com isso fortalece seu filho e acaba por apagar um ódio imenso de seu próprio coração. Não foi isso que aconteceu, Tobias? Ainda sente o ódio que sentia?

Ele respondeu:

– Não. Como odiar a uma criatura que cavou sua própria cova de dor a esse ponto? Tenho por ele uma pena infinita, não deixaria nenhum ser na situação em que ele se encontrava. Não é da minha natureza pisar em quem se encontra tão desvalido!

Olívia olhou-o com carinho e depois para Lourenço:
– E você? Ainda guarda tanto ódio no coração?

Muito sem jeito, Lourenço disse:

– Ah, menina... comigo a coisa foi diferente! Matei uma mulher, era uma peste, é certo, e matei sem querer, mas por mais que não queira, ainda me lembro de Marialva lá, estendida no chão, aquele sangue todo! E roubei o velho ali! Distribuí boa parte para os caseiros, que ele ludibriava todo o tempo, mas uma parte peguei pra mim mesmo. Logo, não se engane: fui assassino e ladrão, não tenho perdão nenhum mesmo.

Resolvi defendê-lo um pouco:

– Lourenço, se o que narrou Tobias foi a verdade, você se defendeu de um ataque dela e não teve a intenção. É certo que não fez bem em roubar Eleotério, mas se ele tivesse ainda todo o dinheiro que tinha antes, quem sabe o que ia ser de Flávia?

Olívia me respondeu:

– O fato é que ele realmente sentiu e executou sua vingança de forma eficiente, Ariel. Por isso perguntei, ainda tem ódio em seu coração, Lourenço?

Ele olhou para o lado, meio contrafeito em responder:

– Ódio não, mas dizer que gosto do velho, isso nunca! É fato que não o atormento ou faço raiva nele, mas é ele lá e eu cá. Não deixo ninguém brigar com ele, que está que nem pode consigo mesmo, mas é só.

Olhei admirado para Olívia, então era isso que se passava?

mas vezes nas décadas que estavam por lá. A vibração entre os três, Lourenço, Daniel e Tobias, era de um amor fraternal, presos dentro do umbral, cuidando do menino, que só agora, graças a Olívia, sentia-se bem melhor.

Levantando-se da mesa, a menina pediu que todos déssemos as mãos e fizéssemos uma oração para agradecer ao Criador por estarmos todos juntos e para que Ele nos iluminasse os caminhos, conforme a Sua vontade. Li nos rostos assustados deles que há muito tempo não oravam, mas vendo o convite da menina, que brilhava acima do chão, a boa vontade da linda Clara, a alegria de Daniel e a minha cara séria, logo se uniram a nós, rezamos um Pai Nosso cheio de fé. Notei que Olívia parecia um pouco mais concentrada do que de costume, brilhando um pouco mais forte e ao terminar, ela sorriu e disse:

– Nossa resposta está vindo!

Passados uns trinta segundos, não mais que isso, uma luz começou a se formar na clareira, junto de uma outra um pouco menor. Olhei para Olívia que sorria abertamente e me disse em tom baixo: "chegaram!".

Dos pontos de luz comecei a enxergar dois vultos de mulher: a primeira de estatura pequena, magra, sem idade definida. Tinha um rosto extremamente amistoso e abriu um largo sorriso para Tobias, que ao identificá-la sorriu também e disse a Daniel: "é sua avó!".

O outro ponto de luz era de uma mulher mais alta, cabelos longos e cacheados, os olhos de um verde-claro, sem idade definida também. Vestida de branco, a mulher de formosas formas não precisava de apresentações, pois Daniel logo correu para ela gritando: "mãe".

Flávia chorou ao ver o filho querido, que embora ainda magro, parecia agora saudável e sem as marcas da morte. Disse para ele com a voz embargada:

– Tantas vezes vim lhe visitar, a você e a seu pai, mas vocês não me viam! Seu desespero lhe toldava os olhos, meu filho!

Que bom que agora você me vê. Nunca mais quero lhe perder, Daniel!

Encantado, Tobias olhava a esposa há tanto tempo perdida para ele. Depois de abraçá-la e conversar com ela, sua mãe lhe disse:

– Viemos lhe buscar, a você, ao menino e a seu amigo, se quiser ir. Felizmente o menino perdeu o medo e o desespero e vocês não têm mais ódio no coração! Que coisa mais tola a vingança, meu filho! Que bom que agora podemos finalmente acolhê-lo junto a nós!

Eram de uma Colônia distante da nossa, mas ficamos felizes de conhecê-las. Finalmente estariam juntos, ao menos até a próxima reencarnação... despedimo-nos dos três e só então olhamos a cabana e demos com Eleotério que, assustado, tinha observado toda a cena. Boquiaberto e sem ter o que dizer, ele entrou para a cabana e se fechou lá dentro. Olívia suspirou:

– Ao menos agora não vai ter mais medo de que eles façam alguma coisa contra ele! Vai se entender o espírito humano!

Pegando os nossos mantos, eu sorri para ela. Tinha razão, eu jamais imaginaria uma história, com tamanho desprendimento, dentro do umbral. Lendo meu pensamento, ela riu e me respondeu:

– Ora, e por que não? É em momentos difíceis que se revela o pior e o melhor do ser humano! Não foi sempre assim?

Tive que admitir que sim. Perguntei se íamos seguir logo, afinal, tínhamos ainda a missão de tentar achar Fabrício, nossa missão original. Para minha grande surpresa, Olívia ergueu os braços para o ar, espreguiçando-se e esticada como uma gata, disse:

– Agora não... sabe que estou meio dolorida? Acende aquela fogueirinha, Ariel, vamos dormir um pouquinho, que passamos a noite inteira acordados, e fazer "aquela chamada" para uma Colônia distante me deu um cansaço! Juro que depois faço uma "sopinha" para a gente!

E estendendo o manto cinza no chão, deitou e dormiu. Clara

E estendendo o manto cinza no chão, deitou e dormiu. Clara riu da despreocupação e fez o mesmo. Acendi a fogueira, pensando nas histórias que a gente encontra pelo caminho, contente de ver Daniel e a mãe finalmente juntos. E, pensando na "sopinha", feliz da vida adormeci.

Algo me dizia que com Fabrício não ia ser fácil.

F I M

# CONHEÇA TAMBÉM:

**UMA JORNADA CHEIA DE SURPRESAS, REVIRAVOLTAS...**

**...E MUITO APRENDIZADO!**

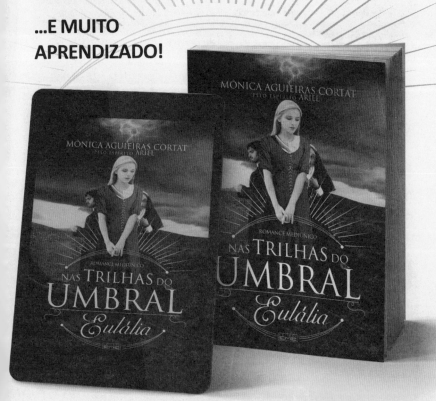

Em *Nas trilhas do umbral – Eulália*, um time de espíritos encarnados e desencarnados vai nos contar histórias de resgates ocorridos naquela região – e cheios de ensinamentos –, como o da mãe aflita que pede ajuda para resgatar seu filho suicida que se encontra sofrendo nos mais sombrios recantos do umbral.

**Romance mediúnico | 14x21 cm | 200 páginas**

# VOCÊ PRECISA CONHECER

### Minhas mães vivem em outro mundo
Fátima Moura | Luiz Ignácio Fluorentini (espírito)
Romance mediúnico • 14x21 cm • 160 pp.

Enganado por aqueles que mais amava, Danilo vai até as docas a fim de se suicidar. Porém, quando pretendia concluir seu intento, uma mulher misteriosa aparece à sua frente... e um grande processo de transformação acontece na vida dele.
Venha transformar a sua também!

### Elos de ódio
Ricardo Orestes Forni
Romance espírita • 14x21 cm • 240 pp.

Baseado em história real narrada por Divaldo Franco, *Elos de ódio* é um romance intenso sobre Ritinha, que renasce com uma enorme deformidade em seu corpo físico e é rejeitada pela própria mãe. Acompanhando esta emocionante trama, vamos entender como funciona a lei de ação e reação...

### Mensageiros de luz
Zélia Carneiro Baruffi | Celmo Robel (espírito)
Romance mediúnico • 14x21 cm • 144 pp.

Victor, Narciso e Ruy decidiram fundar uma casa de apoio a espíritos desencarnados que não se davam conta de que estavam mortos e desconheciam a continuidade da vida além-túmulo. Por isso, os três amigos eram conhecidos como *os mensageiros*.

---

Não encontrando os livros da EME na livraria de sua preferência, solicite o endereço de nosso distribuidor mais próximo de você através de
Fones: (19) 3491-7000 / 3491-5449
(claro) 99317-2800 (vivo) 99983-2575
E-mail: vendas@editoraeme.com.br – Site: www.editoraeme.com.br